玉润公益基金会
YURUN FOUNDATION

带病生存

沙村慢性病人患病经历研究

LIVING WITH ILLNESS

The Experience of Chronic Patients
in a Chinese Village

郇建立　著

社会科学文献出版社
SOCIAL SCIENCES ACADEMIC PRESS (CHINA)

谨以此书献给我的父母，
以及我敬爱的父老乡亲！

序

从 2020 年 1 月武汉封城到 2023 年 1 月中国政府对新型冠状病毒感染实施"乙类乙管",三年间,无论是医生护士还是政府官员,抑或是普通民众,人们的关注点都是抗击疫情。如今,疫情已不再构成"国际关注的突发公共卫生事件",人们的生活和工作逐渐回归常态,慢性病人也逐渐从后台走向前台。在此背景下,讨论慢性病问题是切合时宜的。

摆在读者面前的《带病生存:沙村慢性病人患病经历研究》是郇建立在其博士论文的基础上修改而成的。不过,这本书不单是遣词造句上的修改,而是集合了他多年的体悟与积累,浓缩了他的研究精华,可谓十年磨一剑之作。作为他的博士导师,我对这部作品的具体内容和出版过程,都比较熟悉——我不仅和读者一样看到了最后的文本,还见证了本书从选题、调研、写作到完稿、修改、出版的整个过程。

郇建立在清华大学社会学系读书之前,已经在北京科技大学任教。那段时间,他比较关注理论社会学,尤其是齐格蒙特·鲍曼的社会理论。2005 年 9 月,他以在职人员的身份跟我攻读博士学位。鉴于慢性病在中国农村的流行情况,我建议他借用哈佛大学人类学家凯博文的病痛叙述去研究村民患病经历。随后,他多次前往他的家乡冀南沙村进行田野调查,并收集了丰富的访谈资料和文献资料。经过 5 年多的在职学习和辛勤工作,他于 2010 年 12 月通过论文答辩,并在 2011 年 1 月获得博士学位。

博士毕业后,郇建立继续深耕慢性病研究。在随后的 10 年,

1

他始终关注村民患病经历研究，先后发表了有关沙村慢性病人生活世界、家庭照料、生存策略以及中国乡村慢性病社会根源的系列文章。与此同时，他的研究领域也延伸到慢性病的社区干预和公共健康教育，并取得了较为丰硕的研究成果。具体而言，他以芬兰北卡项目和美国斯坦福五城市项目为例，系统考察了慢性病干预的国际经验及其对中国的启示；他以于娟的抗癌日记为例，深入讨论大众流行病学的概念运用及其对公共健康教育的启示。研究领域的拓展使他对患病经历研究的认识更加全面，也就是说，我们不仅要从理论层面考察慢性病人的患病经历，而且要从实践层面思考慢性病的干预措施。

在当今社会，慢性病正在成为一个普遍的健康问题，给社会、家庭和患者带来了沉重的经济负担。但是，当我们谈论疾病时，往往只关注其症状和治疗方法，却很少关注它对我们身体、心理和社会的影响。因此，我很高兴推荐这本关于村民患病经历研究的著作。这本书并不是关于疾病诊断和治疗的指南，而是提供了非常深入的洞见，帮助我们更好地理解疾病的复杂性和广泛性及其对患者、家庭、村庄和整个社会的深刻影响。

郇建立从人类学的视角出发，通过多年的追踪和回访研究，系统考察了慢性病的冲击和当地村民的反应。在本书中，他不仅详细描绘了慢性病对患者生活、家庭关系和乡村孝道的巨大冲击，还总结了慢性病人及其家庭应对冲击的各种生存策略。同时，他从多个角度探讨了慢性病的社会背景，如村庄的卫生体系和疾病格局、村民的患病经历和病因观念，以及慢性病流行的深层社会根源。他的深入研究和精准描述，揭示了社会现象背后的复杂力量和人性，让读者能够真切地感受到患者、家庭以及社会所承受的种种压力和困境。

慢性病作为一个全球性的社会问题，在中国的农村地区也变得日益普遍。本书呈现了沙村慢性病人罹患的常见疾病，如高血压、心脏病、脑血栓、脑出血、肺气肿、糖尿病、关节炎等。通过田野观察和深度访谈，作者理解了慢性病如何影响患者、家庭和社区的生活。这种影响揭示了慢性病对农村地区的危害，凸显了慢性病防控的紧迫性。难能可贵的是，在本书结论部分，作者从社会政策的角度去讨论慢性病的干预问题，并提出了社会干预的思路和建议。

总之，本书是一部优秀的社会学著作，展现了慢性病对农村地区的影响和当地村民的应对策略，讨论了患病经历与社会结构的复杂关系，提出了慢性病社会干预的基本思路，丰富了国内社会学界对慢性病领域的研究。

本书可作为社会学家、人类学家和政策制定者的重要参考，帮助我们更好地理解和应对慢性病这一全球性挑战。此外，本书还非常适合医生、护士、社会工作者以及任何关心自己和他人健康的读者阅读。它不仅可以为我们提供更深入的理解，还可以帮助我们更好地关心和支持那些患病的人。通过阅读这本书，我们可以更好地了解疾病对我们的影响，并发现我们可以为他人做出的贡献，从而建立一个更健康、更友爱的社会。

回顾我拿到本书定稿时的心情，除了欣慰，脑海中也浮现出许多郇建立在博士就读期间的画面。当时，他就展现了非常好的学术修养，他勤勉踏实、不懈怠却也从不急躁，热心帮助师门其他同学，是一位不让老师操心的好学生。而现在的他，已然是一个可以独当一面的成熟学者，为健康社会学、医学人类学在国内的发展做出了贡献。我十分欣喜地看到他十多年来的积累和成长，借此为其新书作序的机会，祝愿也期待他继续做一个不断成长并影响他人成长的好老师、好学者。

景　军

清华大学社会学系教授

目录

第一章　绪论：理解带病生存 …………………………… 1
　一　西方患病经历研究的兴起 …………………………… 3
　二　慢性病与人生进程的破坏 …………………………… 7
　三　从社会流行病学到慢性病社会学 ………………… 12
　四　沙村的历史与现状 ………………………………… 15
　五　沙村田野调查概况 ………………………………… 18
　六　本书主旨与章节安排 ……………………………… 22

第二章　沙村的疾病格局 ………………………………… 25
　一　沙村的卫生体系 …………………………………… 26
　二　沙村的常见病 ……………………………………… 30
　三　沙村的死因谱 ……………………………………… 34
　四　从传染病到慢性病 ………………………………… 39
　五　"未富先老"与疾病格局的变迁 ………………… 44

第三章　沙村慢性病人的病因观念 ……………………… 47
　一　突如其来：慢性病的发生 ………………………… 47
　二　积劳成疾：慢性病的起因 ………………………… 52
　三　社会转型：慢性病的根源 ………………………… 56
　四　基于病因观念的公共健康教育 …………………… 61

目录

第四章　沙村慢性病人的生活世界 …………………… 65
　一　慢性病人的身体状况 ………………………………… 67
　二　慢性病人的经济负担 ………………………………… 71
　三　慢性病人的自我认同 ………………………………… 76
　四　慢性病人的社会交往 ………………………………… 79
　五　慢性病与生活世界的破坏 …………………………… 82

第五章　沙村慢性病人的家庭照料 …………………… 85
　一　疾病负担概念的再考察 ……………………………… 85
　二　慢性病人的照料主体 ………………………………… 90
　三　成年子女的照料负担 ………………………………… 97
　四　家庭关系的多重变化 ………………………………… 104
　五　病人照料与乡村孝道 ………………………………… 109
　六　中国农村的孝道践行 ………………………………… 112

第六章　沙村慢性病人的生存策略 …………………… 115
　一　双管齐下：药物治疗与康复训练 …………………… 116
　二　多措并举：慢性病的认识途径 ……………………… 120
　三　正常化：慢性病的应对方式 ………………………… 124
　四　随机应变：慢性病的策略管理 ……………………… 128
　五　未雨绸缪：慢性病人的后事安排 …………………… 135

六　农村慢性病人生存策略的社会基础 …………… 141

第七章　结论：回到起点 ………… 146
　一　患病经历与社会结构 ………… 147
　二　社会政策与慢性病干预 ………… 152

参考文献 ………… 157

附录 A　主要个案素描 ………… 174

附录 B　村民患病经历纪实（两则） ………… 177
　一　高大爷：贫病交加的晚年生活 ………… 177
　二　锐歌：艰难的康复之路 ………… 186

附录 C　北卡项目：慢病干预的国际经验 ………… 197
　一　北卡项目概览 ………… 198
　二　北卡项目的主要成就 ………… 199
　三　北卡项目的干预措施 ………… 202
　四　北卡项目的国际经验 ………… 206
　五　北卡项目的重要启示 ………… 210

后　记 ………… 216

第一章 绪论：理解带病生存

从 2007 年 4 月到 2010 年 8 月，我五次前往冀南沙村，试图通过村民的患病经历来考察慢性病的冲击和当地村民的反应。在随后的五年里，我又多次进行追踪和回访研究。在沙村田野调查中，我全面了解了疾病格局的变化和普通村民的病因观念，并在此基础上重点考察了慢性病人的生活世界、家庭照料和生存策略。

在田野调查过程中，我检查并整理了村医保存的诊断记录、开药记录、费用记录以及病人的欠款记录。这些文字记录帮助我熟悉了村庄的疾病格局和疾病负担。我发现，沙村的疾病格局在过去 30 多年发生了急剧变化，从以传染病为主的疾病格局转变成以慢性病[①]为主的疾病格局。对此，我并没有感到意外。在田野调查之前，我通过文献研究了解到，中国的疾病格局在改革开放之后经历了从传染病到慢性病的转型。虽然中国的人均国民生产总值与西方发达国家相比还不是很高，而且部分农村的贫困问题还很严重，但是，中国的疾病格局已经变得非常类似于西方发达国家。

沙村是一个 2000 余人的自然村。我拜访了所有居住在该村西半部的慢性病人，并走访了部分家住村东的慢性病人，其中绝大

---

① 根据世界卫生组织的定义，慢性病主要是指慢性非传染性躯体疾病，包括心脏病、中风（脑血管病）、癌症、慢性呼吸道疾病和糖尿病（WHO, 2005: 3）。显然，它既不包括抑郁、焦虑、强迫症等精神疾病，也不涉及艾滋病、乙肝和 SARS 等传染性疾病。

多数为老年人。在这些患病村民中,我选择了30人作为深度访谈对象。在调查过程中,我还深入访谈了乡村干部、乡村医生、患者家属,共20余人。因为该村是我的老家,同时慢性病问题备受关注,所以在访谈过程中,我没有遇到村民拒绝接受访谈的问题。当然,在涉及家庭或个人隐私时,一些受访者通过采取回避或轻描淡写的方式来回答问题。

接受深度访谈的30名村民主要患有高血压、中风(脑血栓和脑出血)、心脏病、糖尿病、气喘、关节炎和腰腿痛(详见附录A"主要个案素描")。在过去几次访谈中,我没有直接访谈癌症病人,这主要是因为沙村的医疗卫生条件落后,癌症一经查出就是晚期,病人很快就会死亡。显然,我接触癌症病人的机会要少于接触其他慢性病人。更重要的是,我不愿意触及癌症病人及其亲属的痛处——谈论癌症就是谈论死亡!

自20世纪90年代以来,慢性病逐渐取代传染病成为沙村的主要公共健康问题。与传染病不同,慢性病具有长期性和不可治愈性的特征。患上慢性病不仅意味着病人要终身面对病痛的折磨,以及与此相连的心理压力、经济负担和社会后果,还意味着家人——甚至亲戚朋友和左邻右舍——也要跟着受苦受累。

事实上,在许多农村地区,慢性病已经成为社会苦难的一种主要形式。我们不免要问,慢性病在农村是怎样流行起来的?村民和病人如何理解慢性病的发生和流行?慢性病给病人及其家庭带来了哪些冲击?他们又采取了何种应对措施?在此,宏观的社会文化因素如何加剧了慢性病的破坏性后果,又如何影响了慢性病人的生存策略?当然,慢性病的高度流行和严重危害也促使我去思考慢性病的社会干预。

在本书中,我希望通过考察沙村村民的患病经历回答上述问题。在此之前,我首先回顾患病经历研究领域的一些核心文献,以表明本研究的学术传统和研究定位;其次,我将介绍本研究的调查地点和田野工作的基本情况。

第一章 绪论：理解带病生存

一 西方患病经历研究的兴起

德国社会学家乌塔·格哈特（Uta Gerhardt）在考察医学社会学思想史时明确指出，"古典社会学思想十分关注社会组织和社会结构问题，但它并不重视人的身体或精神状态。尽管社会学想方设法去扩大自己的领域，但健康并不是一个社会学问题"（Gerhardt, 1989: xiii）。在格哈特看来，古典社会学家之所以不关心健康问题，主要是因为以下两种原因：其一，健康属于生活世界的范围，而社会学应该在科学世界中寻找自己的位置；其二，健康是个人隐私问题，不值得公众关注，更不值得社会学理论关注。尽管格哈特的观点有失偏颇，但她指出了一个基本事实：古典社会学家对健康和病痛问题的轻视是医学社会学晚熟的重要原因。尽管一些社会学家早在20世纪30年代就开始关注医疗实践，但是只有在第二次世界大战之后，人们才普遍认识到健康对社会组织和社会结构的重要性。

在医学社会学领域，慢性病的"发现"是在20世纪50年代晚期，一些学者用它来反对美国哈佛大学社会学家塔尔科特·帕森斯（Talcott Parsons）的"病人角色"（the sick role）。1951年，帕森斯在《社会体系》一书中以现代医疗实践为例，讨论了社会结构和动态进程之间的关系。从功能主义的理论视角出发，他特别强调，生病不仅仅是身体感受，还应该被视为一种社会角色。换言之，一个人生病之后可以不必承担正常的社会角色，也不必对自己的病情负有责任，但是他如果想恢复健康，就必须听从医生的建议。帕森斯假定，病人状态是临时的，医学能够使个体恢复健康。因此，医疗实践的目标就是让社会成员恢复他们的义务和责任，也就是说，让他们恢复健康或类似的社会常态状态（Parsons, 1951）。

20世纪50年代末期，帕森斯的观点受到美国著名医学社会学家大卫·米坎尼克（David Mechanic）的挑战，他指责帕森斯过分关注病人克服病痛的能力，过分强调病人回归日常角色的能力。米坎尼克指出，医学社会学必须解释社会中所有病痛的进程和结果，而帕森斯仅仅考虑急性病人，忽视了慢性病人，所以，他的概念分析是不充分的（参见 Gerhardt, 1993：12）。[①] 随后，米坎尼克在20世纪60年代围绕"患病行为"（illness behavior）做了大量研究。他开始考察人们如何感受不适或痛苦，又如何寻医问药（Mechanic & Volkart, 1960, 1961; Mechanic, 1965, 1966）。在讨论慢性病社会学（sociology of chronic illness）的概念发展时，彼得·康拉德（Perter Conrad）评论说，患病行为研究使我们更加接近患病经历（illness experience），但它并没有认真对待这种经历，这里的核心关注是描述行为及其文化差异，而患病经历本身是一个次要的关注（Conrad, 1990：1259）。

幸运的是，从20世纪50年代晚期起，一些受训于芝加哥大学的社会学家开始从病人的视角考察病痛（Conrad & Bury, 1997：374）。欧文·戈夫曼（Ervin Goffman）考察了遭受污名的人如何通过"伪装""隐瞒""欺骗""掩饰"等信息控制手段去管理他们的身份认同（Goffman, 1963）。弗雷德·戴维斯（Fred Davis）以14个小儿麻痹患者的家庭为例，生动地描述了小儿麻痹症对家庭和儿童的冲击，以及接踵而来的适应过程和角色扮演（Davis, 1963）。朱利叶斯·罗斯（Julius Roth）结合自己的肺炎住院经历，描述了医院规范如何影响住院病人的治疗进程，以及病人和医生如何

[①] 无独有偶，凯博文在讨论"躯体化"（somatization）的社会后果时以类似的口吻写道，帕森斯的"病人角色"不适用于慢性病，"尽管病人渴望痊愈，但他们永远都不会完全抛弃病人角色"（Kleinman, 1982：173）。人类学家安·迈克尔罗伊（Ann McElroy）和玛丽·叶泽夫斯基（Mary Jezewski）在一篇综述性文章中指出，"病人角色"没有从性别、年龄和阶级的角度去解释文化内部的差异，也没有考虑到族群之间的差异（McElroy & Jezewski, 2000）。这些批评表明，帕森斯的"病人角色"这个概念既没有考虑到疾病的性质，也没有考虑到社会文化因素的影响。

处理由治疗安排引起的冲突（Roth，1963）。在罗斯看来，病人并非被动的棋子；相反，他们会主动采取各种策略去改善身体状况。

正是在芝加哥学派的影响下，安塞姆·施特劳斯（Anselm Strauss）把研究重点转向了病人的主观体验和主体经历（subjective experience），率先直接关注医疗机构环境之外的病痛。在1975年出版的《慢性病与生活质量》一书中，施特劳斯概括了慢性病适应的主要问题，并详细描述了人们在面对病痛时如何设法过上正常的生活（Strauss，1975；Strauss et al.，1984）。该书运用"患病轨迹"（illness trajectory）的概念，不仅阐明了不同类型的慢性病对日常生活的影响，还考察了慢性病人如何管理他们的社会活动和人际关系。

与此同时，英国社会学家米尔德里德·布拉克斯特（Mildred Blaxter）发表了《残疾意味着什么》（Blaxler，1976）。基于194位刚刚出院的病人的访谈资料，她描绘了慢性病及其后果，其核心关注是病人及其家庭在刚出院时面临的各种困难，如日常照料问题、经济问题、工作问题、社会隔离和孤独问题。她进一步指出，尽管病人面临的主要问题似乎是工作、金钱和日常生活等实际困难，但是最令人痛苦的或许是家庭关系、隔离和孤独、无聊和娱乐缺少等社会问题（Blaxter，1976：218-219）。

上述两本著作都从病人的角度理解慢性病和残疾，都是从局内人的视角研究患病经历的奠基性著作。它们都坚持认为，医护人员只有全面了解慢性病的各种后果，才有可能对病人的问题做出恰当的反应。

不可否认，患病经历研究是在病人角色和患病行为研究的基础上兴起的。起初，学者从医生的角度考察病人角色和患病行为；后来，他们越来越关注病痛的主体经历和主观体验（Pierret，2003）。患病经历研究之所以在20世纪70年代兴起，主要是因为三方面相互关联的变化（Conrad，1987；Bell，2000）。

一是疾病谱的变化，即传染病和急性病的减少以及慢性病的增加。在20世纪70年代，慢性病已经成为主要的医学问题，而慢性病的治疗需要更加复杂的医疗方案和长期的生活方式的调适。

二是医疗实践的变化，即从关注"部分"到关注"整个人"。在20世纪70年代，随着慢性病的增加，许多医生都认识到，他们不仅要治疗"疾病"（disease），还要关心病人的"病痛"（illness）。[1]

三是医学社会学研究取向的变化，即从"医学取向的医学社会学"（sociology in medicine）到"社会学取向的医学社会学"（sociology of medicine）。20世纪60年代之前，受"病人角色"概念的影响，医学社会学比较关注医疗机构内的医患关系和卫生服务使用；20世纪60年代之后，受符号互动论传统的影响，医学社会学开始关注医疗机构外的病痛适应和病痛管理。

同"病人角色"和"患病行为"相比，"患病经历"这个概念比较关注病人的主体经历和主观体验，强调病人的主体性和能动性，尤其是他们如何体验和管理病痛。康拉德（Conrad，1987）在一篇评论文章中概括了患病经历的核心问题：

——人们起初如何注意到病痛，这意味着什么？

——他们如何理解这些非同寻常的事件？

——他们怎样应对病痛问题？

——他们如何寻医问药，带着何种期待和关注？

---

[1] 尽管"疾病"和"病痛"这两个概念在日常使用上密不可分，但从分析的角度说，二者并非完全一样。疾病是一种不尽如人意的身体进程或身体状态（Conrad，1987：2），而病痛则是个人对特定身体症状的看法和感受（Young，1982：265）。换言之，疾病是医学界定的症状，而病痛则是人们关于不健康的主观感受（Blaxter，2004：20）。一位护理学家评论说，区分疾病和病痛不仅有助于我们了解病痛的各种复杂影响，也有助于医生更好地处理"疾病问题"和"病痛问题"（Spector，1996：32）。

——诊断给他们带来了哪些冲击？①

——他们如何处理医疗标签，如何管理治疗方案？

康拉德特别强调，我们不应该把被访者仅仅视为病人，毕竟他们只花了一小部分时间去承担病人角色。因此，"我们需要研究人们如何在日常生活中管理病痛"（Conrad，1987：5）。

自20世纪80年代以来，越来越多的欧美学者开始研究人们的患病经历，他们围绕"人生进程的破坏"（Bury，1982，1988，1991）、"自我的丧失"（Charmaz，1983，1987，1991，1995）、"患病轨迹"（Corbin & Strauss，1985，1987，1988，1993）和"病痛叙述"（Williams，1984；Kleinman，1988；Frank，1995，2002）等主题做了大量研究，美国加州大学旧金山分校人类学家莎伦·考夫曼（Sharon Kaufman）和盖伊·贝克尔（Gay Becker）的"中风经历"研究（Kaufman，1988；Becker，1993，1997；Becker & Kaufman，1995）更是备受瞩目。此外，学者还编辑出版了几本以"患病经历"为主题的论文集。②

二 慢性病与人生进程的破坏

在既往的患病经历研究中，我极其关注英国伦敦大学社会学家迈克尔·伯里（Michael Bury）的概念"人生进程的破坏"。1982年，伯里在创刊不久的《健康与疾病社会学》（*Sociology of*

---

① 艾略特·弗雷德森（Eliot Freidson）在其经典著作《医学职业》一书中讨论"病痛的社会建构"时指出，当一位兽医把一头奶牛诊断为病牛时，他的诊断不会改变奶牛的行为；而当一位医生把一个人诊断为病人时，他的诊断会改变这个人的行为。因为就奶牛来说，病痛是一种感受到的"生物-物理"状态，仅此而已；然而，就人来说，病痛不仅是一种"生物-物理"状态，而且是一种被赋予了一定意义的社会状态。所以，"犹如法律制定者创造了犯罪，医生创造了病痛"（Freidson，1970：223）。

② 如Fitzpatric et al.，1984；Anderson & Bury，1988；Roth & Conrad，1988；Gerhardt，1990。

Health and Illness）杂志上发表了他的论文《慢性病作为人生进程的破坏》（Chronic Illness as Biographical Disruption）。据统计，它是该杂志创刊 25 年（1979~2003 年）以来被引次数最高（167 次）的一篇论文（Armstrong，2003：63）。从此以后，如同美国的安塞姆·施特劳斯和欧文·左拉（Irving Zola）一样，他已经走在了英国医学社会学的前列（Williams，2000：40）。

过去 20 年间，欧美社会学家围绕"人生进程的破坏"这个概念进行了大量研究。基于此，我希望通过全面梳理这一概念来展现西方慢性病社会学的一些重要研究成果。

在 1982 年发表的经典论文中，伯里运用 30 位关节炎病人的访谈资料，重点考察了疾病最近成为其生活重要组成部分的那些人。伯里认为，慢性病是一个破坏性的事件，它破坏了日常生活的结构，意味着病人要接受痛苦和苦难，甚至死亡（Bury，1982：169）。受英国社会学家安东尼·吉登斯（Anthony Giddens）的"关键情景"（critical situation）这一术语的启发，伯里明确指出，犹如战争这样的重大事件会破坏既定的社会结构，慢性病也会破坏一个人的人生进程。在这篇论文中，伯里在吉登斯"结构二重性"的基础上提出了"医学二重性"的观点：医学既是人们摆脱苦难和疼痛的一个重要资源，也是他们寻求患病经历深层意义的一个约束（Bury，1982：170-180）。由此可见，伯里的概念有助于理解社会结构和患病经历在特定文化背景下的互动进程。

基于慢性病对人生进程的破坏，几年以后，伯里又进一步区分了慢性病的两类意义（Bury，1988）：实际后果（practical consequences）和象征意义（symbolic significance）。首先，慢性病意味着对个体及其家庭的实际后果，包括活动受限（残疾）和社会劣势（残障）。伯里指出，"慢性病的意义涉及它带来的问题、后果和成本"（Bury，1988：91）。其次，慢性病还具有象征意义，即不同的疾病有不同的含义和形象。慢性病的象征意义不仅影响了个体如何看待自己，还影响了他们如何看待他人的评价（Bury，

1991：453）。伯里的访谈资料表明，慢性病的发生和发展不仅攻击了身体，还破坏了社会生活；事件的意义不仅源于病情的变化，还源于重要他人的反应。因此，在研究慢性病的意义时，我们也应该关注疾病的实际后果和象征意义。

尽管慢性病破坏了病人的人生进程和日常生活，但在病痛面前，他们并非消极被动；相反，他们会动用各种资源、采用各种手段去适应病痛。在探讨慢性病的适应时，伯里建议更加清晰地区分"应对"（coping）、"策略"（strategy）和"风格"（style）这三个术语，以便我们关注患病经历的不同维度（Bury, 1991）。"应对"是指个体学着适应或接受病痛后果的认知进程，它有助于个体在人生进程被破坏时维持自我价值。如果说"应对"这个术语关注人们逐渐发展出来的意义和态度，那么"策略"这个术语关注人们采取的行动，或者说人们面对病痛时如何机智地动用各种资源，包括物质资源和情感性的社会支持网络。"风格"这个术语指向人们的反应方式，尤其是处于不同阶层和文化背景的病人如何呈现他们的病痛或治疗方案（Bury, 1991：462）。伯里总结说，我们需要从多个维度考察慢性病对日常生活的影响：生物医学模式是不恰当的，片面强调隔离、污名和残疾标签的单一维度的社会学模式也是不恰当的（Bury, 1991：463）。

在慢性病社会学领域，伯里的思想直接影响了中风研究，许多学者都接受了"人生进程的破坏"，形成了中风康复的"宏大叙事"（Faircloth et al., 2004：244）。罗伯特·安德森（Robert Anderson）研究了137位中风病人的患病经历，描述了中风对病人的社会生活、家庭生活和个人生活的影响，包括活动受限、交流困难、焦虑和抑郁、社会隔离以及工作和失业问题（Anderson, 1992）。美国人类学家贝克尔和考夫曼则运用"患病轨迹"（illness trajectory）这一概念集中讨论了老年中风病人所经历的不确定性（Becker & Kaufman, 1995）。在此之前，考夫曼还从现象学的视角，以两个中风病人为例考察了慢性病的广泛影响，她想借此说明，健康、病痛和生命问题是医学问题,但又不仅仅是医学问题(Kaufman, 1988)。在此之后,贝克尔还模仿伯里的术语出版了《被破坏的生活》(*Disrupted Lives*)一书,试图在书中探讨病人在混乱的世界中如何创造人生的意义(Becker, 1997)。

伯里的概念在赢得普遍认可的同时,也遭受了一些攻击,其中最为激烈的批评来自残疾理论。尽管许多研究者都赞成世界卫生组织关于残疾(disability)的经典定义——残疾就是活动受限以及没有能力完成日常任务——但也有人认为,这个概念需要加以修订。英国学者迈克尔·奥利弗(Michael Oliver)在《理解残疾》一书中指出,残疾作为一个范畴,不仅是由文化生产出来的,也是由社会建构出来的。在他看来,"残废(disablement)同身体无关。它是社会压迫的一种后果"(Oliver, 1996:35)。如果医学社会学把残疾视为"个人悲剧"而不是社会压迫,那么它就会成为医学化的同谋。总之,与世界卫生组织的看法相反,奥利弗认为残疾并不是身体病理的结果,而是社会劣势和社会压迫的产物。

诚然,残疾的一些方面显然是社会期望的产物和社会建构的结果,但事实并非总是如此。在现代社会,我们很难说严重的活动受限或感官障碍不是残疾;参与障碍的减少并不意味着残疾的消失。伯里回应说,如果把残疾视为社会压迫,我们就会忽视社会现实,就会把个体反应和社会反应的复杂性简化为单一维度的残疾观,就会忽视绝大多数残疾人仍在遭受慢性病的折磨(Bury, 1997:138)。事实上,我们无法脱离身体来考察慢性病。英国学者迈克尔·凯利(Michael Kelly)和戴维·菲尔德(David Field)指出,我们必须关注慢性病的身体基础,因为它限制或妨碍了身体活动或社会活动,影响了自我和认同的建构(Kelly & Field, 1996)。

尽管我们不赞同残疾理论家对伯里的批评,但这并不意味着"人生进程的破坏"没有任何缺陷。英国社会学家西蒙·威廉姆斯(Williams, 2000)在一篇评论性的文章中追问道:在20世纪晚期,伴随着慢性病经历和残疾经历的多样性,人生进程的破坏在多大程度上是一个有用的概念？关注"破坏"是不是在揭示慢性病一些方面的同时，又掩饰了另外一些方面？到底是慢性病导致了人生进程的破坏，还是人生进程的破坏导致了慢性病？这些进程是仅仅局限于慢性病，还是晚期现代性的普遍特征？

威廉姆斯的质疑表明，在考察患病经历时，我们一定要把它融入个体的人生背景和他所处的社会历史条件，尤其要考虑人生经历、患病类型、生活状况、时代背景等各种因素的复杂影响（郇建立，2009a）。法国社会学家雅妮娜·皮埃雷（Janine Pierret）在探讨患病经历和社会结构的关系时指出，我们一定要研究宏观社会结构是如何影响患病经历的，而不是简单考察影响患病经历的社会经济因素。因此，在研究患病经历时，我们有必要把"主体经历、（人生）背景和社会结构"联系起来（Pierret，2003：15）。

基于此，在研究慢性病人的患病经历时，我们要更加关注社会结构和人类体验之间的关系，既要关注宏观的结构性因素对慢性病的影响，又要关注慢性病人的主观能动性；既要关注"宏观社会学的微观基础"（Collins，1981），又要关注"微观社会学的宏观结构"（Burowey，1991）。正是在此种意义上，吉登斯（1998）的"结构化理论"、布迪厄（2003）的"实践的逻辑"、哈贝马斯（2004）的"生活世界的殖民化"这样的概念为慢性病社会学研究提供了方法论基础。与此同时，我们还要在社会变迁的历史进程中考察社会结构与患病经历之间的关系。伯里十分强调在社会变迁的宏观背景下研究健康和病痛（Bury，1997）。稍后，英国学者加雷思·威廉姆斯在探讨健康的决定因素时进一步指出，"要想理解社会结构对健康（和病痛）的影响，我们既要理解特定结构和场景体现的历史进程，又要理解这些进程对个体的生命进程和人生历程的影响"（Williams，2003：146）。正因如此，慢性病社会学才有可能把历史的视角、解释社会学的思路和结构主义的思路有机地结合起来。

三 从社会流行病学到慢性病社会学

在前面两部分，我之所以系统梳理西方的患病经历研究，是因为我想表明，本书要在这个学术脉络下考察中国农民的患病经历，并以此展现慢性病的起源和后果。作为一项中国研究，我本该讨论中国社会学家在慢性病领域做出的一些贡献。然而，遗憾的是，在 2010 年之前，国内的慢性病社会学研究还十分薄弱，尚处于起步阶段。① 我在检索中文文献时发现，公共卫生学者在慢性病领域做了数不胜数的调查，涉及主题包括各类慢性病的流行情况、经济负担和防治模式，以及患者的生活质量、就医行为和健康教育。我还发现，许多社会科学家都比较关注传染病，尤其是艾滋病②，尽管慢性病已经成为主要的公共健康问题和最大的疾病负担。基于中国慢性病社会学研究的客观现实，我将重点梳理公共卫生领域的疾病负担研究，并借此说明流行病学调查的研究范式；同时，我想指出，慢性病社会学的质性分析有助于弥补流行病学调查的缺陷。

在现有文献中，许多文章都涉及疾病负担的含义、类型及测量指标。疾病负担是指疾病的损失和危害所带来的后果和影响（周尚成，2004），它包括疾病的流行病学负担和经济负担两个方面（胡善联，2005）。疾病的流行病学负担主要是指发病率、患病率、死亡率、门诊和住院率、药品利用情况和伤残调整生命年

---

① 尽管老一辈社会学家李景汉（2005：271~285）曾详细调查定县农村卫生与健康状况，包括街道、厕所、清洁、缠足、疾病、医药等，但这个传统并没有很好地传承下去。从某种意义上说，中国当代社会学家尚未认真对待疾病与健康问题，尤其是慢性病问题。
② 艾滋病的社会科学研究文献可谓"铺天盖地"，其中，景军（2006a，2006b，2006c）、庄孔韶（2005，2007）、潘绥铭（2001）、翁乃群（2001，2003）、夏国美（2005）等学者的研究成果引人瞩目。关于研究概况，可参见《中国艾滋病的社会科学研究 20 年》（郇建立，2009b）。

（Disability Adjusted Life Year，DALY），而疾病的经济负担则是指疾病给社会带来的经济损失，以及为了防治疾病而消耗的卫生资源（张震巍，2007）。

更重要的是，许多学者都运用流行病学方法测算了全国和局部地区的疾病负担，以及高血压、心脏病、脑中风、糖尿病、恶性肿瘤等不同类型慢性病的疾病负担。尤其值得一提的是，《中华预防医学杂志》2015年第4期刊发的一组文章不仅分析了1990年至2010年间不合理膳食、吸烟、饮酒和身体活动不足等慢性病主要行为危险因素的疾病负担（李镒冲等，2015），还分别考察了恶性肿瘤、心血管病（包括脑中风和心脏病）和慢性阻塞性肺病的疾病负担和变化趋势（刘江美等，2015；刘韫宁等，2015；殷鹏等，2015）。在此之前，《中华流行病学杂志》有两篇文章分别分析了2010年高血压和糖尿病的疾病负担（李镒冲等，2013；刘明波等，2014）。上述文献为我们了解主要慢性病的疾病负担状况及变化趋势提供了比较全面的信息。

需要指出，在测算疾病负担时，学者们的计算方法和数据来源有很大差异，其研究结果有时仅仅是指疾病的直接经济负担和/或间接经济负担，有时还包括无形的经济负担。为了同国际接轨，许多学者借用现在盛行的伤残调整生命年、过早死亡损失生命年（Years of Life Lost，YLL）和伤残损失生命年（Years Lived with Disability，YLD）来计算我国的疾病负担，进而量化疾病引起的伤残与早逝所致的健康生命年的全部损失。因而，在使用这些结果时，我们要注意其数据来源、计算方法和研究目标。

上述疾病负担研究文献无一例外地使用了量化研究方法，强调"用数据说话"和"推论总体"。同时，流行病学者通常采用"模式化"写作套路：(1) 在"前言"部分介绍研究背景和研究目的；(2) 在"方法"部分说明调查过程和数据来源；(3) 在"结果"部分呈现主要研究发现；(4) 在"讨论"部分总结研究结果，讨论研究发现的政策启示，指出研究局限和未来工作方向。

这种写作思路看上去很"严密",很"科学",也很"实用",然而,它也存在一些明显的缺陷。

首先,在流行病学调查中,我们几乎看不见"病人的样子",听不到"病人的声音"。事实上,形形色色的医学调查忽视了病人的主观感受和主体经历,在这样的调查中,一个个活生生的病人变成了呆板的、抽象的数字或百分比。显然,这不是病人群体希望看到的结果——每个病人都是一个"真实的人",而不仅仅是一个"数字"(Sered & Tabory, 1999)。晚年的费孝通(1994:8)在反思自己的学术历程时指出,他的既往研究"只见社区不见人",即过于偏重社会结构的分析和描述,忽视了个人的内心世界,包括他们的"喜怒哀乐"、他们的"希望和追求",以及他们的"梦想和心事"。这提醒我们,在研究慢性病问题时,一定要关注病人的感受和期待,而不仅仅是收集相关统计数据。

其次,流行病学调查用变量说明社会关系,未能恰当处理能动性、实践和结构之间的关系。"社会流行病学使用的变量代表了社会关系(social relations),而非客观概念(objetified concepts)。它没有讨论能动性(人们使用各种因果力量的能力)、实践(改造世界的活动)和结构(社会中的规则和资源)之间的关系"(Frohlich, Corin, & Potvin, 2001:781)。然而,如果不了解这些关系,与人们的患病经历相关的那些因素就失去了社会意义。

最后,流行病学调查仅仅是"输入数据,输出结果",未能很好地理解和解释研究结果。加雷斯·威廉姆斯(Gareth Williams)一针见血地指出,流行病学建构了一个"似乎可靠的故事",但其精确的概念、清晰的预测以及强有力的统计相关,无法让我们理解"黑箱"的内容(Williams, 2003:141)。事实上,就一项调查或研究而言,我们不仅需要知道"结果",还需要了解"过程"和"机制"。

正是出于上述几点原因,慢性病社会学一定要超越流行病学,并以此来避免法国社会学家德吕勒(2009:309)所批评的"统计数据的泛滥"。也就是说，在研究慢性病问题时，我们要关注慢性病人的主体性，要恰当处理能动性、实践和结构之间的关系，要详细描述现象或事件的发展过程和形成机制，而不仅仅是运用统计数据说明现象。

既然如此，我们怎样才能实现上述目标，从而弥补社会流行病学调查的缺陷？显然，前面论及的患病经历是一个适宜的研究路径。基于此，在本书中，我将以冀南沙村的田野调查资料为例，深入考察慢性病人的患病经历，并在此基础上打造带病生存的田野志文本。

四　沙村的历史与现状

本书选取的田野工作地点是河北省南部的一个正在急速变迁的传统村庄，我把它命名为"沙村"。该村所属的广宗县地处古黄河、漳河冲积平原上，县境呈带状，中部一条沙带纵贯南北，历史上以"沙丘"著称。广宗县人民政府驻地距邢台市60公里，距省会石家庄120公里，距北京不足400公里。

广宗县自汉朝建立县级政权，延续至今已有2000余年。自西汉至三国时期，广宗一带先后存在过三个王国政权（广宗县地方志编纂委员会，2015：408）。元始二年（公元2年），汉平帝刘衎为"广汉家宗庙"置广宗国，封刘如意为广宗王，7年后封国被王莽废除。永元五年（公元93年），汉和帝刘肇将广宗县升格为广宗国，当年九月王薨国废（《后汉书·章帝八王传》）。曹魏正始九年（公元248年），曹芳追封曹操之子曹棘为广宗王，复置广宗国。

这片古老的土地上先后发生过一系列重大历史事件：商纣王帝辛在这里建有离宫别馆；战国时期，赵武灵王又在这里建了沙丘宫；公元前210年，秦始皇第五次东巡时病死沙丘；清朝末期，景廷宾带领民众举行"扫清灭洋"起义。许多古代诗词和民间故事都反映了广宗县的古老历史。

> 武灵遗恨满沙丘，赵氏英名于此休。
> 月去月来春寂寞，故宫雀鼠尚含羞。

在这首题为《探雀宫月》的七言绝句中，清代诗人王悃描绘了赵武灵王饿死沙丘宫的历史事件（河北省广宗县地方志编纂委员会，1999：782）。面对秦始皇病死沙丘，另一位清代诗人刘楫写下了《倚寺平台》（河北省广宗县地方志编纂委员会，1999：772）：

> 萧萧绀刹古河边，突兀荒台不记年。
> 云是秦皇曾税驾，无劳博浪已成烟。

这是从《广宗县志》中选取的两首哀叹历史悲剧的诗歌。如果说诗歌的描绘显得有些隐晦，那么广宗民谣更为直接地讲述了当地的历史故事。一首民谣这样描写了秦始皇之死：

> 秦始皇，秦始皇，
> 杀我儒生住我房。
> 脚穿虎头鞋，躺着我的床。
> 抬头看一看，上面有话对你讲：
> 重病染你身，走到沙丘一命亡。

长期以来，由于自然条件恶劣、气候干旱、土地贫瘠、农作物产量低，广宗县一直是贫困地区。抗战时期，广宗县为冀南行署所在地，是革命老区。改革开放后，广宗县的社会经济发展水平虽然有了很大提高，但依然较为落后。1987年，广宗县被国务院定为"全国重点扶贫县"。2001年，广宗县被党中央、国务院确定为"扶贫开发工作重点县"。时任民盟中央主席的费孝通曾在1991年、1994年和1996年三下广宗县，试图帮助广宗县人民脱贫致富（鲁平，1996）。他在一次扶贫工作会议上说："广宗县是民盟帮扶的一个重点,也是我这几年一直比较关心的地方。"(费孝通,1999:284)面对广宗县的百里沙带,费孝通提出了"沙里淘金"的想法,不仅帮助广宗县兴建了釉面砖厂,还在这里开展推广种植灵芝、食用菌的工作①。费孝通的"广宗扶贫"是其"志在富民"的一个脚注。费孝通去世后,2005年4月29日《燕赵都市报》特意刊发了怀念文章《广宗县的思念》。

沙村兴起于明朝永乐年间,当时是人来人往的码头。正因如此,沙村成了广宗县有名的杂姓村。据《广宗县志》记载,全村曾有32姓。沙村位于乡政府东10公里处,或者说县城东北9公里处,而乡政府所在地则在县城西北4公里处,三者构成了一个近似等腰三角形的形状。沙村和乡政府所在地之间的实际距离要远于它和县政府之间的实际距离。由于距离方面的原因,除非迫不得已,沙村村民宁愿去县城也不愿去乡政府办事。

沙村曾经是远近闻名的"穷村",邻村的姑娘都不愿意嫁到该村,因而村里的光棍儿很多。2010年7月统计的结果是50余人,占全部人口的比例约为2.5%。但是,最近十几年来,沙村许多村民都去北京做铝合金配件生意,不少人因此发家致富,村庄形象也发生了变化,从"穷村"变成了"富村"。2008年4月,三位同村的儿时伙伴来我家看望即将满月的儿子。其间,我让他们算起了沙村在京的人数和车数。他们先计算我村在北京的人数,然后再计算每户人家的车数。计算人数时,先按姓氏计算,然后再分村西、村中和村东三片进行补充性计算。最终统计结果表明,沙村常年在京人口有199人,机动车69辆。这个数字和村支书计算的数字极其接近。2007年春天的一个晚上,村支书在谈到村庄的经济发展状况时,详细介绍了外出村民的人数和收入情况。他还说,沙村2006年上报的年人均纯收入是2240元,上报的数字偏

---

① 我在上海大学社会学系攻读硕士研究生期间(1997~2000年)十分关注农村贫困问题。1999年秋天,在费孝通图书、图片展的发布会上,我有幸同费老交流广宗县的脱贫致富问题,他再次提到了"沙里淘金"的总体思路。

高；如果不算常年在外做生意的，留在村里的那些人收入并没有那么高，只有1500元左右。

目前，沙村不仅有许多年轻村民外出去北京、石家庄、邢台等地打工，留在家里的人也开始发展养殖业，许多家庭都开始大规模地养鸡、养猪。2007年春天，沙村东北角的马路两旁就有十几个养鸡场。除了养鸡以外，许多村民也开始大规模地养猪和养羊，数量一般都在几十头（只）。当然，养殖业通常只是家庭的副业，大多数家庭还是把精力放在了耕作上。以前，这里以种植粮食作物为主，近年来以种植棉花为主。种植结构的变化彻底改变了村庄的自然景观。初夏时节，我们再也看不到金黄色的麦田，映入眼帘的是绿油油的棉田。沙村所在的县因此被誉为"冀南棉海"。由于附近村庄都大面积种植棉花，村中出现了一个新的行业，就是倒卖棉花的生意。深秋或初冬，许多留在村里的青壮年劳动力开着三轮车去周围村庄买棉花，然后再转卖到附近棉站。

随着种植结构的变化和市场经济的崛起，村里新开了许多小卖部。2008年春天，沙村有11家小卖部，有的主营日常用品，有的主营食品，有的主营蔬菜。总的来说，村民越来越"市民化"，吃的、喝的和用的都需要买。当然，小卖部里的商品也应有尽有。从这个意义上说，商品经济正在取代盛行了几千年"自给自足"的自然经济，村民也开始吃"商品粮"了。沙村之所以有这么多小卖部，主要是因为它是一个人口较多的村庄。沙村现有500多户，约2200人，分属7个生产队。我的调查重点是村西一、二、三、四队的村民（1100余人）。事实上，这四个队的村民联系较多，属于传统意义上的"村落共同体"。

五 沙村田野调查概况

选择沙村作为田野地点，我主要有三方面的考虑。首先，沙村是一个急速变迁的村庄，我想借此考察社会转型与慢性病流行之间的关系。同其他成千上万的村庄一样，沙村正在发生翻天覆地的变化，城市化、机械化、商品化和老龄化给村民的生产、生活和人际关系带来了难以估量的影响。宽泛地说，慢性病的产生和流行有其社会根源，其后果也在很大程度上改变了既有的社会结构。

其次，沙村是一个相对比较贫困的村庄，物质资源的匮乏和社会支持的不足不仅突出了慢性病给村民生活带来的冲击，还便于我们了解病人及其家庭如何适应和管理慢性病。从这个意义上说，选择沙村作为田野地点不仅有助于考察宏观的社会结构对行动者的制约，还便于了解行动者的主体性和能动性。事实上，我也想通过考察慢性病的后果来反观能动性和社会结构之间的关系。

最后，沙村是我的家乡，我熟悉这里的语言和风土人情。读大学之前，我一直生活于此。即便大学毕业参加工作以后，我也经常回家，同父母和村民保持着密切联系。诚如费孝通（2001：40）在《江村经济——中国农民的生活》一书中指出的那样，同乡的感情容易使研究者深入村民的日常生活。此外，选择家乡作为田野地点也便于日后的回访和追踪研究。慢性病的定性研究比较关注进程和变化，追踪研究是必要的，它是观察和理解慢性病人带病生存的重要渠道。

选定了田野地点之后，从2007年4月到2010年8月，也就是我在清华大学社会学系攻读博士学位期间，我曾五次去沙村进行调查。2007年春天，我第一次去沙村开展田野调查。这次调查持续了一个月，大致分为两个阶段：第一阶段，我在村卫生室（文氏诊所）进行观察，总体掌握了村庄的疾病谱和死因谱，初步了解了新型农村合作医疗（简称"新农合"）政策的基本情况；第二阶段，我走街串巷，对20余位病人在自然情景下进行了访谈，初步熟悉了心脑血管病人的患病经历。

2007年夏天，我第二次去沙村开展田野调查。由于前期准备不充分、天气炎热、家事烦扰等原因，感觉不是很好，一周后我匆匆返京。尽管这次田野调查收获不是很大，但我还是重访了几位脑血栓病人，大致了解了慢性病人在炎热夏天的生活安排。在这次田野调查期间，我认识到"新农合"在何种程度上减轻了农民的医药负担。我在翻阅村医开的处方时发现，处方划价比以前有大幅度上升，一般都在10元以上，而以前通常是两三元。文医生解释说，这有两方面的原因：一是"新农合"实施后，药品本身的价格有所提高；二是村民自己也想让医生多开些药。

2008年春天，我第三次去沙村开展田野调查。这次调查的重点是了解慢性病人的患病经历，尤其是慢性病对个人和家庭的影响。这次田野调查持续了半个月。返京的那天早晨，我在村西头等车时，一位村民说，村里的一位癌症病人在凌晨三点钟死于食道癌。很遗憾，我未能参加他的葬礼。我一直希望通过村里的红白理事会进一步了解村民的死亡信息以及慢性病对村民的多重影响。因为只有在村里死人时，这些人才能凑在一起；大概也只有在此时，人们最容易说起疾病对患者及其家人的影响。

第四次田野调查是在2008年秋天，调查的重点依然是回访前几次接触过的慢性病人及其家属。当然，我也不会忘记访谈新的慢性病人。在本次田野调查中，我还是通过村民的患病经历和病痛叙述来了解慢性病的后果，包括慢性病的经济负担和照料负担、慢性病人的心理变化，以及慢性病对家庭养老的影响。在访谈中，许多被访者都提及慢性病对配偶和子女的影响。除了考察慢性病的冲击以外，我还特别关注慢性病人的社会适应与生存策略。

第五次田野调查是在2010年酷夏。在为期一个多月的调查中，我不仅重访了先前所有的慢性病人，再次调查了村民最近两年的死亡情况，还趁第六次全国人口普查的机会全面收集了沙村一队至四队的户籍资料。与此同时，我全面调查了老年慢性病人的后事安排，并系统了解了四位新慢性病人（包括两位心脏病人和两位糖尿病人）的患病经历。所有这些都加深了我对慢性病人社会适应与生存策略的理解。

通过五次田野调查以及其他形式的调查①，我收集了大量的口述资料和文献资料。在口述资料方面，我撰写了超过 25 万字的田野日记。在整理资料时，我尽量详细记录访谈的场景和内容。在文献资料方面，我收集了 2006 年全年的村医处方以及最近几年部分月份的处方（共计 4000 余张），备份了村委会 2005 年摸底专用的户口登记卡（450 余张）和 2010 年夏天采集的第六次全国人口普查的入户访查资料，影印了不同版本的县志和地方志等历史文献资料。

在田野工作中，我能够顺利地接触慢性病人及其家庭成员，也能够轻松地与他们交流各种问题。开展田野调查时，"观察"并不困难，我"随时随地"都能见到我需要拜访的村民——他们是我的亲人、邻居、老乡和朋友。问题是，我见到他们之后如何"访谈"。教科书上的"正式访谈"似乎不太适合从未接受过"访谈"的村民：一方面，"正式访谈"会拉远访谈者和访谈对象之间的熟人关系；另一方面，它破坏了交谈的自然情景，从而影响了访谈进程和访谈资料的真实性。此外，"正式访谈"容易使被访村民成为缺乏主体性的"调查对象"。显然，这不是他们愿意看到的，也不是我愿意看到的。

鉴于上述考虑，在田野工作中，我甚至没有勇气"背着书包、带着笔本"在村内行走，因为这同村民的日常生活和行为形成了强烈反差。几乎所有访谈都是"非正式的""非结构化的"，尽管我头脑中有一个极其"结构化的"访谈提纲。我通常在日常情景下与村民"闲聊"，然后引出慢性病相关的"话题"；聊天的场所或者是病人家中，或者是田间小路，或者是街头巷尾，或者是他们经常休息的小卖部门前。每次聊天以后，我都会立即回家，以

---

① 需要指出，除了五次田野调查之外，我还通过其他形式收集资料，并时不时地补写田野日记。当我给父母打电话时，当我同在京打工的村民聊天时，当母亲来京照顾孙子时，当父亲来京看望孙子时，我都会有意识地询问村民的患病信息，并及时地进行记录。

便尽可能全面准确地记录田野资料。当然，细节和数据的遗忘又是不可避免的。

本书的田野资料都以田野日记的形式记录下来。在使用这些资料时，我不仅根据研究主题对资料进行重新分类和编码，还按照访谈时间的先后把同一被访者的资料汇集成一个个完整的故事［关于具体案例，参见附录 B "村民患病经历纪实（两则）"］。一般说来，分类资料（categorized data）便于主题概念的分析，但容易"粉碎"资料，使之脱离背景和个案；叙述资料（narrative data）便于保持故事的完整性，也便于突出"生活世界的声音"（Mishler, 1984），但会降低分析结果的代表性（Conrad, 1990：1258）。我们该如何解决上述资料处理方面的困境呢？我没有找到答案，只好采取折中的办法：一方面，我不得不根据研究主题对田野资料进行拆分；另一方面，我尽量在叙述时保持资料的完整性。

六　本书主旨与章节安排

本书旨在从微观层面考察沙村村民的患病经历，并用丰富的田野资料展现农村慢性病人带病生存的意义与后果。带病生存是本书的中心议题，它涉及慢性病人的病因观念、生活世界、家庭照料和生存策略。在研究村民的患病经历时，我们不可避免地要涉及疾病格局的变迁和慢性病的社会干预。事实上，前者构成了本书的研究背景，而后者则构成了政策层面的宏观思考。所有这些构成了各章的主要内容。与此同时，在各章的结尾之处，我将分别讨论与慢性病密切相关的一些重要问题，如中国的慢性病到底是"富裕病"还是"未富先老"？普通村民如何看待慢性病的流行？慢性病如何破坏了病人的日常生活？慢性病如何冲击了乡土中国的孝道和养老？社会结构如何制约了慢性病人的生存策略？

在本书中，我不仅希望通过借助沙村村民的病痛叙述更好地理解中国农村生活的现实，还希望借此探究患病经历和社会结构之间的复杂关系，以便能够在具体情境的"个人困扰"和社会结构的"公共议题"之间建立联系（Mills，1959；郭于华，2008；米尔斯，2017）。

全书分为七章。第一章首先介绍了患病经历研究兴起的历史背景，梳理了西方社会学家的患病经历研究和国内流行病学家的疾病负担研究。同时，本章描述了田野地点概况，并详细交代了田野资料的收集过程。

第二章重点描述村庄的卫生体系和疾病格局，尤其是村民的常见病、死因谱和疾病谱的变迁。本章旨在全面展现本研究的微观背景，并试图说明中国农村的慢性病并不是"富裕病"，它是人口老龄化的产物。

第三章着重考察村民的病因观念，旨在回答慢性病人如何理解慢性病的起源、成因和流行。村民的病痛叙述表明，慢性病的病因是复杂的，病人喜欢在自己的人生进程中寻找患病原因，同时懂得在社会变迁中寻找疾病的社会根源。

第四章分析慢性病给病人带来的复杂影响，包括身体状况的恶化、经济负担的加重、自我认同的丧失和社会交往的减少。其核心观点是，在中国农村，慢性病意味着病人日常生活的破坏。这既印证了伯里的观点，又回应了后现代的病痛观。

第五章是对第四章的扩展，把慢性病的影响从病人转向家庭。在考察慢性病人的照料问题时，我着重叙述病人照料给成年子女和家庭关系带来的冲击，并在此基础上指出，中国农村的养老危机与其说是由于传统孝道的衰落，不如说是由于社会保障的匮乏。

第六章旨在研究慢性病人的生存策略，包括如何争取药物治疗和进行康复训练、如何认识慢性病、如何把慢性病纳入人生进程、如何管理病痛、如何处理后事等。本章表明，慢性病人并不是被动地承担"病人角色"，他们会采取各种措施去认识、适应和管理慢性病，但上述策略的选择会受到他们置身于其中的社会结构的制约。

第七章是本书的结论部分。在本章，我首先从行动与结构的理论视角进一步归纳患病经历与社会结构之间的复杂关系，然后在此基础上探讨中国农村慢性病的社会干预。沙村村民的患病经历表明，社会结构的制约性和行动者的能动性并非彼此对立的两极，二者在实践中是交织在一起的。

第二章　沙村的疾病格局

2007年春天,我在第一次开展田野调查时曾专门调查了沙村的疾病格局,大致熟悉了村庄的卫生体系、常见病、死因谱以及疾病格局的变化。在随后的几次田野调查中,我始终关注不断变化的村庄卫生体系,也不断更新村民的死亡情况信息。这些工作使我能够比较全面地呈现该村的疾病格局。在第一章,我概括介绍了沙村的历史与现状;在本章,我将在描述村庄卫生体系的基础上,重点考察村庄的疾病格局及其变迁。

需要指出,此处的疾病格局类似于流行病学中的疾病谱,但比后者更为宽泛。疾病谱是指一定时期内某个地区危害生命的"致死性疾病"(如心脑血管病和癌症)的分布情况,通常表现为造成死亡人数最多的前十位(或前五位)疾病的排序;而疾病格局是指在一定时期内某个地区的疾病构成,它不仅包括"致死性疾病"的分布情况,还包括危害健康的其他重大疾病(如关节炎),也包括"头疼""感冒"等诸如此类的常见病。

从某种意义上说,疾病格局反映了疾病的流行病学负担。鉴于村民的患病情况和死因情况是流行病学负担的两个重要变量,在考察沙村的疾病格局时,我主要描述村庄的常见病和死因谱,并在此基础上考察1949年后沙村一带疾病格局的变化。最后,本章将从人口老龄化的角度分析疾病格局发生变化的社会根源。

一 沙村的卫生体系

　　村庄的卫生体系是慢性病人生活环境的重要组成部分，它深深影响了村民的患病经历。事实上，这是我详细呈现沙村卫生体系的主要原因。沙村有相对完善的卫生体系，卫生机构和卫生人员也多于附近村庄。2007年春天，沙村有一家骨科医院、两家村级卫生室（文氏诊所和章氏诊所），以及乡卫生院的"代理机构"（时家诊所）。此外，村里还有两位没有行医执照的医生：一位是当过数十年赤脚医生和乡村医生的王医生，另一位是看各种"怪病"的杨半仙。当然，在这个体系之外，村民还与乡卫生院、县医院甚至市医院有联系，它们构成了更大的卫生环境。

　　坐落在村子西北角的骨科医院在当地久负盛名，许多临近县市的骨科病人也来此看病。这是一家传统的家族医院，三个院长是亲兄弟，都生于20世纪50年代前后，他们的儿子、女儿和儿媳也均在医院工作。在骨科医院，病人多是外伤：或摔伤，或砸伤，或撞伤，或蹾伤，或压伤。病人来了之后一般是先拍片检查，然后医生再让病人外用接骨膏，内服接骨散。村民评论说，这里的核心技术是膏药，贴上接骨膏以后，病人断裂的骨头很快就能愈合。尽管骨科医院的医疗条件较好、医生水平较高，但是由于医院的地理位置较远、业务繁忙以及治疗费用高等，当地村民一般还是去文氏诊所看病。当然，村民遇到大病、急病时，也会向骨科医院求助，附近村民也经常去那里拿药，有些脑血栓患者也会定期去那里输液。在村民看来，骨科医院的收入来源主要是给外地人治疗跌打损伤，而给本地村民看病纯属"道义帮助"。

　　文氏诊所位于村子中部，文医生是邻村人，30岁出头，曾在广宗县卫校学习3年，2005年10月来沙村行医。这里几乎没有什么设备，除了乡村医生的"三大件"——体温表、血压计和听诊器，医用高压锅和电子秤是这里仅有的医疗器械。当然，这里的药品也都是基本用药,大部分都是西药。文氏诊所只有一位医生,但病人多时,文医生的媳妇也帮着"包药"①、输液和打针,她是这里的"护士"。文医生属于半路出家学医,他卖过馒头,当过建筑工人。因为这些经历,不少村民对他的医术不屑一顾。一些村民认为,他只会"扎针卖药"。也有村民反映,他常用"赖药"(差药)。还有村民说,他输液时常给病人输"营养药"。或许,正是由于这些原因,文氏诊所的病人越来越少,冬季处方数量的变化就说明了这个问题。我在统计2005~2008年的处方数量时发现,2008年1月的处方数量(256张)比2006年1月的处方数量(389张)少了133张(超过30%)(见图2-1)。文医生的病号都去了哪里?章氏诊所!

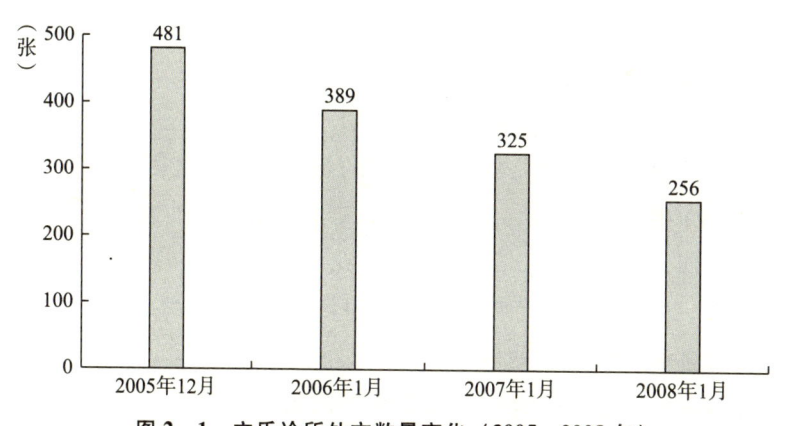

图2-1 文氏诊所处方数量变化(2005~2008年)

章氏诊所位于村子东头,章医生是本村人,20世纪90年代初曾在广宗县卫校学习,随后在临县行医10余年,之后一边在乡卫生院"上班",一边在家开诊所看病。所谓"上班",是指他借用乡卫生院的房屋开了个骨科门诊,完全自负盈亏,有时一个月的收入只有几十元。2007年4月,广宗县正式实施"新农合",他脱

---

① "包药"是指村医给病人开药时,不会给病人开整瓶药,而是根据用法、用量,把不同性能的药品包在一起,这样病人服用时就比较方便。

离了与乡卫生院的合作关系，完全回村看病。因为章医生是本村人，所以他的诊所自然就变成了"村级医疗定点机构"。章医生主治颈椎病、腰椎病、肩周炎和关节炎。他并不擅长治疗一些常见病，所以他回村行医时专门找了一位伙计。新来的李医生中等身材，戴着一副眼镜，言谈举止都比较文雅。在诊所，二者有较为明确的分工，通常是李医生负责看病、开药方，章医生负责打针、取药。

李医生出身于"医生世家"，2002年毕业于一所民办医科大学，曾在北京一家私人医院、广宗县医院和乡卫生院工作。他的教育背景和家庭出身使他很快赢得了村民的信任。自从李医生来到沙村以后，章氏诊所的病号迅速多了起来。2008年秋天，我多次在这里进行田野观察——我再次看见了络绎不绝的病人，犹如2007年春天我在文氏诊所看见的那样。当时，章氏诊所的热闹和文氏诊所的冷清形成了鲜明对比。

章氏诊所之所以能吸引如此多的病号，主要是因为李医生擅长"扎笨针"（针灸），而且是免费"扎笨针"。通常，来此看病的慢性病人先"扎笨针"，临走时再花两三元买几包药。许多村民也知道，"扎笨针"是吸引病号的手段，"卖药"才是最终目的。但村民都佩服李医生的医术，他们愿意来这里看病，以至于厢房的床板和药箱上也躺满了"扎笨针"的病人。然而，2009年春天李医生的离开又使章氏诊所陷入了昔日的冷清。章氏诊所的病号一部分重新回到文氏诊所，另一部分则去了时家诊所。

时家诊所离文氏诊所不远，但位置比较偏东。时医生2007年毕业于冀南的一所医学专科学校，毕业后一直在乡卫生院工作，先是实习，后来是上班。因为时医生在乡卫生院工作，所以病人在这里看病算是在乡卫生院看病，也就是说可以按照相关规定进行报销。自参加工作以来，时医生经常以乡卫生院的名义为村民输液，更经常向慢性病人出售一些村卫生室没有的药物。从这个意义上说，时医生为乡卫生院"拉"来了病号，"带"来了收入，因而也是乡卫生院的"功臣"。因为在时家诊所看病可以报销,也因为时医生的治疗经验不断丰富,在随后的三年中,这里的病人越来越多,诊所规模日益扩大,药品数量也日益增加。

不管是骨科医院的祝医生,还是村卫生室的文医生和章医生,抑或是乡卫生院的时医生,他们都是"正规的"医务工作者。除了这些人之外,王医生和杨半仙也在为病人看病。

王医生出生于1949年,高小毕业,1966年开始学医,1976年在县医院实习,先是在村里做赤脚医生,后来转为乡村医生。他的诊所位于村西,距离骨科医院不足500米。尽管从卫生管理的角度看,王医生属于"非法行医",但是在村民看来,他是一个合格的医生,完全有能力看一些常见病——毕竟,他有40余年的从医经验。加之这里的药品比较便宜,许多村西的中老年村民还是愿意去找他看病。2007年春天的一个晚上,我娘头疼,吩咐我去王医生那里买几片脑宁片。当时,我仔细观察了他取药的过程:他先从电视机后边拿出装有脑宁片的药瓶,倒出几片药之后,又从电视机下方的抽屉里取出一个空瓶装了进去。我看见他的抽屉里装满了废弃的药瓶和纸盒!

王医生的"暗地行医"行为引人深思:谁有资格给病人看病?到底是卫生部门说了算,还是村民说了算?到底是看形式上的行医执照,还是看真正的医术?实事求是地说,国家卫生部门在这些方面并没有绝对的话语权。正因如此,沙村不仅有像王医生这样的"民间医生",还有杨半仙这样的"巫医"。

杨半仙是我在文中对他的称谓——尽管他经常给病人看病,但没有人称他是医生。杨半仙家住村子西南角,家里既没有中药,也没有西药,只有一些香火;他主要看一些"邪病""怪病",有时还给人做推拿。杨半仙告诉我,他只能看一些"冲撞鬼怪"或"没缘由"的病,其他的病看不了。当然,他也没有办法治愈自己的青光眼和高血压。

在田野调查中,我与杨半仙见过无数面、聊过无数次。我发现，他的看病逻辑简单而清晰：他总是在"阴间冤魂"那里寻找"现实病痛"的根源。这里我举一个简单的例子加以说明。村民王岭总是牙疼，疼得难以忍受，去了许多地方都没看好，于是他去找杨半仙。杨半仙说："回去吧，回去就好了。"王岭回到家果然就好了。后来，王岭问他："这是怎么回事？"杨半仙解释说："你大哥为你干了一辈子活，你待人家不好，死了连纸也不给烧。"这个案例的言外之意是，因为王岭不懂得报恩，所以大哥在阴间会报复他，让他牙疼。王岭的牙病之所以回去就好，是因为他走后，杨半仙替他给他大哥烧了纸钱。

在沙村，村民不仅会患头疼脑热这样的常见病，也会患心脑血管类的慢性病，还会在日常生活和劳动过程中发生跌打损伤等意外事故，甚至患上现代医学无法解释的各种疑难病症，所以他们生病时会求助于不同类型的医疗机构和医疗人员。村民很清楚什么病找谁去看，他们能够区别对待身体疾病和精神疾病，懂得"身体疾病靠人，精神疾病靠神"（杨念群，2006：199）。

二 沙村的常见病

2007年春天，我在沙村开展田野调查的一个主要目的就是了解村庄的常见病及其流行情况。为此，我复印了2006年文氏诊所的所有处方，共计2727张。这些处方大体上反映了村民的患病情况，因为在2006年，绝大多数村民都去文氏诊所看一些常见病。文氏诊所的处方数量表明，平均来说，每个村民每年至少生病一次。

从图2-2中我们可以看出，村民看病最多的月份是1月（村医处方高达389张），最少的月份是7月（村医处方仅有118张）。为什么1月看病的人最多？对此，我可以作如下三方面的解释：第一，冬季是感冒流行的季节，这时患病人数自然会增加；第二，沙村有许多人在北京等地打工，这些人常年在外，过年时通常会

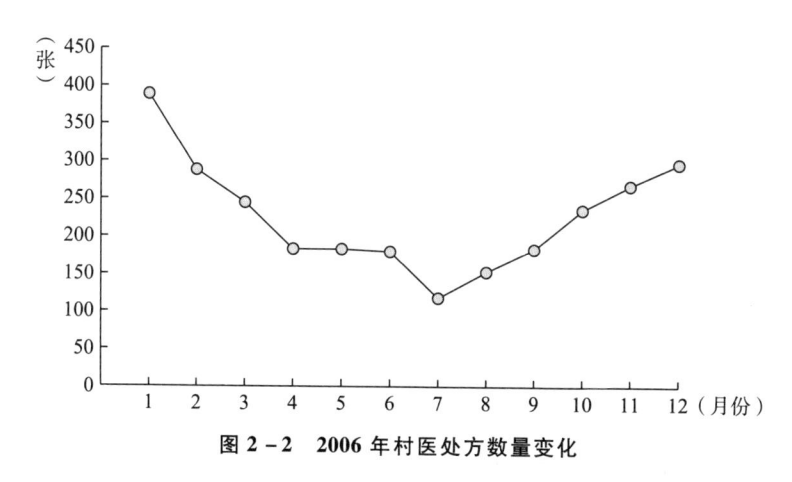

图 2-2 2006 年村医处方数量变化

全家回村,其中难免有些人(尤其是儿童)因水土不服、路途劳累等原因患病;第三,秋收后,一些人卖了棉花,家里存了些钱,在这种情况下,村民生病后自然会及时就诊。至于 7 月看病人数最少,这既有自然因素的影响,也有经济因素的影响。夏天,天气炎热,人们喝水多,容易把体内的"毒素"排泄出去,而且细菌和病毒也较少;同时,这段时间的农活较少,村民的休息时间较多。另外,夏天是一年中村民最缺钱的季节①,因而更容易发生"有病扛着不看"的现象。

在沙村,头疼、感冒、发烧和腹泻都是常见病。此外,许多中老年村民都患有慢性病(如高血压、心脏病、脑血栓、脑出血、糖尿病),不少中老年妇女患有骨质增生或骨关节炎,儿童传染病也时有发生。尽管我收集了 4000 余张村医处方,但这些处方几乎完全没有填写诊断结果。因此,这里关于常见病的描述旨在说明我的调查经历和主观感受,而非统计上的准确性。

在 2010 年夏天的田野工作中,我利用沙村的"六普"原始数据和自己的调查数据计算出该村一、二队人口的老龄化程度和老

---

① 农民在耕种棉花时需要"铺本":在播种之前,村民要犁地、耙地、购买种子和化肥;春播之后,他们还要浇地、追肥,持续不断地为棉花喷洒农药。所有这些环节都需要花钱,以至于在秋收之前,不少农民几乎花去了所有的本钱。

31

人的慢性病患病率。在两个小队中，60岁及以上人口所占的比例为15%（66/446），老人的慢性病患病率为59%（39/66）。这表明，沙村已经进入所谓的"老龄社会"，而且超过半数的老人都患有至少一种慢性病，其中3/4的慢性病人都患有两种及以上的疾病。我还发现，心脑血管病表现尤为突出，在老年人口中，其患病率为44%（29/66）。

我在文氏诊所开展田野工作的第一天就得知，村里的常见病主要是高血压、脑血栓、脑出血，而且这些慢性病有低龄化的趋势——以前病人是四五十岁，现在有些病人只有20多岁。文医生举例说，邻村有个女孩20岁时就得了脑血栓。我没有见过这个女孩，但是我在文氏诊所接触了一位28岁的男性脑血栓病人。他是邻村人，2007年春天经常去那里输液治疗。

在沙村，我遇到了一个又一个高血压病人，他们的人数远远超过脑血管病人，并且许多高血压病人也患有脑血栓、脑出血、心脏病和糖尿病。更可怕的是，许多病人在高压150~160毫米汞柱时还没有感觉，等感到身体不舒服时，血压通常会超过200毫米汞柱。医生说，这种情况非常容易导致脑出血。我去县城收集资料时，一位高中同学告诉我："咱县糖尿病患者很多，俺胡同里上岁数的、五六十（岁）的都有这病。"他接着又说，他家所在的胡同一共有20户，患糖尿病的至少有五六户。那天，一位县卫生局的工作人员指出："咱县最主要的慢性病是高血压、脑血栓后遗症、心脏病和糖尿病。"

除心脑血管病以外，不少中老年妇女还因过度劳累而患有骨质增生或骨关节炎。李冲媳妇2007年得过骨质增生，一年后病情更加严重，无法干重活。在丈夫常年外出打工的情况下，重体力活就落在了她婆婆身上——她公公有胃病，身体还不如她婆婆强壮。实际上，李冲她娘前些年也得过骨关节炎。这是2009年春天我母亲来北京照料孙子时我从母亲口中得知的。那几天，我母亲右手的大拇指有些疼，总是戴着手套洗裤子。我告诉她注意休息，她说:"这病不是大事,过一段时间,等嫩芽变老了,也就不疼了。"她接着又说,李冲他娘也是这种情况。"前两年,她疼得不能做鞋,现在好了,照样纳鞋底儿,只是骨头有些粗。"随后,她又给我举了两个中年妇女的例子,一位因得了骨质增生而无法继续纺花织布,另一位因为手指疼痛无法像以前那样做粗布鞋。在商品经济还不发达的年代,做母亲的自然要花很多时间做针线活儿。正是因为这样一年又一年的过度操劳,加之寒冬时经常使用冷水洗碗刷锅,不少中老年妇女都患有骨质增生或骨关节炎。

随着生活条件和卫生状况的改善,寄生虫病目前在沙村已不多见。但是,儿童皮肤病还很普遍。文医生说,许多 2~10 岁的儿童都得水痘,而水痘可能引发肺炎和脑炎;麻疹也很寻常,有一天连续出现了 3 例。他还发现,有一个打过疫苗的孩子得了腮腺炎,究其原因,"要么是没接种好,要么是疫苗有问题"。在第一次田野调查的最初几天,我就遇见过一个 9 岁的小女孩儿得了腮腺炎。她父母在京做铝合金配件生意,她跟爷爷奶奶生活在一起。文医生告诉我:"按理说,这种病应该向上级汇报,因为它具有一定的传染性。但因为怕得罪人,医生一般都不会上报。"正是因为腮腺炎具有传染性,小女孩儿只能在家输液治疗。那天,我跟着文医生去了她家,看见小女孩儿安静地躺在床上输液,输液瓶高高地悬挂捆绑在椅背一侧的树棍上。

此外,农药中毒和车祸造成的损伤也值得关注。最近 20 年,棉花是沙村的主要经济作物。为了保证棉花产量,村民需要在炎热的夏天持续不断地喷洒农药。2007 年夏天的那次田野调查,我几乎一无所获,但是我目睹了一位中年男性村民的农药中毒事件,并陪同文医生送患者去县医院接受治疗。这位村民中毒的原因很简单:那天天气极为闷热,他上午、下午都去打药,下午打药时也没有换衣服,结果衣服上的农药残留通过汗水渗入体内;更糟的是,他那天使用的是剧毒农药甲胺磷和一六○五。2010 年夏天的一个下午,我第一次去村东开业不久的时家诊所时,也遇到了一个因农药一六〇五中毒的患者。他前几年得过心脏病，但身为农民又不能不干农活。用他的话说："老百姓能不种地吗？"他上午打药时过敏，没当回事，下午又去地里干活儿，直到疼痛难挨时，才去看医生。他到诊所时，双腿已经浮肿。时医生先用过氧化氢消炎，随后又给他拿了几粒药片，让他回去之后吃两粒，晚上睡觉前再吃两粒。

在沙村，不仅农药中毒事件频发，车祸也时有发生。随着柏油马路的修建和摩托车的广泛使用，车祸数量也开始增加。一位邻居的孩子2003年时死于车祸，另一位邻居的女婿也因摩托车车祸落下了残疾。就在第一次田野工作期间，我还在卫生室碰见一位遭遇摩托车车祸的青年男子。当时，他眼部缝了几针，正在文氏诊所输液治疗。车祸的原因很简单：酒后驾车。这位男子是个抹灰工，前几天他和同伴接下一个"好活儿"，比较兴奋，就在巨鹿的一家饭馆里喝酒。在晚上回家的路上，先是他驮着同伴，后来是同伴驮着他。因为同伴喝酒较多，还没离开巨鹿，摩托车就撞上了停在路边的货车，结果两个人都受了伤。2008年夏天，又有一位在县城工作的邻居也因为酒后驾驶摩托车出了车祸，他大脑严重受损，身体的一侧也失去了知觉。在经历了三个月的药物治疗和康复训练后，他还是不能离开双拐走路，也无法流畅地说话。几年以后，他能正常走路了，但头脑远远不如以前灵活。

三　沙村的死因谱

在考察村庄的疾病格局时，有必要关注村民的死因谱（死因的构成和排序）。如果大多数村民死于某类疾病，那么这类疾病肯定是村民最为严重的疾病负担。毋庸赘言，没有什么比死亡能更加清楚地揭示疾病的危害。本节将全面呈现最近几年村民的死亡状况，并借此说明，究竟是哪些疾病严重危害了村民的生命健康。

我曾经全面调查 2005～2010 年去世村民的死因，也曾局部了解 2003 年和 2004 年去世村民的死因。2007 年春天，我曾系统调查 2005～2007 年去世村民的死因。我先调查村西头的村民，再调查村东头的村民，让他们分别按年份告诉我每年村内死亡情况，包括姓名、性别、年龄、死因（或描述死亡时的情形），并在此基础上进行资料汇总。在随后的四次调查中，我依然比较关注村民的死因，及时记录村民的死亡信息。2010 年夏天，我再次详细调查了 2008～2010 年去世村民的死因。我曾先后去找村西和村东治丧委员会负责人了解情况，而这两位负责人都留有近三年死亡人员的名单。我结合这两份名单向村医、邻居和死者的家属了解相关信息，并根据沙村的人口普查资料准确地计算出死者的年龄。

在田野调查初期，我本想通过派出所的死亡申报情况系统地整理 2000 年以后沙村村民的死亡情况，但是派出所的数据极其匮乏。2007 年春天，村支书陪我去乡派出所收集沙村村民的死亡记录。在所长的吩咐下，一位工作人员调出了沙村近年的死亡记录。遗憾的是，自 2004 年以来，派出所的户籍登记系统只有 6 位村民的死亡记录；而我的田野调查表明，仅 2005 年，沙村就有 20 余位村民死亡。换言之，尽管国家政策规定家人必须对亲属的死亡进行申报，但村民和村委会并没有按要求去做。我在翻阅乡派出所 2009 年打印出来的沙村"户籍证明信"时发现，许多死者的名字都赫然在目。由于我不能通过户籍系统了解死者的死亡信息，而村民又无法准确回忆多年以前死者的死亡情况，我只好亲自全面调查 2005 年以来的村民死亡情况。

在我收集到的 90 例死亡村民中，男性 51 人，女性 39 人；年龄在 18～94 岁，2/3 死者的年龄在 70 岁及以上，平均年龄为 72.4 岁（见图 2-3）。在 40 岁以下的两位死者中，一位 18 岁的女孩死于脑瘤，一位 37 岁的男子死于车祸。按照村民的说法，90 岁及以上的四位村民全部属于"老死"。① 在 2005～2010 年,2005 年去世的村民最多(24 人),每年平均死亡人数约为 15 人,死亡率约为 7‰。

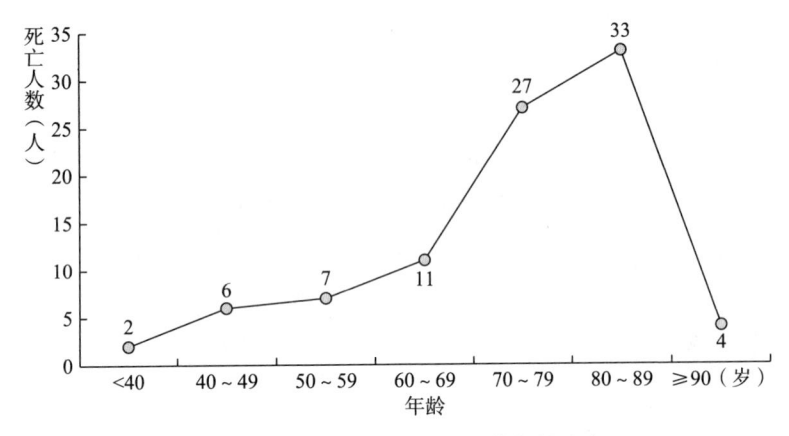

图 2-3　沙村 90 例死亡村民的年龄分布

在上述 90 位死亡村民中,33 位死于中风/脑血管病(脑血栓、脑出血),15 位死于心脏病,11 位死于癌症,9 位死于哮喘(呼吸系统疾病),9 位属于"老死",4 位死于意外事故(2 例车祸,2 例摔死),9 位死于其他原因(2 位死于肺结核,2 位死因不详,其他 5 位分别死于糖尿病、癫痫、自杀、精神疾病、白内障手术)。有必要指出,我关于 90 位村民的死因统计主要依据村民的描述,尽管信息不够准确、科学,但能够大致反映村庄的死因谱。

图 2-4 表明,在沙村,心脑血管病已经成为威胁村民生命和健康的头号杀手。从 2005 年到 2010 年,在 90 位死亡村民中,超过一半的村民死于心脑血管病(其中,脑血管病占 37%,心脏病占 17%)。另外,癌症和呼吸系统疾病分别占总死亡人数的 12% 和 10%。由此可见,脑血管病、心脏病、癌症和呼吸系统疾病已经成为村民的主要死因,它们造成的死亡人数要超过死亡总数的

---

① 如果一位村民在去世时超过 80 岁,且没有明显的疾病死因,那么我按照村民的说法标注为"老死"(老衰);如果一位村民在去世时不满 80 岁,且他人不知道死因,那么我标注为"不详"。

第二章 沙村的疾病格局

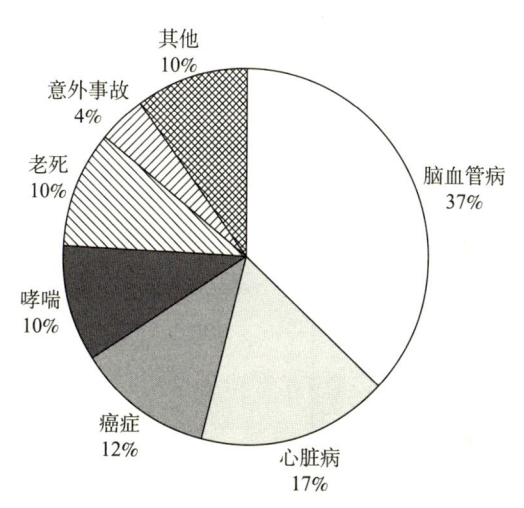

```
          其他
          10%
      意外事故
        4%
    老死
    10%                              脑血管病
                                       37%
  哮喘
  10%

    癌症
    12%         心脏病
                  17%
```

图 2-4 沙村 90 位死亡村民的死因情况（每类死因的比例）

75%。由此说来，沙村的死因构成总体上比较类似于全国其他农村地区（见表 2-1）。

在死亡构成和死因排序问题上，由于统计方式和统计时间方面的差异，《中国卫生统计年鉴》的结果和第三次全国死因调查的结果并非完全一致。根据《中国卫生统计年鉴（2012）》，2005年，脑血管病在农村人口的死因排序中处于第 2 位（见表 2-1），但第三次全国死因调查，脑血管病在农村人口的死因排序中处于首位，其后分别是恶性肿瘤、呼吸系统疾病、心脏病、损伤和中毒（中华人民共和国卫生部，2008）。在我看来，全国死因调查结果的准确性要高于《中国卫生统计年鉴》，因为后者是总体性的卫生调查，而前者则是更有针对性的专项调查。

无论是沙村的死因调查，还是全国性的死因调查，抑或是《中国卫生统计年鉴》显示的死因构成数据，都清楚地表明，慢性病已经成为我国农村人口最主要的死亡原因。90 例死亡数据尽管不能反映村庄疾病谱变迁之长线的历史路径，但也说明了村庄的疾病格局及死因现状；而且，此现状与全国数据吻合，二者都突出了脑血管病的危害。

表2-1 1990~2010年农村人口主要慢性病的死亡率及死因构成

	1990年 死亡率(1/10万)	1990年 构成(%)	1990年 位次	1995年 死亡率(1/10万)	1995年 构成(%)	1995年 位次	2000年 死亡率(1/10万)	2000年 构成(%)	2000年 位次	2005年 死亡率(1/10万)	2005年 构成(%)	2005年 位次	2010年 死亡率(1/10万)	2010年 构成(%)	2010年 位次
恶性肿瘤	112	17.5	2	111	17.3	2	113	13.3	3	106	20.1	3	144	23.1	3
心脏病	70	10.8	4	62	9.6	5	73	11.9	4	62	11.8	4	111	17.9	2
脑血管病	104	16.2	3	108	16.7	3	115	18.7	2	112	21.2	2	146	23.4	1
呼吸系统疾病	157	24.8	1	169	26.2	1	142	23.1	1	124	23.4	1	88	14.2	4

资料来源：《中国卫生统计年鉴（2012）》。

当然，沙村的死因排序与第三次全国死因调查的结果并非完全一致。在所有农村居民的死因排序中，恶性肿瘤和呼吸系统疾病都排在心脏病之前。然而，在沙村情况不是这样。在沙村村民的死因中，癌症和呼吸系统疾病之所以会排在心脏病之后，是因为沙村所在的县是一个经济较为落后的农业县，在2010年之前，这里几乎没有什么工业，自然环境尚未受到严重的工业污染，而癌症和呼吸系统疾病的发生通常与自然环境的恶化紧密相关。

四 从传染病到慢性病

从新中国成立到改革开放前，沙村所在的乡县曾接二连三地发生传染病流行事件，流感、痢疾、麻疹、疟疾、流脑（流行性脑脊髓膜炎）等传染病肆虐。据《广宗县志》记载，流感曾多次流行，1964年尤为严重，发病20505例，发病率超过12%（12173/10万）；痢疾1977年发病6796例，死亡2例；麻疹每隔两三年就会有一次大规模流行，其中，1966年发病3726例，死亡34例；疟疾1973年发病13397例，发病率高达7.53%（7529/10万）；流脑1967年流行最凶，发病1184例，死亡67例（河北省广宗县地方志编纂委员会，1999：575~576）。

改革开放后，中国政府不断加强传染病防治工作，积极开展计划免疫工作，大力开展爱国卫生运动，这些措施使传染病和寄生虫病的发病率大幅度下降。然而，在传染病和寄生虫病减少的同时，高血压、脑血栓、脑出血、心脏病、糖尿病、癌症等慢性病的发病率日益上升。这是沙村一带疾病格局变化的素描。在这里，我希望以沙村的"社会事实"为这幅画面增添色彩。鉴于前文已经呈现了村庄的慢性病流行情况，在这部分，我将着重考察新中国成立后至改革开放前这段时间传染病和寄生虫病的流行情况。

为了进一步了解沙村疾病格局60年来的变化，我在田野调查中曾多次访问老、中、青三代村医和部分中老年村民。访谈结果表明，医生和普通村民都注意到，慢性病已经取代传染病和寄生虫病，成为村民主要的疾病负担。

在文氏诊所，文医生指出，在20世纪80年代，村里的传染病主要有"红眼病"（急性出血性结膜炎）、"痄腮"（流行性腮腺炎）、水痘和麻疹。"那时，村民得胃穿孔的也比较多。"他随后解释说，许多村民之所以得消化系统疾病，是因为"吃窝窝头不好消化，而且，总是饥一顿饱一顿的"。

在骨科医院，老练的祝医生告诉我，过去传染病、肠胃病多，高血压病少；现在心脑血管病多，传染病少。他进一步指出："过去传染病多是因为老鼠多、蚊虫多，饮食不卫生；胃病多是因为食物里有许多不容易消化的渣滓，时间长了就会粘在肠道中；高血压病少是因为人们的生活水平不高。现在传染病少是因为防疫工作做得好，慢性病多是因为生活水平提高。"

如果说文医生和祝医生仅仅从理论的角度提到了疾病格局的变化，那么魏医生和王医生则在此基础上描述了一些村民的患病情况。两位医生都是从赤脚医生转为乡村医生，都经历了20世纪五六十年代的"爱国卫生运动"。他们曾并肩作战，一起"除四害""搞防疫"；他们都长期在村里行医，熟悉村民的患病情况。

魏医生对过去的事情记忆犹新。他从医28年（1959～1987年），1959年去村药铺卖药，后来经过培训成了村里的赤脚医生；1987年以后，由于视力模糊和脑血栓后遗症，不再行医。魏医生告诉我，他当医生的那些年，流脑、蛔虫病、绦虫病十分流行，小儿麻痹症、"红眼病"、"痄腮"也很常见。他刚当医生时，正赶上流脑流行。1967年，流脑在广宗县大流行时，他成功地确诊了几例流脑，为此，他在乡里声名大振。在讲述这些往事时，魏医生神情自豪，充满了自信。

魏医生回忆说："李恒曾在1967年腊月二十八被确诊为流脑。

我陪他家里人把李恒送到县医院以后，那里的医生问我：'你是医生？'我实话实说：'是，我是赤脚医生。'那个医生说：'你发现得最早、最及时，不看也能好！'李恒在县医院待了三天，拿了一些药就回家了。"因为发现早、治疗及时，李恒没有留下任何后遗症。还是在那段时间，他认为插队青年周京也得了流脑，但周京家人怀疑他的诊断，要求到公社医院去证实。他学医不久，也不便说什么。到了公社之后，那里的医生狠狠地批评了他一顿："你不知道这是流脑吗？这么明显的症状你都没有看出来？"此时的魏医生有口难言。

在"除四害"时，王医生曾和魏医生一起"堵老鼠洞"。他在回忆80年前的流行病时指出："那时，蛔虫病、绦虫病比较多，原因是饮食不卫生。"在聊天过程中，他不仅描述了自己小时候患蛔虫病的经历，还详细讲述了他媳妇患脑膜炎时的情形。1976年，脑膜炎在广宗县再次流行，王医生正在县医院实习。他刚到那里，媳妇就得了脑膜炎。当时由于没有别的交通工具，一位邻居急急忙忙地赶着马车送他媳妇去医院。检查之后，主治医生发现她身上有红点，而且发高烧，认为她得了脑膜炎。她扎了一天"笨针"后开始有知觉，然后就骂人。旁人以为他两口儿最近吵架了，王医生说没有。他媳妇在医院昏迷了三天，苏醒后"噗"的一下吐了主治医生一身。其间，有一个邻居捎信回家说："不行了，去看看棺材吧。"

当然，熟悉村庄疾病格局变化的不仅仅是医生，许多中老年村民也是重要知情人。2007年春天的一个中午，高大爷给我家送排子车时，我请他回忆村庄的疾病史。他坐在门台上，详细地讲述了20世纪80年代以前村里的流行病："过去得脑膜炎、胃出血、疹子、疟疾、蛔虫病的比较多。"随后，他重点描述了脑膜炎和胃出血的危害："头痛、喷射性呕吐、脖子发硬是脑膜炎的典型特征，许多急症病人还没来得及看就去世了。一些病人虽然看好了，但留下了严重的后遗症，王枫和三岗走路时一瘸一拐的，都是那时留下的病根。"稍作停顿,他继续说:"王朋他爹死于胃出血,他去医院检查过,没看就回来了。过了一段时间,他照常去地里干活儿,后来干不动了,又去了医院。医生说,你这次来了,可能就回不去了!"

在说到过去的流行病时,村民谈论最多的是脑膜炎和胃穿孔。2008年春天的一个晚上,同村的一位远房亲戚听说我回家了,想与我见面聊聊。那天晚上,我又邀请了两位村民来我家做客。在那次"座谈会"上,我请三位村民回忆过去的疾病流行情况。他们都出生于1950年前后,都经历过生产队时期的集体劳动,十分熟悉那段时间村里的流行病。在我的引导下,他们"你一言我一语"地聊了起来,他们的聊天有两项重要内容。

一是哪些村民得过脑膜炎,当时的患病情形如何。根据他们的回忆,在1967年脑膜炎流行时,沙村至少有五位村民染病,其中有两个人还为此落下了严重的残疾,一辈子都没有娶上媳妇。

二是那时许多村民得胃穿孔的原因。在他们看来,在生产队时期,村民之所以会得胃穿孔,主要是因为生活条件差,"那时,人吃得差、吃得多,一吃就是一个大肚子"。他们告诉我,王朋他爹和王枫他爹都在20世纪70年代死于胃穿孔。

描述村庄疾病格局的变化旨在说明,先前,传染病、寄生虫病和营养缺乏病是村民的主要疾病负担;如今,慢性病已经成为村民的主要疾病负担。

事实上,中国用短短50年的时间就完成了疾病格局的流行病学转变,即从急性传染病和寄生虫病向慢性非传染性疾病的转变过程。五年一次的全国卫生服务调查结果表明,自20世纪90年代以来,中国的慢性病患病率呈持续上升趋势,按患病人数计算,已经由1993年的13.2%上升为2013年的20.6%。与此同时,慢性病患病率的城乡差别正在日益缩小,已经由1993年的8.7个百分点缩小到2013年的4.1个百分点(见表2-2)。

表2-2　1993~2013年调查地区人口的慢性病患病率（按人数计算）

单位：%

	1993年	1998年	2003年	2008年	2013年
城市	19.3	20.1	17.7	20.5	22.7
农村	10.6	10.4	10.5	14.0	18.6
总体	13.2	12.8	12.3	15.7	20.6

资料来源：卫生部统计信息中心，2009：27；国家卫生计委统计信息中心，2015：37~38。

然而，这并不意味着传染病的消失。事实上，无论是在村庄范围内还是在更大的区域内，在全球化和城市化日益加速的今天，形形色色的传染病都在流行着，只不过它的实际影响远远不如从前而已。

2003年春天"非典"（SARS）爆发时，沙村"热闹非凡"。县政府和乡政府的工作人员都知道村里有许多人在北京做生意。而且，"非典"流行时，正值村里每年一次的三月二十八亲戚大会。按照传统，许多出门在外的人都要回家。在这种情况下，县、乡两级政府都十分重视沙村的防疫工作。2007年春天，在去乡派出所的路上，健谈的村支书向我描述了当时"非典"防治工作的情况。

> 村里组织村民在主要路口轮流站岗，不让从外地尤其是北京来的人进村，他们来了之后先住在村边临时搭建的茅草屋，家人为他们送饭。万一有个得病的进了村，那就麻烦了。那时候，"上边"的通报真准！从北京来的人，县里截着，乡里截着；如果乡里截不住，村里再截。他们还没到邢台，县里通知乡里，乡里通知村里，村里派人到县城去领人。

王医生住在村西，他家北边就是通往沙村的一条柏油马路。他目睹了2003年"非典"时的一些情形：柏油马路上有村民轮班站岗，村里人不让村外人进村，从北京来的人一律在村外进行隔离，怕把病菌带进村里。三月二十八亲戚大会时，村里人不让外村人进村赶会；如果没有正当理由，也不让村里人出去。他评论说，老百姓干事从来没有那么积极过。"非典"防治活动给村民留下了深刻的印象，但沙村及其所在县城都没有发现"非典"病例。

五 "未富先老"与疾病格局的变迁

在本章中，我首先描述了沙村的常见病和村民的死因谱，并在此基础上追溯了村庄疾病格局的变迁。本章旨在表明，尽管我们仍需对传染病的爆发保持警觉，但是慢性病已经成为包括沙村在内的许多农村的主要疾病负担，严重危害了农民的生命和健康。中国在短短几十年内完成了许多西方国家经历一二百年才完成的疾病模式的变化（杨功焕等，2008）。

我们不免要问，为什么中国疾病格局的转变如此迅速？在回答上述问题时，公共卫生学者通常强调四方面的原因：（1）国家层面实施的多项公共卫生政策，如计划免疫的普及、卫生设施和饮水质量的改善；（2）生活水平的提高，包括经济收入的增加、营养状况和住房条件的改善；（3）生活方式的转变，如饮食结构的变化（谷类食物摄入量减少，肉类和食用油消费增加）、身体活动的减少（随之而来的是超重和肥胖人口的增加）和高水平的男性吸烟率；（4）传统的饮食习惯，如普遍的高盐饮食（杨功焕，2001；杨功焕等，2008；李立明等，2005；中华人民共和国卫生部疾病预防控制局、中国疾病预防控制中心，2006）。

上述说法有一定道理，但也有必要补充，中国疾病格局的迅速变化在很大程度上源于中国老龄化进程的加速，以及由此带来的老年人口的增加。统计数据显示，从1990年到2010年，我国老年人口（65岁及以上人口）占总人口的比例已经由5.6%上升为8.9%，而且还在持续上升（见表2-3）；与此同时，高龄老人

(80岁及以上老人)在老龄人口中的比例也在持续上升,如1953年为4.5%,1982年为6.6%,2000年为9.2%(何莞等,2009)。

表2-3 1990~2010年中国人口的年龄构成

单位:%

	1990年	1995年	2000年	2005年	2010年
0~14岁人口	22.7	26.6	22.9	20.3	16.6
15~64岁人口	66.7	67.2	70.1	72.0	74.5
65岁及以上人口	5.6	6.2	7.0	7.7	8.9

资料来源:《中国卫生统计年鉴(2012)》(中华人民共和国卫生部,2013)。

毋庸置疑,老年人更容易患上慢性病,与此同时,老年人口又在快速增长,二者的结合导致慢性病人数不断增加,从而加速了中国疾病格局的转变。就全世界而言,进入老龄社会的国家通常是发达国家,其人均GDP大约为10000美元,而中国的人均GDP仅为1000美元,属于"未富先老"(世界卫生组织驻华代表处、国务院发展研究中心社会发展研究部,2006:15)。

同时,我还想指出,中国的慢性病并不是各类媒体大肆渲染的"富裕病"。大多数老年人都居住在农村地区,许多老年人的经济状况和身体状况都不容乐观。中国老龄科学研究中心开展的"中国城乡老年人口状况一次性抽样调查"显示,2000年,中国共有老年人11890万人[①],其中9130万人属于农村老年人;34.9%的农村老年人年收入低于600元,42.9%的农村老年人年收入在600~1799元,22.2%的农村老年人年收入在1800元及以上(何莞等,2009:24~26)。中国老龄科学研究中心于2006年实施的"中国城乡老年人口状况追踪调查"表明,在农村老年人中,25.4%患有一种慢性病,20.5%患有两种慢性病,18.9%患有三种及以上的慢性病;并且,老年人的自评经济状况越差,患多种慢性病的比

---

① 需要指出,中国老龄科学研究中心对"老年人口"采用了较为传统的界定,即"60岁及以上"的人口。

例就越高（见表2-4）。

表2-4 2006年不同经济状况农村老年人的慢性病患病率

单位：%

经济状况	患慢性病的数量				合计
	没有	1种	2种	3种及以上	
很宽裕	41.1	18.4	27.9	12.6	100.0
比较宽裕	45.6	23.7	19.1	11.7	100.0
大致够用	40.6	24.2	19.2	16.0	100.0
有些困难	27.9	27.4	22.4	22.3	100.0
十分困难	19.9	27.4	22.7	30.0	100.0

资料来源：中国老龄科学研究中心"中国城乡老年人口状况追踪调查"（参见伍小兰，2009：22）。

这意味着，农村老年人的收入越低，其健康状况就越差。在农村地区，慢性病既是"老年病"，也是"贫困病"，绝不是"富裕病"或"富贵病"。慢性病在农村的流行主要是因为村民"未富先老"和"老来得'病'"。世界卫生组织在其研究报告中明确指出，在绝大多数国家和地区，与富人相比，穷人更容易患慢性病，也更容易死于慢性病（WHO，2005：10）。接下来的几章将详细分析贫困如何突出村民的健康风险（第三章），如何加剧慢性病的经济负担和社会负担（第四章和第五章），又如何限制慢性病人及其家庭的生存策略（第六章）。

第三章 沙村慢性病人的病因观念

第二章阐述了沙村疾病格局迅速变化的客观事实。本章将着重探讨村民的病因观念，即他们如何看待和理解慢性病的发生和流行。我借用英国社会学家加雷斯·威廉姆斯（Williams, 1984）"慢性病的起源"（the genesis of chronic illness）这一概念来说明普通人如何在个人层面和群体层面解释慢性病的成因。在考察慢性病的起源时，我比较关注三个具体问题：首先，病人如何觉察到自己病了？家属如何发现病人生病了？这说明了什么？其次，慢性病人如何理解自己的患病原因？最后，慢性病人如何看待村庄范围内慢性病的流行原因？这三个问题分别涉及慢性病的发生、起因和社会根源。

一 突如其来：慢性病的发生

慢性病是在什么情况下出现的？最初的症状是什么？它说明了什么？这是我在几次田野调查中一直比较关注的问题。在描述慢性病发生的情景时，我们既可以根据慢性病的类型，分门别类地描述高血压、脑血栓、脑出血、心脏病、糖尿病出现时的症状和情景，也可以在较为自然的访谈情景下以家庭为单位来描述疾病的症状和村民的反应。从理论上讲，前者有助于更加清晰地了解每类疾病的最初症状，并对症状出现时的情景加以比较；后者便于突出慢性病流行的严重程度。鉴于本书旨在说明慢性病的后果，而非每类疾病的症状，这里主要以家庭为单位进行叙述，同时尽量按照疾病的类型描述村民患病时的情景和感受。

2007年五一期间,我连续几次去了秦大爷家,因为那里经常有一些脑血栓病人"对骨牌"①。5月1日下午,我到秦大爷家时,秦大爷正坐在正屋门口的小椅子上簸玉米粒,姚大爷坐在苹果树下的板凳上,荆大爷坐在西屋的门台上。秦大爷比较健谈,也比较熟悉"外面的世界"。姚大爷基本上没说话,他的左手始终放在胸前。荆大爷的话也不是很多,基本上是听众。那天下午,我们聊到了奥运会门票的价格和政府的惠农政策,随后,我把话题转向了秦大爷得脑血栓的经历。秦大爷回忆说,1994年秋天,他在地里拔萝卜时突然感觉没劲儿,没敢回家就去了县医院,医生检查后说他得了脑血栓。

在秦大爷讲述患病经历时,姚大爷插话说,姚大娘的脑血栓是在吃饭时发现的:她正在吃饭,突然觉得不能拿筷子了,随后就昏了过去。后来,我从他儿子那里进一步了解到,姚大娘是2006年夏天得的脑血栓,当时病情相当严重,去医院时别人都说"不行了";幸好,医院抢救及时,姚大娘活了过来。不幸的是,就在那年夏天,正当姚大娘还在家里输液时,她的大儿媳妇却死于脑血栓。姚大娘哭诉了大儿媳妇的去世过程。那天下午,大儿媳妇去地里干活儿,回家时突然骑不上自行车。一位邻居见她背着一捆草瘫在路边,就给家里送信。后来,家人背着她回家,收拾一下就去了医院。没想到,大儿媳妇去了医院之后,病情越来越重,当晚就告别人世。姚大娘伤心地说:"她那么年轻就不在了,她死时俺难受得像(看见)埋活人一样。"

2007年5月2日下午,我照旧去秦大爷家。我进院时,姚大爷静静地坐在椅子上,秦大爷仍在一旁簸玉米粒。过了一会儿,

---

① 骨牌有多种玩法。这里所说的"对骨牌"是村里许多中老年人的娱乐方式,村民有时也把这种玩法称为"顶牛"。需要指出,村民"对骨牌"时尽管有输有赢,但钱都不会太多,也没有人想借此"发家致富"。从这个意义上说,"对骨牌"主要是一种娱乐方式。

荆大爷也来了。在秦大娘讲述她患低血压的经历时,荆大爷也坐在了门墩儿上不由自主地说出了自己患脑血栓的经历。

秦大娘乐观、能干,她说话时总是面带笑容,总在屋里屋外忙个不停。几年前,秦大娘在玩纸牌时,身体突然哆嗦起来,"心扑通扑通地跳,像被人追着逃跑时那样"。她强打着精神回到家里做饭,随后去大儿子家量血压。孙女给她量过血压后吓了一跳:低压为40毫米汞柱。她晕倒过两次,一次是在邻居家门前,另一次是在自家的东屋。她详细地描述了后一次的情况:"当时,我要掐柴火做饭,一下子就瘫了那里,我听到别人在喊我,我心里想说我在东屋,但是嘴不听使唤,说不出话来。过了一会儿,我才慢慢地缓了过来。"

荆大爷是1996年春天得的脑血栓。当时,村里人盖房都是自己扣坯烧砖。那年,他家烧了两窑砖,他上午去看砖窑是否熄火,走到第二个砖窑时,觉得浑身没力气。回家之后,他让家人帮着量了一下血压,高压是180毫米汞柱。他躺在家里不能说话,儿子和女儿也不在家。下午两点钟,他看见侄子正要用三轮车往地里拉粪,急忙用手比划着告诉侄子送他去医院。他在医院输了几天液,后来又拿了一些草药和药片回家治疗。先前从来没喝过草药的荆大爷带着农民的朴实当众说道:"那几包草药真多,熬一碗水喝了之后真苦!"那时,荆大爷恢复得不错。事实上,在姚大爷、荆大爷和秦大爷三个人当中,荆大爷的身体最好。秦大爷评论说,他被"栓"住了,荆大爷没被"栓"住。然而,没过多久,荆大爷和姚大爷还是先后在2008年和2009年因脑血栓发作离开人世。临终前的医院检查表明,他们的去世还分别与心脏病和糖尿病有关。

前面提到的几位慢性病人都是老年人。事实上,许多老年夫妇都是一起患病,好像"慢性病也会传染"!的确,从年龄的角度讲,由于器官老化和功能衰退,老年人更容易患上各种慢性病或慢性病综合征。这样的例子数不胜数。这里我再描述一位老年人的患病经历。

2008年春天的一个上午，育大娘给我讲述了育大爷患脑血栓的经历。育大爷的脑血栓是2001年腊月发现的，当时他的症状是手麻。家人认为是劳累的缘故，没有在意。后来，育大爷的手麻加重，家人建议他去邻村治疗。随后，他骑着自行车去邻村看病，又是扎针，又是喝药，还抓汤药，但病情并未减轻。再往后，三女儿回娘家领着他去看病，医生说不检查不能输液，于是家人又带他去邢台的医院检查，检查结果是脑梗死。当时，除了手麻，育大爷并没有别的身体不适。所以，他离开医院时既没抓药，也没开药方。一年之后，还是在寒冬腊月，育大爷晚上睡觉时突然喘得汗流浃背。第二天，回家探亲的老四开车领着育大爷去邢台的医院检查。医生说，你来得正好，来晚了就不行了。育大爷在医院住了一个星期，带着药品和药方回家。他感觉治疗效果不错，始终用着这个药方，直到2009年秋天离世。

尽管我描述了许多七八十岁老年人的患病经历，但事实上，不少人在五六十岁就得病了，他们的余生注定要带病生存——如果他们按时服药、注意休息和饮食，并得到适当的照料。换言之，只要没有出现慢性病的急性发作，或者慢性病急性发作后能够有效加以控制，这些人将不会有生命危险。

我早就听说闵大娘患有脑血栓。2009年秋天，我曾两次去她家了解有关情况。一天下午，我见她坐在街门口，就问她为什么没去地里拾棉花。她说："这两天总是头晕，没有去。"随后，闵大娘告诉我，她的脑血栓是2004年发现的，那一年她55岁。二月初二"龙抬头"那天，她正准备包饺子，拿刀剁馅时，突然感觉没劲儿，到县医院一检查，医生说她得了脑血栓。第二天上午，我再次去她家，希望进一步了解她的患病经历。在聊天过程中，闵大娘还说起了闵大爷患糖尿病的经历。

2008年春天，闵大爷"对骨牌"时经常感到口渴，"一喝就是一马勺水"。不仅如此，周围邻居都说他瘦了。他测量体重时也发现自己的确瘦了20多斤。后来，他问他三弟："我不少吃、不少喝，体重怎么会少呢？"他三弟答道："你不会跟我一样，也是糖尿病吧！"第二天，儿子骑自行车带着闵大爷去县医院检查，诊断结果果然是糖尿病。

在田野调查之初，我并没有关注村民患糖尿病的经历。然而，随着田野调查的深入，我渐渐发现，不少村民都患有糖尿病。最近去世的姚大爷、高大娘和君大娘都患有糖尿病，尽管他们的主要死因是脑血栓（脑梗死）。孙大娘也同时患有脑血栓和糖尿病，她的糖尿病是2006年在县医院治疗脑血栓时检查出来的。孙大娘说："刚得尿糖病（糖尿病）时，我总是口渴，去地里之前得喝半茶缸水，不喝水不能干活，咱光以为是热的事儿。"在聊天过程中，孙大娘总是把"糖尿病"说成"尿糖病"。这听起来很怪异，但也不无道理。糖尿病人的尿液中含有一定量的葡萄糖，而普通人的尿液中则没有糖。

在描述慢性病人的发病情景时，我试图回答这些情景在何种程度上有助于理解慢性病的病因。遗憾的是，我没能找到一个很好的答案。慢性病的发生有时有特定的征兆，有时根本没有任何征兆。当问及慢性病发生的原因时，不管是在微观层面还是在宏观层面上，许多患者和村民都会反问道："你说呢？"这不足为怪。连医生都说不清慢性病的具体病因，更何况一般村民呢！

面对慢性病的发生，许多病人都会追问："为什么我会得这病？"通常，生病意味着"命运的不公"。有一位身体消瘦的病人说："现在，许多瘦人也得脑血栓，很纳闷儿，不知道是怎么回事。"言外之意，脑血栓是胖人的疾病，他那么瘦，怎么也会得这种病？一位年轻人更是没有想到自己也会得脑血栓。脑血栓是老年人的疾病，他那么年轻怎么也会得这种病？面对慢性病的大流行，许多村民和医生也都在思考，为什么不少人都患有慢性病？为什么现在会有这么高的慢性病发病率？

在讨论慢性病的起源时，西方医学社会学家和人类学家始终

51

比较关心的一个问题就是"为什么是我,为什么是现在"（why me and why now）？这直接涉及病人的病痛叙述：病人关于病因的解释和说明。在这里,我不仅要考察沙村的慢性病人如何解释自己的病因,还要在此基础上探索病人群体如何看待慢性病在当地甚至更大区域内的流行。概括地说,前者着眼于病因的微观解释,它涉及患者本人的生活经历;而后者则侧重于病因的宏观解释,它涉及慢性病流行的社会根源。

二 积劳成疾：慢性病的起因

尽管有些慢性病人不知道病因,也没有探究病因的强烈冲动,但许多病人都喜欢在人生经历中寻找原因,而这些经历的背后通常又有明显的时代背景。换言之,他们认识到特定的生活经历和生活事件与慢性病之间的内在联系。当我询问慢性病的起因时,许多人都提到过度劳累,也就是"积劳成疾"。过度劳累是艰难生活的一种表现,它不仅是一种个人经历,通常也是一种集体经历。在沙村,许多中老年慢性病人都参加过挖河、拉脚、烧砖、盖房等繁重的体力劳动;同时,几乎所有人都经历过年复一年的田间劳动。为了过上"小康生活",为了盖座新房,为了给儿子娶媳妇,中老年村民付出了极大的努力,有时是以牺牲健康为代价的。

靳大娘曾经是一个中等身材、体型偏瘦的人。然而,自20世纪90年代以来,她比以前胖了许多——隆起的肚子像扣在腹部上的一把"小锅"。靳大娘患有高血压、脑血栓和轻微的心脏病,她把病因归为"过度劳累"。靳大娘的丈夫30年前死于癌症,在儿子结婚前,她一直是家庭的"顶梁柱"。2007年春天,她回忆了自己15年前刚得脑血栓和高血压时的情形："我记得是三月二十二,俺家刚装完窑,我就不行了,连话也不会说。家里人赶忙把我拉到了县医院。医生量过血压后大吃一惊——高压250毫米汞柱,见这种情况,许多医生都围着我忙来忙去。我怕花钱,本来不想住院。一位女医生说，必须住院。病稍微轻点儿以后，我就出院了。"说完这些话，靳大娘又特意补充说："我记得很清楚，那年俺家烧了一窑砖。"

20世纪90年代以前，村民盖房时通常自己在地里挖土，然后再扣坯子、烧砖。不管是扣坯子、装窑还是出窑，都是体力活儿，一般只有强壮的男性去做。我体会过出窑的辛苦，我家在20世纪80年代也烧过几窑砖，扣坯子、装窑是我无法胜任的劳动，因为它不仅需要体力，也需要技巧。前面提到的荆大爷和姚大爷都认为，他们的脑血栓同当年装窑有很大关系。2008年秋天，我去看望卧床不起的姚大爷时，他反复说："俺那时吃多大苦唉！"我开玩笑说："你看，现在你家老四有多累。他种了10多亩花，还得照顾你俩！"在随后的聊天中，他试图表明，二者没有可比性，所以不能相提并论。的确，那时的重体力活儿要比现在多很多，姚大爷的胳膊就是烧砖时烫伤的。他跟姚大娘要把四个儿子拉扯大，还得给他们盖房娶妻，这确实不易。

我在田野调查中发现，许多中老年慢性病人都把病根归结为先前的"过度劳累"。高大爷看起来很壮，但实际上他是虚胖。他患有高血压和气管炎，走路时趔趔趄趄，说话时也带着沉重的哮喘声。我在田野调查中同他聊过多次，他也几次讲述了年轻时的一些经历。他曾经去天津挖河，曾经给一位邻居献血。此外，村里像他这么大年纪的人都有过"拉脚"的经历——他也曾经撵着驴车去山西拉脚，也就是拉着本地的粉条去山西换玉米和土豆。他把自己的病因归结为两个方面：一是过度劳累，二是给别人献血。

2007年春天的一个下午，我本想去田地里看看村民都在忙什么，但是我还没有出村口，就看见高大爷在壕坑里放羊。他坐在高处低矮的墙头上抽烟，小羊们则在四周享用着低矮的青草和散落在地上的榆钱。我走过去跟他打招呼，并坐在砖头上同他聊了起来。

高大爷在45岁那年得了高血压，当时他正在"对骨牌"，突然感到头晕，然后找王医生量了一下血压，发现高压是150毫米汞柱。他吃了几天药就感觉好了。之后，他也没有当回事儿，该干什么就干什么。聊天时，我听见高大爷说话时不停地发出"呼噜呼噜"的声音。我问他这是怎么回事。高大爷解释说，1970年，他给王朋他爹献血两次，每次都是400毫升。献血之后，高大爷照样干活儿，"连红糖水也没有喝"。从那以后，他就开始发喘。

事实上，在给邻居献血之前，他一直很强壮，多次去外地挖河。1963年，海河流域发生特大水灾，毛泽东做出了"一定要根治海河"的指示。"根治海河"是中华人民共和国成立后以河北省为主体的一场大规模的群众性治水运动，是中华人民共和国水利建设史上的一个重大事件（刘洪升，2007）。在"根治海河"时期，1968年，沙村有十五六人（每队2~3人）去天津挖海河，那时高大爷才20岁。他描述了挖海河时的一些情形："当时，一个乡也没有一个（辆）拖拉机，都是人力拉着排子车挖土，路上通常是小车一个人拉，大车两个人拉，到达河堤时需要五六个人，一般是两个人拉、四个人推。"父亲和高大爷是同龄人，我回家时，他也曾多次告诉我："那时人很累，都是用排子车拉土，根本没有拖拉机。"

我与高大爷聊天时，曹大爷背着粪筐、拿着铁锹从东边走来，约我去地里转转。我们在尘土泛起的小路上边走边聊。走到一口小井边时，曹大爷说别往前走了，坐在这里说话吧。于是，他放下粪筐，把铁锹叉在地上，然后在井盖上坐下。我坐在旁边的井沿上，看见他的小腿上有青紫色的疙瘩。当我询问原因时，他给我讲起了50年前修筑岳城水库（亚洲最大的"人工土坝水库"）时的一些情形。

据县志记载，从1959年到1964年，广宗县有4000人次的民工参加岳城水库的挖掘工作（河北省广宗县地方志编纂委员会，1999：215）。当时，沙村去岳城水库的有5人，曹大爷就是其中之一。他在那里待了两年，主要工作就是清理水库底部的淤泥、杂草和树根。他回忆说，当时挖河基本上是靠人工，拉一趟土四五里地，大坝155米高，他比划的坡度大约是20度。"河撑上有火车拉石子、洋灰，清理完之后就往里边倒，冬天下着雪也干。"在曹大爷看来，这一阶段的过度劳累导致他晚年得了静脉曲张。在我们聊到静脉曲张的病因时，他不假思索地给我讲起了他早年修建水库时的人生经历。这种经历已经成了他人生中的重大"生活事件"，一种埋藏于心底但随时可能被激活的"生活事件"。

尽管慢性病的发生有生物学方面的直接原因，但村民很少从这个角度看问题。相反，他们更愿意在人生经历、家庭背景和社会环境等更为间接的因素中寻找病因。布拉克斯特在研究苏格兰中年妇女的疾病观时明确指出，这个群体强调她们的过去，或者说喜欢在环境中寻找原因，她们懂得把各种生活事件联系起来的重要性；她们的病因观源于她们的生活经历，是特定社会文化传统的产物（Blaxter, 1983）。

我在本章开头提到的加雷斯·威廉姆斯曾以三个关节炎病人为例来讨论"慢性病的起源"。其中，被访者比尔极力反对医生的遗传学说，他把自己的患病原因归结为有害的工作环境，把自己的不幸归结为"邪恶的社会力量"（Williams, 1984）。事实上，人们会在不同层面谈论患病原因，医生倾向于从生物医学的角度谈论病因——高血压、高血糖、高血脂（简称"三高"）等因素导致慢性病的发生，而村民愿意探讨更为深层的患病原因。如果说"三高"是心脑血管病的重要诱因，那么又是哪些因素导致了"三高"呢？

显然，生物医学的病因解释有自己的局限性，它仅仅关注疾病产生的生物因素，忽视了个体的心理因素和更为广阔的社会环境。这是美国学者乔治·恩格尔（George Engel）提出"生物－心理－社会"医学模式的根本原因。在他看来，要想全面理解疾病的决定因素，医学模式不能仅仅考虑疾病，它必须关注病人的病痛，以及病人生活于其中的社会环境（Engel, 1977）。

三 社会转型：慢性病的根源

在考察了慢性病人个体层面的病因观之后，我还想接着探讨，20世纪80年代以后，尤其是2000年以后，为什么有如此多的村民患上了慢性病？慢性病人如何看待慢性病的流行？田野资料和文献资料均表明，慢性病的流行同当代中国的社会转型息息相关。我在翻阅"当代中国"丛书之《当代中国的卫生事业》（黄树则、林士笑，1986）时发现，尽管该书详尽阐述了如何防治地方病（如克山病、大骨节病、大脖子病等）、寄生虫病（如血吸虫病、疟疾、黑热病和丝虫病等）、急性传染病（如鼠疫、天花、霍乱、小儿麻痹症、麻疹、流脑等）和慢性传染病（如结核病、性病、麻风病等），但丝毫没有提及慢性病（慢性非传染性疾病）。也就是说，20世纪90年代以前，慢性病并没有进入学者的视线，它并不是当代中国卫生事业的组成部分。这也从一个侧面表明，恰恰是社会转型导致慢性病的流行。在此，我着重从村民生活条件的改善和体力劳动的减少、食品安全问题的恶化、医疗仪器的普遍使用、人均寿命的延长、村民的生活方式来考察慢性病流行的社会根源。

第一，慢性病流行是因为村民生活条件的改善和体力劳动的减少。毋庸置疑，自20世纪80年代以来，村民的生活水平日益提高，高营养的肉、蛋、奶成了"家常便饭"。许多村民回忆说，以前，他们一年也吃不了几次肉；而现在，他们随时可以吃到鸡鸭鱼肉，村里小卖部的商品更是应有尽有。在我的记忆中，20世纪90年代，村民对奶制品的消费很少。我不记得自己在1993年读大学之前喝过牛奶，也未见其他村民喝过。2000年以后，牛奶成了不少老人和小孩的日常饮品。许多村民串亲戚时都要带一箱牛奶作为礼物，我看望姥姥、姥爷时通常也要带一箱牛奶。同村里的大多数老人一样，姥爷家的屋子里摆放着一箱又一箱牛奶。最近几年，每当回家时，我都会在房前屋后看到许多被随意丢弃的牛奶袋。在村民的营养状况得到改善的同时，机械化正在取代繁重的体力劳动。以前，人们种地靠力气和牲口，现在则是靠机器。耕作机械化的结果是村民体力劳动的减少。这直接导致肥胖，而肥胖又是高血压、脑出血和心脏病的重要原因。

需要指出，在慢性病流行的原因上，病人和医生的看法存在分歧。医生普遍认为，患病人数的增加与营养过剩密切相关，而营养过剩主要是因为生活水平的相对提高和活动量的相对减少。县中医院的沙医生颇为自信地指出："这类病叫'富贵病'，病因主要是营养过剩。"沙村骨科医院的祝医生同样认为："脑血栓增加的主要原因是村民生活条件的提高和活动量的减少。"然而，慢性病人通常只强调生活水平的提高，他们并不使用"营养过剩"和"活动量减少"这样的准医学概念。在讨论慢性病流行的原因时，一位慢性病人说："吃得好了，血压和血脂都会发生变化。怎么原先人不得这病？"另一位慢性病人也注意到："人（的）生活好了，血压也升高了。"在上述表述中，"活动量减少"并没有自己的位置。村民之所以不从活动量的角度寻找病因，一个明显的原因是，他们一年四季都在劳动，活动量怎么会减少呢？

第二，慢性病流行与食品安全问题的恶化密不可分。随着饲料添加剂、化肥和农药的普遍使用，许多食品不仅含有激素，还有农药残留。目前，不少村民还像过去那样食用棉籽油，而现在的棉花都是"抗虫棉"，棉籽里可能会有一定的农药残留。"许多蚂蚁爬到棉花上之后就死了。"文医生如此描述农药残留的影响。许多慢性病人认为，脑血栓的流行同食品安全有一定的关系。行医多年的王医生直截了当地说："原先五六十岁的人得脑血栓，现在年轻人也得，食品上的农药残留可能是重要原因。"他向我转述了村里一位云南媳妇的话，她那里得这种病的人少，也基本上不用农药。在村西南头的小卖部里，我问女店主为什么会有这么多人得心脑血管病。在她看来，这同农药的使用不无关系："现在一得病就是脑血栓、脑出血、心脏病、癌症，都没有别的病了。我寻思，人吃打药的东西不好，现在什么东西都打药。"

随着生活条件的改善，村里人也经常吃猪肉和鸡蛋，而猪肉和鸡蛋里都含有激素，因为鸡和猪都是吃饲料长大的。面对一些人抱怨鸡蛋和猪肉不如以前好吃，一位中年慢性病人反问道："柴鸡蛋和养鸡场的鸡蛋能一样吗？三个月的猪和一年的猪能一样吗？"他接着说道："我觉得饲料喂养不沾光（没有好处）。为啥小笨鸡下的鸡蛋贵？以后养鸡绝对不能用饲料！现在的小猪三个月就出栏了，都是激素催的！"许多村民都颇有同感，认为"饲料喂养"是慢性病流行的一个重要原因。针对当前的"饲料喂养"，一位老年慢性病人愤怒地说："原先的鸡蛋是好的，现在的鸡蛋都是养鸡场的鸡蛋。现在鸡喂药，猪也喂药！"

第三，医疗仪器的普遍使用也是慢性病流行的重要原因。现在，医生普遍运用仪器进行疾病诊断。而且，随着医学技术的不断进步，先前无法检查出来的疾病现在也能检查出来。一些村民认为，像高血压、脑血栓、癌症这样的慢性病以前也有，只不过村民没有去检查，或者说医生没有检查出来。2007年春天，从骨科医院回家的路上，我看见海大娘和海大爷坐在街门口，就走过去跟他们打招呼。海大爷患有脑血栓，且有严重的语言障碍。我问海大娘："以前是否有脑血栓这种病？"她回答道："有，不过不叫这名，当时叫半身不遂。"她随后补充说："现在仪器先进了，什么病都能查出来。"

许多村民都对医生过分依靠仪器看病抱有微词。一位中年村民抱怨"现在就没有医生"，因为医生现在看病靠仪器，而不是靠医术。他随后列举了一些医生过度使用仪器看病的例子：病人说头疼，医生让他去检查头；病人说胃不舒服，医生让他去检查胃。病人看病时，医生一会儿说化验一下血和尿吧，一会儿又说拍个CT吧。由于仪器的过度使用，许多慢性病人反映，在门诊看病时，各项检查费甚至要多于药费。

第四，人均寿命的延长是慢性病流行的另一个重要原因。新中国成立初期，我国人均期望寿命为35岁，1978年改革开放后不断提高，1981年为67.9岁，2000年为71.4岁，2015年为76.3岁，日益接近发达国家水平（韩俊、罗丹，2007：16；国家卫生和计划生育委员会，2016：233）。在2008年两会期间，高大爷告诉我："（20世纪）70年代人们的寿命是50多岁，90年代是60多岁，现在是73岁。"尽管高大爷的数据并不准确，但他说出了人均寿命不断延长的社会事实。

根据沙村90位去世村民的死亡年龄，我们可以推算出，2000年以后，村民的平均寿命是72.4岁，2/3村民的寿命在70岁以上。许多村民认为，人到了五六十岁之后，就像老化的机器，"需要时不时地膏点儿油，修理一下"。秦大爷在解释自己患脑血栓的原因时指出："人就像机器，用久了难免会坏个零件。"听到这句话，我不由自主地想起了梅特里（1999）的名著《人是机器》。受法国哲学家笛卡尔"机械论"的影响，在17世纪，很多人相信，人体就像一部机器，而任何疾病都是机器故障的一种形式（波特，2007：58）。我在调查中发现，这种朴素的唯物主义观点在沙村十分盛行。许多村民都用类似的逻辑去解释疾病的原因。高大爷曾经举了一个更具有农民生活色彩的例子。他在讲述气喘经历时说，他经常脚麻，早晨刚起来时走不稳。对此，他解释说："我的脚麻就像花柴老了，难免会有个黄叶。"

第五，慢性病的流行与村民的生活方式有一定的关系。医学界和社会舆论普遍认为，慢性病与个人的生活方式紧密相关。一些极端者甚至认为，慢性病完全是由个人的不良生活方式导致的。"病人自己创造了自己的病，"格罗德克写道，"他就是该疾病的病因，我们用不着从别处寻找病因。"在他看来，杆菌、寒冷、暴食、暴饮、劳作都是疾病的原因（参见桑塔格，2003：43）。我去卫生局收集资料时，一位工作人员就指出，吸烟是导致癌症的重要原因，食盐过多和活动减少是心脑血管病的重要原因。但是，慢性病人并不从这个角度看问题。在谈论慢性病增加的原因时，他们并没有提及"食盐过多"，也没有说到"活动减少"，更没有人指出吸烟与癌症的关联。通常,慢性病人喜欢从社会环境的变化中寻找病因,包括前面提到的生活条件的改善、医疗仪器的普遍使用和食品安全问题的恶化。

施特劳斯几十年前在批评《科学》杂志的一篇社论时指出,慢性病经常困扰老人和穷人,恶劣的生活条件激化了他们的症状;难道社会对他们的命运全然没有责任(Strauss et al., 1978)?桑塔格(2003:43)更是一针见血地指出,"把患病的责任归于患者本人"的观点是"荒谬而又危险的",它"不仅削弱了患者对可能行之有效的医疗知识的理解力,而且暗中误导了患者,使其不去接受治疗"。世界卫生组织在一份关于慢性病预防的报告中明确指出,人们关于慢性病的一个误解就是,慢性病源于不健康的生活方式(WHO, 2005:15)。

慢性病的流行是一个复杂的问题,它同时受遗传、生活方式、环境和医疗条件等多重因素的影响。根据世界卫生组织的看法,影响慢性病流行的因素既有潜在的社会经济、文化、政治和环境因素(如全球化、城市化和人口老龄化),又有间接的风险因素(包括可改变的不健康饮食、身体活动减少和吸烟,以及不可改变的年龄和遗传),更有直接的风险因素(如高血压、高血脂、高血糖、超重/肥胖)(见表3-1)。

表3-1 影响慢性病流行的因素

潜在的社会经济、文化、政治和环境因素	间接的风险因素	直接的风险因素
全球化 城市化 人口老龄化	可改变的风险因素	高血压 高血糖 高血脂 超重/肥胖
	不健康饮食 身体活动减少 吸烟	
	不可改变的风险因素	
	年龄 遗传	

资料来源:WHO, 2005:48。

在全球化的大背景下，几乎没有一个国家能够成为不受影响的"孤岛"。在急速工业化和城市化的中国，几乎所有村庄都被卷入其中。从这个角度说，慢性病的流行是沙村的问题，但也不仅仅是沙村的问题。事实上，它是成千上万个村庄共同面临的问题。2012年卫生部、发改委、教育部等15个部门联合印发的《中国慢性病防治工作规划（2012—2015年）》明确指出，"我国慢性病发病人数"的"快速上升"是工业化、城镇化、老龄化进程不断加速的结果。换言之，慢性病问题是由社会转型引发的社会问题，慢性病的流行有其社会根源。

四　基于病因观念的公共健康教育

在本章中，我首先描绘了慢性病发生的情景，并借此说明慢性病起源的复杂性。这种复杂性促使慢性病人去思考"为什么是我"以及"为什么是我们"。在回答前一个问题时，慢性病人试图在现实的社会生活中寻找原因，他们并不关注医生极其关心的生物学方面的病因；在回答后一个问题时，他们试图在更广阔的社会背景中寻找答案，极其关注由社会转型带来的各种健康风险因素。尽管本章分别考察了作为个体的慢性病人关于病因的微观解释和病人群体关于慢性病流行的宏观思考，但二者并非相互分离。事实上，它们分别构成了慢性病起源的不同层面。

在上一章，我在考察沙村疾病格局的变化时讨论了"未富先老"和慢性病流行之间的因果联系。在这里，我将从病因观念的角度讨论慢性病的公共健康教育。

沙村的田野资料表明，无论是在微观层面还是在宏观层面，普通村民都试图通过个人经历和社会变迁去理解慢性病的起源。他们不仅注意到过度劳累和慢性病发生之间的关联，而且注意到社会变迁和慢性病流行之间的关系。同时，他们还注意到现代医学的局限性。

英国南威尔士三个社区的田野研究同样表明，在理解和解释健康风险时，社区居民不仅会观察和讨论个人网络和公共场合的患病故事和死亡事例，还会利用大众传媒、咨询仪式、信息检索等途径获取各种证据（Davison, Smith, & Frankel, 1991; Frankel, Davison, & Smith, 1991; Bury, 1994）。例如，在讨论"谁会得心脏病"时，社区居民不仅注意到生活方式（如吸烟、过量饮酒、常吃油腻食物、缺少体育锻炼）的影响，还指出了社会环境（如经济困难、工作劳累、失业和退休、生活压力）和遗传/性格（如家族病史、天生多虑、悲观主义、脾气暴躁）的作用（见表3-2）。与此同时，他们注意到莫名其妙的死亡（anomalous deaths）和毫无缘由的存活（unwarranted survivals）。举例说来，身材肥胖的诺曼大叔又抽烟又喝酒，结果活了90多岁；身材苗条的珍妮阿姨十分注意饮食，不料却英年早逝。

表3-2 谁会得心脏病？

胖人
体格不好且不参加体育锻炼的人
红脸的人
面色苍白的人
吸烟的人
有家族病史的人
大量饮酒的人
高脂肪食物摄入过多的人
性情焦虑的人
脾气暴躁的人
悲观消极的人
压力过大的人（压力源：工作、家庭生活、经济困难、失业/退休、悲伤、赌博）
紧张过度的人（紧张源：强体力劳动、工作条件、家庭条件、过度休闲运动、过度放纵）

资料来源：Davison, Smith, & Frankel, 1991: 13。

上述两项田野研究表明，社区居民并非完全不了解病因。事实上，他们会利用自己的患病经历和他人的患病故事去解释病因。他们的解释模式是整体主义的，类似于恩格尔倡导的"生物-心理-社会"医学模式。这意味着,在进行公共健康教育时,健康教育工作者不仅应该向公众传递更为全面的信息,还要深入了解社会文化因素的复杂影响。否则,健康教育的干预效果就会受到影响。

目前,主流媒体和健康教育专家特别强调生活方式改变的重要性,好像个体一旦改变生活方式,就能完全避免健康风险。然而,这并非流行病学研究的全部发现。例如,美国弗莱明翰心脏研究(Framingham Heart Study)表明,如果所有男性能在55岁时把胆固醇水平降低10%,那么,只有1/50的人能够期望避免心脏病发作(Rose,1981)。也就是说,49/50的人可能会白白地改变饮食40年,他们的行为改变可能会一无所获。显然,如果过分强调改变生活方式的重要性,就会引起公众的怀疑。难怪,人们经常抱怨:"如果全听他们的话,你就什么也不能吃,什么也不能做!"

美国《科学》杂志的一篇长篇报道(Taubes,1995)指出,在过去的50年,流行病学家已经成功地识别了许多疾病的决定因素(例如,吸烟会使肺癌的患病概率增加30倍);现在,他们只能寻找疾病与环境因素或生活方式之间的微弱联系(例如,喝酒会使乳腺癌的患病概率增加30%),所以,其研究结果不仅招致公众的质疑,还受到了同行的批评。哈佛大学流行病学教授Dimitrios Trichopoulos在接受访谈时指出,"我们越来越讨人嫌。人们不再把我们当一回事儿;一旦人们把我们当一回事儿,我们就会无意地给他们带来伤害,而非好处"(Taubes,1995)。

人类学的跨文化研究表明,旁人难以理解的行为在特定文化背景中其实是非常理性的。英国流行病学家杰弗里·罗斯(Jeffery Rose)一针见血地指出,如果不吸烟最终变成"规范的"/"正常的",那么就没有必要不断劝说人们不要吸烟(Rose,1985)。也就是说,一旦健康生活方式的文化观念被广泛接受,人们就会自然而然地放弃不良生活方式。人类学研究还表明,如果健康教育材料缺少"文化敏感性"和"文化适宜性",就难以引起目标人群的共鸣；如果健康干预活动脱离目标人群的社会生活和文化观念，就难以取得有效的干预效果（宋雷鸣，2012；张有春、和柳、和文臻，2013）。更明确地说，健康教育工作者如果不了解目标人群的文化观念，就无法"因材施教"和"对症下药"，无法改变他们的生活方式。

总之，慢性病的健康教育要想取得满意的效果，既离不开个人生活方式的改变，也离不开社会文化因素的改变。就此而言，强调以治疗为中心的现代医院无法解决慢性病问题，因为它既不清楚慢性病给患者、家庭和社区带来的各种影响，也不了解人们在慢性病适应方面做出的种种努力。医学无法改变病人的生活场景，更无力改变更广阔的社会文化背景，而后者对慢性病的治疗和康复又有着至关重要的影响。在下一章，我们将清楚地看到，在经济收入偏低、社会保障不足的农村，地方场景如何加剧慢性病给个人带来的破坏性后果。

第四章 沙村慢性病人的生活世界

慢性病给个人、家庭和村庄带来了巨大冲击。本章旨在从微观层面考察慢性病给病人带来的破坏性后果及其发生机制。概括地说，慢性病会攻击病人的身体，而身体状况恶化又会改变病人的自我认同，减少他们的社会交往。当然，慢性病会使许多家庭陷入经济危机，这不仅因为慢性病的治疗需要花钱，还因为身体状况恶化会使病人（家庭）减少收入，甚至丧失收入来源。

学界和媒体比较关注慢性病的经济负担，尤其是它对宏观经济的影响。在我看来，慢性病的冲击是全方位的，它不仅会影响家庭的经济状况，还会影响病人的身体状况、自我认同和社会交往。此外，在考察慢性病的后果时，我们不能忽视慢性病发生影响的地方场景。医疗费用高昂、家庭收入有限、社区保障缺乏、体力劳动对田间劳动或外出打工的重要性，加剧了慢性病的破坏性后果。当然，更广阔的宏观社会背景也会直接或间接地影响慢性病的后果（见图4-1）。

在图4-1中，我尤为关注慢性病如何改变或破坏了病人的日常生活世界。我的基本观点是，慢性病会改变一个人的个体状况，而这些状况的改变则意味着既定日常生活的破坏。一旦患上慢性病，他就不得不终生带病生存：他不得不每天按时吃药（如果他遵从医嘱，换句话说，如果他是一个"听话的病人"），不得不长期忍受病痛的煎熬，也不得不改变自己的行为方式。他的身体不允许他继续从事先前的许多活动：他不能下田劳动，也不能走亲

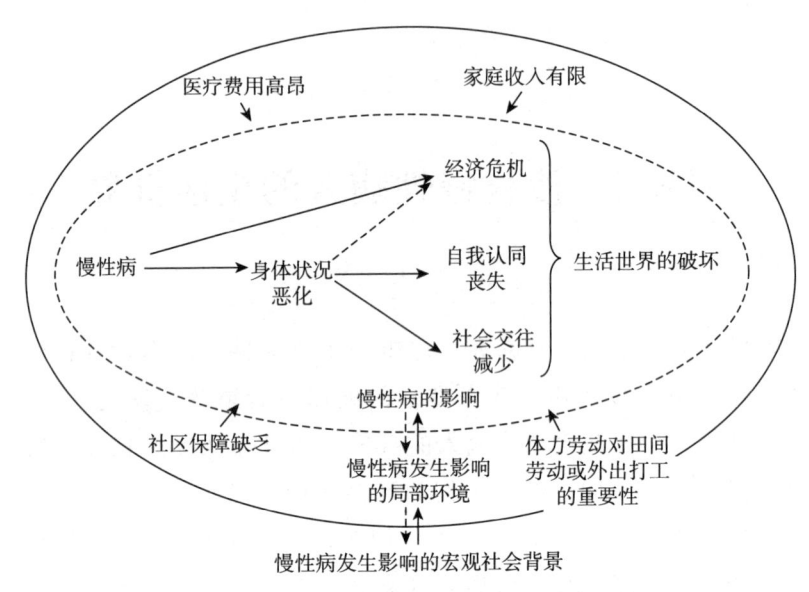

图 4-1 慢性病的破坏性后果及其影响机制

访友，甚至不能下床走动。他不但对家庭没有任何经济贡献，反而成了"家庭的累赘"——一个"废人"，一个"没用的人"。这时，他禁不住去思考人生的意义："我活着还有什么用"或者"人生的价值是什么"？总之，慢性病极大地改变了病人的生活格局和生命观念，进而破坏了"想当然的"生活世界。

尽管微观层面的分析很重要，但我还想进一步指出，既然个体不是孤立的，也不是生活在真空之中的，那么我们在分析慢性病的破坏性后果时，就一定要考虑村民的生活环境（如医疗费用高昂、家庭收入有限、社区保障缺乏以及体力劳动对田间劳动或外出打工的重要性）和更宏大的社会背景（如城市化、老龄化、卫生政策）。随后，我们就会发现，这些中观和宏观层面的因素也深深地影响着村民的患病经历。

一　慢性病人的身体状况

慢性病首先改变了病人的身体状况，这突出地表现在病人的体力减弱、身体活动受限和自我照料能力下降。一个人生病后，首先是身体状况发生变化，然后才是心理状况和社会状况发生变化。基于此，许多社会学家都强调，我们必须关注慢性病的身体基础。迈克尔·凯利（Michael Kelly）和大卫·菲尔德（David Field）在探讨慢性病和身体之间的关系时指出，"诸如饮食、洗澡、去厕所这样的生活细节是慢性病经历的核心问题，适应疾病首先是指适应身体"（Kelly & Field，1996：247）。一旦患上脑血栓，病人的体力就会迅速下降，很容易感到疲劳，因而许多人没有办法继续下地种田；那些能继续去地里的也只能干些轻活儿。许多病人没有办法弯腰、伸腿、抬胳膊、攥拳头，没有办法清晰地说话，甚至没有办法自己穿衣、吃饭、下床/炕走动。更糟的是，许多慢性病人落下了严重的残疾，有些病人常年卧床不起。

育大爷在2001年得脑血栓之前，身体一直不错。在田野调查期间，每当我询问他的患病经历时，他总是答非所问地向我诉说他的英雄事迹。他的核心意思是，他当年（1973年）挖河时非常勇敢、非常能干。他之所以对这段经历念念不忘，一方面是因为他的出色表现得到了上级领导的认可，另一方面是因为他对国家"遗忘"他们这些"昔日功臣"感到不满。同许多老年村民一样，育大爷几乎一生都在忙碌着。他有四个儿子、三个女儿，为四个儿子盖房娶媳妇的压力和辛苦可想而知。幸运的是，他得脑血栓时，儿子均已成家立业，日子过得也还可以。尽管育大爷得到了及时治疗，并进行了许多康复训练，但他依然无法正常走路。

2007年春天，他走路时总是左手扶着箩筐①，右手拄着拐棍，每天从前院走到中院，在门台上休息一会儿，然后再回到前院。虽然他能够自己慢慢地穿衣服，但是屋里有人时，他总是希望得到别人的帮助。他三番五次地告诉我，其他人根本无法理解他费多大劲儿才能穿上衣服。2008年初春，我再次见到他时，他穿着厚厚的棉裤躺在床上。我同育大娘聊天时，他始终没有坐起来。他的身体状况远不如先前。育大娘告诉我，有一次，育大爷走到后院就回不来了。即便如此，他还是"不服老"，希望恢复到从前的样子。育大娘认为，他能这样已经不错了。半年以后，我再次去看望育大爷。我进屋时，他还是躺在床上。育大娘说："你看谁来了？"育大爷睁开眼，想了一会儿才说出我的名字。育大娘试图扶着他的肩膀让他坐起来，育大爷疼得龇牙咧嘴。过了好一会儿，他自己慢慢坐了起来，身子有些僵硬。育大爷的气色看上去还不错，但身体每况愈下，没有办法像以前那样在院子里走动了。

2008年夏天，因为老房装修，他和老伴儿临时搬到了北院儿子的新房去住。新房地滑，育大爷不敢走动。那段时间，他几乎没有出过屋门，整天待在家里，不是躺着就是坐着。2009年春天，他在北京做配件生意的四儿子告诉我，育大爷的身体还是那样，但他对生活已经失去了信心，觉得活着没多大意思。我最后一次听到他的消息是在2009年秋天，我娘在电话里告诉我，育大爷刚刚去世。

也许有人会说，育大爷身体状况恶化的原因不是疾病，而是年老体衰。这种说法有一定道理，但必须指出，村里也有不少身体状况还不错的老年人。无论如何，我们应该明确，一个人身患脑血栓后，不管是老年人还是中青年，他的身体机能都会急剧下

---

① 当地村民称箩筐为粪筐，一个主要原因是，先前许多老年村民因为睡眠时间较短，清晨起来后就喜欢背着箩筐、拿着铁锹在村里、村外的小路上拾粪——拾牲畜家禽的粪便。随着牲口和家禽逐渐减少，清早背着箩筐拾粪的老年人也越来越少，但村民把箩筐称为粪筐的习惯至今未变。

降，而且很难恢复到先前的状态。中医所说的"半身不遂"和"偏瘫"形象地描述了脑血管病的后遗症。在这里，我将以君大娘和孙大娘患脑血栓的经历进一步说明这个问题。

君大娘是1998年秋天患脑血栓的。"那天，我跟她回娘家串亲戚，中午她吃了一碗饺子之后又吃了一个苹果。在回家的路上，她突然尿了一裤子，还怪怪地咧着嘴笑。我觉得情况不妙，带她去医院检查，医生说是脑血栓。"2008年，在君大娘患脑血栓即将10年的那个秋天，君大爷再次向我说起了她的患病经历。尽管君大娘比育大爷年轻20岁，她的病情却要重得多。自从得了脑血栓，她一直不能生活自理，穿衣、吃饭完全由君大爷照顾。有一次，我跟君大爷聊天时，她坐在炕上，没说一句话。乍看上去，她和常人并无两样。做过小学老师的她文文静静，总是面带笑容。君大爷说，她腿脚不好，自己下不了炕，也不敢走。她去厕所时需要别人扶着，或者把尿盆放在炕上。我见她不停地摆弄双手，忙问是怎么回事。君大爷接过话茬儿，说："她的右手不灵便。"我让她蜷一蜷右手，她只是嘻嘻地笑。旁边的君大爷也示意她这样做。她试了几次都没蜷住。显然，君大娘的病情算是比较重的，以至于她在2009年春天就离开了人世。

在君大娘所属的小队里，还有一位与她同岁的脑血栓病人，就是孙大娘。2007年春天，我第一次开展田野调查时，孙大娘还不到60岁，但看上去已经老态龙钟：身体瘦弱，行动迟缓，头发花白，牙齿稀疏。2004年秋天，她得了脑血栓，两年后又患上了糖尿病，而且她时常胳膊疼，有时胳膊根本抬不起来。这些年来，她一直没有断过药。她的老伴儿孙大爷说她是个"药篓子"，吃的药加起来有七八种，有降血压的，有治脑血栓的，还有治糖尿病和肩周炎的。自从患上脑血栓，她就不能骑自行车去地里干活儿了。她说骑上车子之后总是觉得头晕。于是，她只好步行去地里干活儿。她告诉我，有一次，她在路上歇了两次才走到村西的自留地里，而她家到村西自留地的距离只有500多米。即使到了地里,她也只能慢慢地干活儿。干活儿稍微一累,她就感到腿沉。尽管如此,她还是要去地里干活儿,因为孙大爷一个人根本忙不过来。孙大娘的两个女儿都已嫁到邻村,唯一的儿子又常年在外打工,只有儿媳妇在家;儿媳妇既要照料两个年幼的孩子,又要下地种田,所以不可能帮助孙大爷干活儿。相反,孙大爷有时还得帮助儿子一家。在这种情况下,身体虚弱的孙大娘也不得不去地里干活儿,用她自己的话说:"慢慢干吧,干点儿少点儿。"

2008年中秋节,孙大爷本想让孙大娘去地里拾棉花,回来后再包饺子。孙大娘觉得不舒服,就没去,在家慢慢地包饺子。那天早晨,孙大娘扫地时有些喘。"扫地也累?"我禁不住问道。她的回答令我震惊:"跟快死的人那样,光想往外出气,往外出气觉得还轻闲。"几天后,孙大娘去地里拾了一晌棉花,第二天睡了一整天才休息过来。孙大娘的身体时好时坏,身体状况良好时还能勉强去地里干点儿活儿,身体状况恶化时只能在家里做饭,甚至连饭也没法做。在沙村,许多慢性病人都处于这种状态。

美国医学社会学家凯茜·查默兹(Kathy Charmaz)用"好日子"和"坏日子"来概括慢性病人经常面对的两个交替出现的患病阶段:在"好日子",病人能够有效地控制症状,可以从事许多活动,这时病痛退到了他们生活的后台;在"坏日子",病痛和治疗方案就会走向前台,病人的活动也因此受到许多限制,此时他们无法再像先前那样忽视病痛(Charmaz,1991:51-52)。由于身体状况恶化,绝大多数慢性病人都无法继续保持先前的生活方式:他们不得不放弃繁重的田间劳动,缩小活动范围,接受他人的照料。一个正常的身体可以从事许多活动,但许多病人没有办法站立、行走、弯腰,更不用说做事了。正是在此种意义上,安塞姆·施特劳斯指出,身体是一个人做各种"事情"的核心资源(Strauss et al.,1984:19)。然而,身体的重要性还远不止于此——因为身体的变化不仅会影响个体对自我的看法,还会进一步加重家庭的经济负担。

二 慢性病人的经济负担

疾病的经济负担包括直接经济负担和间接经济负担,前者是指病人看病时的医药费、病人及陪伴者的差旅费和伙食费,后者主要是指病人由于生病或早亡不能为家庭和社会创造财富所引起的损失。尽管自20世纪80年代以来,中国在消除贫困方面取得了举世瞩目的成就,但是贫困依然是许多农村居民生活的最大威胁,而疾病又是导致农村贫困最重要的原因(姚洋、高梦滔,2007)。第三次国家卫生服务调查结果显示,在中国农村的贫困户中,"因病致贫"占了很大的比例,1998年和2003年分别为21.61%和33.4%(卫生部统计信息中心,2004:15)。世界卫生组织从宏观的角度阐述了慢性病和贫困之间的关系(WHO,2005:61-73)。一方面,慢性病会使许多病人及其家庭陷入贫困的境地;另一方面,穷人更容易患上慢性病,也更容易承受慢性病的消极后果。

事实上,早在50多年前,著名的医学史家亨利·西格里斯特(Henry Sigerist)就明确指出了疾病与贫困的恶性循环:"疾病经常永久性地或长时间地折磨着人们,使其丧失劳动能力,没法就业,结果可能导致整个家庭在社会等级的阶梯上迅速下降。因此,疾病导致贫困,反过来,贫困又导致更多的疾病。"(西格里斯特,2009:57)

在此,我想用沙村的案例说明慢性病如何在具体的地方场景下导致家庭的经济危机。在经济落后的农村,慢性病的经济负担不仅仅是指病人看病花了多少钱,更重要的是,病人家庭本来就没有积攒多少钱,而且病人身体状况恶化还会直接导致家庭收入的减少甚至丧失。在讨论慢性病对家庭的经济影响时,前文提及的高大爷形象地指出,人生病后不能劳动,不能劳动就不能挣钱,结果是家里的钱越花越少,"像个小坑,不像大江大河,就这么多水,总有一天会干的"。

此外，由于农村社会保障制度不健全，在许多情况下，慢性病人及其家庭不得不独自面对形形色色的社会风险，如庄稼歉收、牲畜病死、家庭成员意外伤亡。因此，在考察慢性病的经济后果时，我们不仅要关注疾病影响的长期性和体力劳动的重要性，还要特别关注农村社会的一些基本经济现实，如医疗费用高昂、家庭收入有限和社区保障缺乏。

鲍婶1998年春天患脑出血时才40岁。她先在邢台市人民医院治疗了一个多月，后来又在县城的亲戚家扎了50多天的"笨针"，总共花了10000元。那时，她家里根本没有那么多钱，也没有办法借来那么多钱，看病的医药费全部是一位在县城上班的兄弟帮着借来的。为了早些还清债务，那几年全家处处省吃俭用。鲍婶回忆说，当时她的独生子给别人开长途卡车，冬天没法穿皱皱巴巴的棉裤，可他又舍不得买条绒裤，所以只好穿三条单裤保暖。她家刚还完债，又该给儿子盖房娶媳妇了，只好再次借钱，然后又花了几年时间去还债。她总结这段经历时说："那几年最紧张，看病要花钱，盖房娶媳妇也要花钱。"

在我做田野调查时，鲍婶已经基本上能生活自理了，还可以在家做一些诸如洗衣做饭这样的家务。需要指出，她坚持锻炼了10年才勉强恢复到这种程度，以前她做梦也没想到会恢复到这样。别人都说她"白捡了一条命"。尽管鲍婶能做一些家务，但她很少去地里干活儿，家人也不让去地里，怕把她累病了。"咱不敢去地里干活儿，他们也不让去。这样，咱一个人不能干活儿。如果出了事儿，还耽误别人干活儿。（让）他们慢慢干去吧，这有啥法？"鲍婶告诉我。她儿媳妇也说："俺不让她去地里干活儿，不干活儿没有事，万一累病了（那）就糟了，就俺一个，还不是俺受累？"

从鲍婶的案例中我们可以看出，高昂的医疗费用可在瞬间使一个家庭陷入经济危机，而且这种危机有时会打乱父母为儿子盖房娶媳妇的总体安排。尽管像鲍婶这样的家庭可以承受每年四五百元的医药费，但是家人始终担心她再犯病。一旦犯病，整个家庭的经济状况就会再次恶化。因为鲍婶是女性，她可以不去地里干活儿。然而，如果生病的是鲍叔呢？那样的话，谁去地里种田呢？显然，如果生病的是男性劳动力，那么慢性病对家庭经济状况的影响会更大一些。毕竟，在一个以种植棉花为主的村庄里，体力劳动不仅是必要的，也是必需的！像欧文·左拉这样的残疾社会学家可以在大学里任教，并取得辉煌成就（Zola，1995），可是一个没有什么文化和劳动技能的农民又能靠什么生存呢？如果没有了体力，他怎么能种地，又怎么能外出打工挣钱呢？

在鲍婶患病的年代，农村还没有实施"新农合"。所以，她的医药费完全由家庭独自承担。从 2007 年 4 月开始，沙村正式实施"新农合"，村民有了基本的医疗保障。然而，即使在这种情况下，慢性病的经济负担也依然是巨大的。原因很简单，"新农合"仅仅是基本的医疗保险，它的补偿额度十分有限①，而许多村民的收入又极其微薄②。客观地说，它可以减轻农民的医疗负担，但没办法从根本上解决"看病贵"的问题。下面，我将以闫大爷和杨大爷为例说明这个问题。

闫大爷在 2007 年 12 月患上了脑血栓。我在 2008 年 9 月去过他家几次。他和三弟住在三间老房子里，院子的围墙都倒塌了，连个街门也没有。杨家原先很富有，后来，他父亲把家产挥霍一

---

① 广宗县卫生局于 2008 年 1 月制定的《广宗县新型农村合作医疗政策培训手册》规定，慢性病补偿额与住院补偿额累计每人每年不超过 15000 元。2010 年，村民报销的封顶线提高到 30000 元。

② 沙村是一个以种植棉花为主的村庄。尽管耕种已经实现了机械化，但施肥、浇地、铺膜、间苗、修杈、掐尖、打药、拾花等众多环节只能依靠手工劳动，其中的艰辛不言而喻。即便如此，一亩地的收入也十分有限。如果每亩耕地的棉花产量按 400 斤计算，每斤棉花的价格按 3.5 元计算，则每亩棉花的总收入也只有 1400 元。除去棉种、化肥、农药等众多成本，每亩地的纯收入一般不会超过 1000 元。在沙村，每位村民平均约有两亩耕地。也就是说，如果不算外出打工和家庭副业的收入，每位村民的年收入不会超过 2000 元。可是，村民不仅"要吃要喝"，还要在"人情礼往"方面花不少钱。这样算来，每个家庭的剩余收入就微不足道了。

空。幸运的是，在20世纪50年代家庭成分划分时，他家被划成了贫农；不幸的是，他们弟兄三个都没娶上媳妇。闫大爷的双亲和二弟都去世了，他和身材矮小的三弟相依为命。闫大爷患上脑血栓后，先让村医输了两天液，随后去县医院做了个CT，医生让他住院，他借口家里离不开人，带着药方就回来了。回家后，他在乡卫生院输液一个月，腊月二十九停了，过了正月十五又输了两个疗程，总共输了一个半月。再往后，他的三弟用手推车驮着他去村东头的诊所扎了三个月的"笨针"，隔一天扎一回，扎针不要钱，每次回来时抓五包药（两元钱）。半年多来，他一共花了3000多元，其中乡卫生院的治疗费2000多元可以按照60%的比例报销，另外1000多元的门诊费无法报销。这样算来，截至2008年9月，闫大爷看病已经花了2000多元。

尽管在城里人看来2000多元不算多，但对闫大爷来说，这是一笔不小的开支。毕竟他家只种了几亩地，除此之外没有别的收入。况且，他还需要在有生之年为自己积攒一些钱养老。正是因为收入有限，闫大爷才不敢在县医院接受治疗，才会把10元钱一瓶的药当成"贵药"。由于医疗费用高昂和村民收入低下，许多村民不敢去医院看病，一些大病户更是"挣扎在生存边缘"（韩俊、罗丹，2007）。

美国社会学家厄尔·库斯（Earl Koos）在20世纪50年代开展的关于乡村卫生的一项经典研究表明，由于医疗费用高昂，穷人生病后不一定就医。事实上，他们"不敢"生病。他的一位被访者说："我怎么能病呢！我还得照看孩子，我也没钱看病。你怎么知道你病了？一些人动不动就躺在床上，但是，我们不能病。"（参见Zola，1973：677）这位被访者说出了许多穷人"不能生病""没钱看病"的事实。

在田野调查期间，我不断听到村民抱怨"看病贵"的问题。2008年初春，我在郭大娘家与几位妇女聊了很长时间。其间，她们说起了医疗费用问题。一位年轻妇女说，在医院看病时，"花钱像不是花钱一样,哪天都得花七八百块","去了之后,医生让你化验这化验那,做这做那,做个彩超50(元),拍个片子70(元)"。"以前,你抓药时总在外边排队等着,排好长时间才能轮到;现在,病人入院后,医生给你抓药,你啥也见不着,也不知道花多少钱。"这位妇女关于"花钱像不是花钱一样"的说法给我留下了深刻的印象。

2010年夏天,杨大爷向我描述他的住院经历时,言语间同样透露着对医院的不满。他在2002年患过脑血栓,经过治疗迅速康复了。因为照常干活儿,而且不坚持服药,他后来又犯过两次病,"越犯越重"。最近一次犯病是在2009年底,他去县医院看病花了9000元,但只报销了3000元。在聊天过程中,他不仅抱怨报销范围窄、报销比例低,还抗议医院的"乱收费"现象。"做CT不报,核磁不报,许多检查项目都不能报,能报的也只报65%","一伙人去查病房,个个给你要钱,乱七八糟的一天也得花七八十块",所以,"花1000块连300块也报不了"。他评论说,"老百姓一病,一年的收入就没有了","(医院)光坑老百姓的钱,老百姓能说啥,也不能讨价还价"!

尽管村民对医院的众多收费项目颇有微词,但这并不意味着"新农合"政策没有任何作用。应该承认,这一政策在很大程度上缓解了村民"看病贵"的问题,对于那些大病户来说更是这样。2009年冬天,辛大爷患心脏病后曾两次去县医院住院治疗,因为病情没有丝毫好转,他只好又去市医院看病,并下了支架。辛大爷告诉我,三次住院治疗一共花了5万元,报销了1.5万元。因为"越是上级医院,报销比例越低",所以他认为自己报销的并不算少。从邢台回家后,他仍需吃药,每月的药费为900元,能报销一半以上。基于上述事实,辛大爷一家对"新农合"政策十分满意。辛大娘说,家里为了给辛大爷看病,不仅"把家业都花了",还借了许多钱。幸好,"新农合"政策可以"返还"给他们一部分钱,解决了家庭的后顾之忧。对比辛大爷和闫大爷的治疗经历,我们可以得出一个结论：那些经济状况稍好的家庭，因为有能力垫付高昂的医疗费用，所以会更多地利用医疗卫生资源。显然，这对穷人而言是不公平的。从这个意义上说，"新农合"政策的确存在一些学者（Wang et al., 2005；Yip & Hisao, 2009）批评的"穷人帮富人"现象。

三 慢性病人的自我认同

慢性病人身体状况的恶化和家庭经济负担的加剧会影响其对自我的看法。查默兹曾用"自我的丧失"来描述病情严重的慢性病人的患病经历：他们失去了先前的自我形象，但没有发展出同样有价值的新形象。她写道，自我的丧失对于病人而言是一个全方位的经历：他们过着受限制的生活，感受着社会隔离，遭受着自我和他人的不信任，体验着成为他人负担的羞耻（Charmaz, 1983）。她评论说，"一旦慢性病人遭受了自我的丧失，感受到无法控制他们的生活和未来，他们通常不仅会丧失自尊，甚至会丧失自我认同"（Charmaz, 1983：169）。10年后，她在一篇探讨身体、自我和认同之关系的论文中进一步指出，"慢性病破坏了身体和自我之间的统一，并迫使认同发生改变"（Charmaz, 1995：657）。

在沙村，面对疾病的时而好转、时而恶化，许多慢性病人不仅会担心疾病的发作以及由此带来的沉重的经济负担，而且会担心病情的恶化以及随后的瘫痪。更糟的是，受疾病的困扰，他们无法清晰地表达自己的想法，无法对周围的环境做出及时的反应，甚至无法在串亲戚时找到回家的路。焦虑、烦躁、恐惧、不安、孤独是许多慢性病人的普遍感受，他们对未来充满了忧虑，甚至有人想到了死亡。

锐歌是一个身高1.5米左右的中年男子，因为身材矮小、双亲早亡、家境贫穷等原因未能娶上媳妇。自从两个姐姐嫁到外村之后，他一直单过。在2006年秋天患上脑血栓之前，他大部分时间都外出打工,通常是在建筑队里干体力活儿,而家里的庄稼由堂哥耕种。锐歌虽然身材矮小,但十分强壮,什么重活儿累活儿都不怕。患病之后,他不但无法继续打工,也不能下地干活儿,甚至拿刀切菜都感到困难。有段时间,他跟着堂哥一家吃饭。一方面,堂哥是他在村里最亲近的人;另一方面,两家的房子紧挨着,堂哥家的房子就在他家东边。但是,没过多久,他还是决定单独吃饭。毕竟,跟别人吃饭不如自己单独吃饭方便。在农忙季节,他不知道堂哥、堂嫂何时下晌①、何时吃饭:"去早了吧,人家还没下晌;去晚了吧,人家还得叫咱去吃饭。"况且,他也不愿意整天闲在家里等着吃饭。单独吃饭后,他能够按时吃饭,日常生活也比较自在,但他必须面对另一个生活难题:由于手脚不利索,也由于先前很少做饭,他只能凑合着做一些简单的饭菜。许多时候,他都是在小卖部买点儿馒头和咸菜吃,有时也买一袋饺子煮着吃。

　　慢性病不仅彻底改变了锐歌的生活格局,也摧毁了他的自我认同。2007年春天,我在文氏诊所做田野调查时,文医生告诉我,锐歌刚患上脑血栓时总是愁眉苦脸、坐卧不安,也不愿意见人;在街上,其他人见了他就逗他开心。随后,锐歌也告诉我,虽说其他人都希望他想开些,但是这并不管用,因为谁也没料到他会得这种病,也不知道以后会变成什么样。锐歌是个急性子,在患病初期,他急着四处求医问药,希望能早日康复。然而,当治愈的希望一次又一次化为泡影时,他的心情变得日益沉重,他甚至认为,"一辈子落成这样,活着还有啥意思"。他曾多次告诉我,"得了这病真腻歪","一个人就是不好,连个说话的人也没有"。没病时,他可以自己照顾自己;生病后,他需要别人的照顾。可是,谁又能很好地照顾他呢?

---

① 农民把"从家里去田地里干活"称为"上晌"("上班"),把"从田地里回到家里休息"称为"下晌"("下班")。农忙时,许多家庭都有"上晌早、下晌晚"的现象。

在我接触到的脑血栓病人中，锐歌遭受的精神打击是最大的。2008年初秋，也就是在我第四次开展田野调查期间，锐歌多次向我说起他得脑血栓后的心理变化，并反复强调常人和病人心理之间的差异："好人①光寻思干活儿挣钱，病人常寻思病啥时能好。"在相当长的一段时间内，锐歌都无法接受疾病来临的事实，他没有料到自己这么年轻也会得脑血栓。他反复说："要是老了，再得这病就没事了。咱还年轻，正是干活儿的时候，不应该得这病。"堂嫂也安慰他："就当你老了，不能干活了。"然而，这种安慰并没有实质的效果，因为锐歌很清楚，他只有40多岁，正是干活儿挣钱的年龄，如同闫大爷一样，他也需要在年轻时积攒养老钱。在村里，尽管脑血栓人群日益低龄化，但村民还是普遍认为，这类疾病是老年人的疾病。许多年轻人都没有料到自己也会得这种病。对于他们来说，慢性病的来临意味着"未老先衰"（Singer, 1974）。当然，锐歌的问题更为复杂。尽管他已经适应了父母早亡、单身生活这样的残酷现实，但他并没有为慢性病的来临做好准备。事实上，慢性病再次打破了他的人生进程②，在正式养老保障制度缺失的农村，他不得不提前考虑他日后的照料问题——谁愿意为他养老送终呢？

除了上面提到的焦虑、烦躁、恐惧、不安、孤独这样的悲伤情绪之外，许多脑血管病人都有一定程度的认知障碍，或说话困难，或思维迟钝，或记忆力减退。有一次，我在卫生室跟锐歌聊

---

① 这里"好人"的对应词是"病人"而非"坏人"，可以理解为"健康状况良好的人"或"常人"。
② 一般说来，人生进程是一种由渐进性的、有时是相互重叠的阶段构成的生命进程，它包括一系列预期的和非预期的情况和事件，如上学、结婚、买房、失去工作、找到工作、一个家庭成员的死亡（Corbin & Strauss, 1984：110）。由此可见，人生进程的破坏意味着人生轨迹的逆转。最典型的例子是，一个人该上学时没能上学，该结婚时没能结婚，该买房时买不起房，该工作时没有工作，该享受生活时遭遇了疾病的袭击。在沙村，慢性病导致的人生进程的破坏主要包括盖不起房、娶不上媳妇、无法外出打工、干不动农活儿、无法安度晚年、病逝等。

天时，旁边的一位老年妇女插话说，她五六年没敢断过降压药，怕病情恶化。随后，她补充说，她得这病之后就变"傻"了。有一次，她领着自己的孙子去邻村串亲戚，然后就迷路回不来了。在沙村，村民通常把"脑子不够用"称为"傻"。秦大爷曾长期担任大队会计，自从2003年得了脑血栓之后，他的记忆力大为减退。他与村里的中老年人"对骨牌"时，很容易陷入其他牌友设计的"圈套"。秦大爷告诉我，多数人得了脑血栓以后就变糊涂了。他举例说："刚看过的电视节目一会儿就找不着了，记不清是哪个频道。"事实上，"傻"或者说"糊涂"是许多脑血栓病人的自画像。

总之，身患慢性病之后，不管是年轻人还是老年人，也不管是男性还是女性，他们的心理状态和自我认同都会发生变化。如果患病的是年轻人，则他们会强烈地感受到前途的渺茫——他们无法继续外出打工，甚至无法在家种田；如果患病的是老年人，则他们会感受到威严的衰落或丧失——他们在家庭中的地位日益下降，他们的言语变得无足轻重。如果患病的是男性，则他们无法完成父亲、丈夫或儿子的社会使命；如果患病的是女性，则她们无法继续承担母亲、妻子或女儿的社会角色。我收集的田野资料表明，许多脑血栓病人再也回不到以前的自我，病痛彻底改变了他们的认知：他们先前是健康的人，而现在，他们成了病人。他们已经踏上了欧文·左拉所说的"通往医生之路"，已经从"人"（person）变成了"病人"（patient）（Zola, 1973）。

四 慢性病人的社会交往

由于身体状况恶化，许多慢性病人都过着受限制的生活。活动受限一方面会导致慢性病人对他人的依赖，另一方面会导致社会隔离。施特劳斯在研究慢性病人的生活质量时指出，社会隔离有两大起因：一是病人的被迫退出，二是他人的主动退出（Strauss et al., 1984）。在此，我也从这两个方面来考察沙村慢性病人的社会交往状况。在日常生活中，几乎每个慢性病人都要在某种程度上依赖他人：如果不能行走，则他们的日常生活就离不开他人的照料；如果行走不便，则他们就不能走得太远；如果不能骑自行车，则他们就会减少外出；如果行动受限，则他们就会丧失许多同家人之外的人接触的机会。

　　前面提到的孙大娘已经很久没有串亲戚了，她怕累病了。她在城市里的一个侄子结婚时，其他两个妯娌都去了，但她没去。一方面，她嫌路途遥远；另一方面，她受不了热闹的场面。孙大娘的两个女儿都嫁到了邻村，有时她们会带着孩子回娘家。对此，孙大娘左右为难：她既希望孩子们经常回来，又怕孩子们的到来影响她休息。按照当地的习俗，女儿坐月子时，母亲一般都要去照料一段时间，至少要去看望一下。然而，孙大娘的二女儿生小孩时，她并没有过去。孙大娘解释说：“我去了不但帮不了忙，弄不好还得让人家伺候我，所以我还是不去了，免得给人家添麻烦。”

　　姚大娘在2006年夏天患过一次脑血栓，经过及时抢救和康复训练，她可以步履蹒跚地去串门。然而，在第二年犯病以后，她已经没有办法独立活动了，连屋门的门槛也迈不过去，甚至没有办法站起来。她要到外面活动一下或者去厕所时，必须有人搀扶。2008年秋天的一个晚上，我与躺在床上的姚大爷聊天时，斜靠在沙发上的姚大娘喃喃自语，说她喜欢小孩儿。姚大娘十分向往以前的日子，那时家里十分热闹，她有四个儿子，经常有人串门；现在，除了轮流照料她的家人以外，她很少见到其他人。在农忙季节，她跟家人的沟通也不是很多。有一次，姚大娘含着泪说："俺说话时，别人都不搭理俺。"这时，顶替父亲值班的孙女补充说："她嫌没人跟她说话。"她接着解释说："别人都忙着拾花去了，没有人愿意听她唠叨。"在农忙季节，照料者首先要去地里干活儿，因为他们很清楚，耽误了农活儿就会影响庄稼的收成和家庭收入，从而进一步影响家庭成员和病人的生活质量。然而，许多慢性病人都需要通过"唠叨"来缓解内心的孤独和忧虑。即便在农闲季节，老年慢性病人和年轻照料者之间的交流也会有许多问题，这是因为老年人总是絮叨先前的"陈芝麻、烂谷子"，而年轻人由于心情烦躁、经济压力等原因不愿意听老人絮叨。

上述案例表明，由于体力不支或行动不便，许多慢性病人都不再参加诸如"过满月""过生日""婚礼"这样的重大仪式活动。他们甚至失去了从事日常活动的能力，许多人没有办法串门或串亲戚，更无法独自去赶集。对于一些病情不太严重的慢性病人来说，昔日"想当然"的日常生活逐渐变成了有意识的、深思熟虑的行动的负担。最简单的外出也变成了像策划和旅行这样的重大活动（Bury，1982：176）。而对于那些病情严重的慢性病人来说，独自下床走动或者比较清晰地说一句问候的话，都已经成为难以实现的梦想。此时，身体好像一个监狱，病人身陷其中，无法同环境进行心向神往的联系（Corbin & Strauss，1987：263）。不仅如此，慢性病还改变了病人的时空观念。伴随着身体状况恶化，病人的活动范围逐渐缩小。即便不是卧床不起，他们也很难甚至不可能到达先前去过的许多地方：以前5分钟的路途现在可能需要10分钟、30分钟，甚至更长时间。在这种情况下，先前的"近距离"逐渐变成了"远距离"，而先前的"远距离"如今已经变得"遥不可及"。

在病人被迫退出社会交往的同时，其他人也主动减少了同慢性病人甚至其配偶的社会交往。尚大娘自1998年患上脑血栓以后始终不能说话，右手、右腿都不能动弹，几乎没出过院子，后来又常年卧床不起。尚大娘家有四个女儿，女儿出嫁后，她的日常生活几乎完全由尚大爷照料。尚大爷告诉我，自从尚大娘得病后，他从来没有外出打工，也没有继续领班盖房，除了种地就是照料媳妇。在尚大娘2009年病逝之前，他只在门口附近溜达，很少去远地方。尚大爷说："我以前喜欢热闹，朋友多，总是有人来家里玩。我怕客人嫌家里味儿大，就让媳妇搬到了东边那个单间住。"即便这样，去他家串门的朋友也越来越少。一方面，尚大爷要照顾病人，不便长时间喝茶聊天；另一方面，由于尚大娘生活不能自理，他家的气味儿的确很大。即便我坐在正屋的沙发上跟尚大爷聊天，还是不时地闻到一阵阵强烈的味道。这就是慢性病人的生存空间，这就是慢性病照料者生活世界的一部分！这样的生存状态又怎么能不影响慢性病人及其家庭成员的社会交往呢？

一言以蔽之，由于病人的被迫退出和他人的主动退出，许多慢性病人都感受到社会交往的减少和社会关系的破坏，而另外一些常年卧床不起的病人，因为"个人卫生"方面的原因，则遭受到更为严重的社会隔离和社会歧视。众所周知，人作为"社会人"，不仅有生理需要，而且有社会需要。如果说一个人停止了心跳意味着"生理死亡"，那么一个人没有了社会交往则意味着"社会死亡"（social death）。诚如凯博文所言，慢性病作为一种社会经历，有时意味着"潜在的社会死亡"（Kleinman et al., 1995：170）。

五 慢性病与生活世界的破坏

在前面几节中，我在日常生活的背景下考察了慢性病对病人身体状况、自我状况、社会状况和经济状况的影响。本章比较关注慢性病的个人意义，其核心观点是，慢性病意味着"想当然"的生活世界的破坏，它不仅改变了病人的日常生活，还破坏了病人的身体、自我和社会之间的有机联系。沙村的田野调查表明，慢性病彻底改变了病人的生活方式，一些人遭受了身体疼痛、心理苦恼和社会隔离，一些人由于体会不到生命的价值而变得悲观厌世，还有一些人在无奈地等待死神的降临。

在探讨慢性病的后果时，我特别强调身体的重要性、地方场景的作用以及宏观的社会文化因素的影响。

首先，有关慢性病的社会科学研究一定要关注身体。病痛引起的身体变化影响了病人的自我认同，破坏了他们的社会关系，并使家庭的经济状况进一步恶化。在农村，病人体力的丧失与繁重的田间劳动形成了巨大的反差，农业机械化的推进并没有从根本上弱化体力劳动的重要性。

其次，地方场景是慢性病产生影响的局部环境。在农村，尤其是贫困农村，慢性病之所以会对病人及其家庭产生如此巨大的冲击，医疗费用高昂、家庭收入有限、社区保障缺乏都是不可忽视的因素。在本章中，我特别强调，慢性病的经济负担不仅仅在于医疗费用高昂；更重要的是，农民的家庭收入本来就有限，而且身体状况恶化还会导致家庭收入的减少甚至丧失。

最后，社会文化因素是慢性病产生影响的宏观背景。宏观的经济政策、卫生政策以及传统的疾病观念也会加剧或减缓慢性病的破坏性后果：市场化的经济体制改革在改善村民生活的同时，也会导致慢性病的流行；"新农合"在某种程度上减轻了病人的经济负担，但并未从根本上解决"看病贵"的问题。此外，许多人仍然把慢性病视为"老年病"，以至于相对年轻的病人很难接受自己患病的现实。

在第一章介绍伯里的经典概念"人生进程的破坏"时，我曾提到西蒙·威廉姆斯的一些质疑。在此，我简要讨论其中的两个问题。一些学者试图表明，"人生进程的破坏"是一个以中年人为中心的病痛模型；然而，对于那些长期生活在逆境状态、患有多种病症的老年人来说，他们似乎并没有遭受"人生进程的破坏"（Pound at el., 1998; Faircloth et al., 2004）。克里斯托弗·费尔克洛思（Christopher Faircloth）等人在考察佛罗里达州老兵的中风经历时指出，"如果考虑到年龄、并发症、先前的中风知识这样的一些减缓因素，中风的影响与其说是人生进程的破坏，不如说是他们在日常生活中必须面对的众多事件之一"（Faircloth et al., 2004: 256）。

另一些学者也认为，在后现代社会状况下，慢性病经历有可能不那么具有破坏性（Kelly & Field, 1998）。在所谓的"晚期现代性"（吉登斯，2000）或者说"流动的现代性"（Bauman, 2000）的社会状况下,"不确定性"、"反思性"和"风险"已经构成了人类生活的普遍特征。在这种情况下,个体要不断反思身体和自我之间的关系,根据现代社会生活的方方面面周而复始地评价自己的人生进程,并在此基础上不断调整自己的人生计划。由此说来,与其说慢性病导致"人生进程的破坏",不如说"人生进程的破坏"是"晚期现代性"的一个普遍特征。

沙村的田野研究表明,在传统农村,即便考虑到年龄因素和先前的人生历程,患病经历依然具有很大的破坏性——不管是年轻的还是年老的村民,也不管他们是否经历过饥荒、战争这样的磨难,他们都感受到慢性病给他们的日常生活带来的破坏性后果。其原因在于,慢性病的流行在村民眼里依然是一个新生事物,许多病人及其家庭还没有为慢性病的来临做好心理准备,更没有发展出应对慢性病的有效策略。另外,村民依然相信伯里的假设——身体和自我之间的关系在发病之前是"想当然"的,而慢性病的出现则破坏了这种"想当然"的关系。村民依然生活在传统乡村之中,他们并不认可后现代的病痛观念:他们甚至还没有接受"现代性",毋宁说"后现代性"了。在这种情况下,慢性病依然意味着生活世界的破坏。这提醒我们,在研究慢性病人的患病经历时,一定要关注病人及其家庭置身于其中的地方场景。恰恰是这种地方场景构成了他们的社会现实。根据吉登斯(1998)的"结构化理论",作为行动的条件和中介,它不仅会约束他们的认识和实践,还会影响患病经历的后果。

当然,慢性病的后果不仅仅局限于病人自身。在下一章,我们就会看到慢性病如何冲击了照料者的生活,如何调整了家庭成员的家庭地位和权力关系,又如何突出了中国农村的养老问题。

第五章 沙村慢性病人的家庭照料

在考察慢性病的危害和后果时，疾病负担是公共卫生学界经常使用的概念。尽管完整的疾病负担应该包括个人负担、家庭负担和社会负担三个层次，但在操作层面，疾病负担通常被分解为疾病的流行病学负担和经济负担。显然，目前的疾病负担比较注重个人负担，即由疾病导致的生命损失和经济损失。在本章中，我将把疾病负担的经验研究从个人负担扩展到家庭负担和社会负担，并重点考察沙村慢性病人的家庭照料问题。在此之前，我们有必要再次讨论疾病负担这个概念。

一 疾病负担概念的再考察

在公共卫生领域，传统的疾病负担通常是指疾病的流行病学负担，死亡人数（死亡率）和患病人数（患病率）是其最常用的两个测量指标。然而，死亡和伤残仅仅是疾病负担的两个重要方面，它不能全面概括疾病对健康的影响。为此，在世界银行的支持下，哈佛大学公共卫生学院和世界卫生组织有关专家提出了一个新的综合指标——伤残调整生命年（DALY）[①]，用以测量从疾病发生到死亡所损失的全部健康生命年。

[①] DALY 是 disability-adjusted life year 的缩写。在公共卫生领域，DALY 有不同的译法，这主要是因为学者对"disability"（残疾、失能、伤残）和"life"（生命或寿命）这两个英文单词有不同的理解。在这里，我采用了公共卫生文献中最为普遍的说法。

伤残调整生命年在一定程度上考虑了由疾病造成的心理和社会功能的损失，但它仍停留在病人群体这个层次上，没有考虑到疾病给家庭和社会带来的影响（张洁、钱序、陈英耀，2005）。在疾病模式已经发生根本变化的当今中国，越来越多的慢性病人需要家庭照料和社会支持，疾病的家庭负担和社会负担日益凸显。

如果我们只从字面上去理解，把疾病的家庭负担定义为疾病给家庭带来的各种影响，那么当我们用这种逻辑去界定疾病的社会负担时就会出现许多问题。不管是在国内还是在国外，社会负担这个术语都是混沌的，几乎没人能给它下一个清楚的定义。公共卫生学者卡罗琳·琼斯（Caroline Jones）和霍利·威廉姆斯（Holly Williams）曾在其同事中进行测试，询问"何谓疾病的社会负担"。对此，绝大多数人的反应是："你在说什么？"两位作者认为，这个概念在实践中被忽视有两个重要原因：其一，社会负担不像流行病学负担和经济负担那样容易被量化；其二，人们关于社会负担的看法，在不同社会、文化和个体之间有很大差异，甚至同一个体关于其内涵的看法也会随着时间的推移而发生变化（Jones & Williams, 2004）。

公允地说，在公共卫生领域，疾病的流行病学负担和经济负担经常受到关注，并在总体上得到了较好的描述和分析。然而，这些研究在关注疾病负担的测量的同时，忽视了人们的日常生活，忽视了影响人们健康的各种因素之间的复杂关系。有鉴于此，我试图通过梳理为数不多的相关文献来探讨疾病的社会负担的概念及其基本指标，以便更全面地理解疾病负担的内涵。

目前，公共卫生学界关于疾病的社会负担的观点主要有以下四种。

第一种观点认为，疾病的社会负担就是"疾病对患者群体的各种能力、就业、婚姻等方面的影响"。戴斐、张荣珍（1996）在考察脊髓灰质炎的社会负担时指出，脊髓灰质炎患者的劳动能力、生活自理能力、活动能力、学习能力、社交能力均受到不同程度的影响,他们的就业率远远低于同年龄组的正常人,未婚者所占比例远远高于正常人的未婚比例。两位作者认为,这些消极后果是影响家庭和睦、社会安定和社会进步的不利因素,因而是"沉重的社会负担"。然而,在我看来,这种定义的实质依然是疾病的个人负担,即疾病给患者带来的影响;只不过,它比较强调疾病负担的社会方面,即疾病给患者的社会生活带来的影响。

第二种观点把疾病的社会负担理解为"疾病对陪护人员/照料者的影响",即患者或死者对其周围支持环境造成的影响。庞琳等(2000)在一项调查中曾把脑血管病的社会负担理解为"患者住院期间陪护人员的误工损失"。他们指出,若以伤残调整生命年计算,陪护人员在病人住院期间的误工损失是患者疾病负担的2倍;并且,由于患者会多次住院,大多数患者在出院后仍需陪护,脑血管病人的社会负担估计将是其本身伤残调整生命年的数倍。考虑到患者的陪护人员通常是家人,在我看来,这里的社会负担主要是家庭负担或者说照料负担。

第三种观点认为,疾病的社会负担就是"疾病的社会成本",即疾病给社会带来的各种影响。杰弗里·萨克斯(Jeffrey Sachs)和皮亚·马拉尼(Pia Malaney)在讨论疟疾的经济负担和社会负担时指出,疾病的经济成本不仅包括疾病的医疗成本和由发病率、死亡率导致的预期收入减少,还包括家庭行为变化带来的广泛的社会成本,以及疾病流行造成的宏观经济成本(Sachs & Malaney, 2002)。在此,两位作者把疟疾对学校教育、生育、人口迁移和储蓄/投资的影响视为"疾病的社会成本",把疟疾对贸易、旅游和国际投资的冲击视为"疾病的宏观经济成本"。显然,两位作者关于社会负担的研究思路总体上是一种经济学思路,它本末倒置地把社会成本视为经济成本的一个子集。

第四种观点把疾病的社会负担理解为"疾病负担的进程",即社会文化因素如何影响了疾病负担的结果。前面提到的琼斯和威廉姆斯在探讨疟疾的社会负担时指出,考虑到疾病负担本身是一种社会文化建构，我们关于疾病负担的视角就应该考虑风险因素赖以存在的社会文化背景（Jones & Williams，2004）。基于这种判断，两位作者从人类学的视角描述了社会文化因素（社会经济地位、社会组织、社会角色、文化信仰）如何影响了疟疾的生物医学负担。如果说流行病学家和经济学家比较关注疾病负担的结果，则人类学家比较关注疾病负担的进程。与此同时，两位作者还提醒我们，"社会负担不仅仅是社会成本"，尽管人们对其定义尚未达成共识。"总之，疟疾的社会负担依然是一个难以表述的概念。它不是一个可以测量和量化的普通实体（general entity）。然而，它是一个可以理解的进程，一个可以与患病率、死亡率这样的结果联系起来的进程"（Jones & Williams，2004：160）。尽管这种总结难免让人失望，但它拓展了疾病负担的研究视角，启发我们去思考社会文化对疾病负担的形塑。

在梳理了以上四种观点之后，我们不免要问，究竟什么是疾病的社会负担？它又包括哪些方面？在回答这两个问题时，首先要明确我们是在何种层面讨论疾病的社会负担。换言之，我们要讨论的"社会负担"的"参照物"究竟是流行病学负担和经济负担，还是个人负担和家庭负担？无论如何，我希望我们所说的社会负担不仅应该有别于流行病学负担和经济负担，也应该区别于个人负担和家庭负担。

基于上述考虑，我们不妨把疾病的社会负担理解为"疾病的社会影响及进程"，即疾病给患者和家人之外的人群带来的各种影响及其形成过程。在此，"疾病的社会影响"是指疾病在社会领域的广泛影响，包括疾病给社会经济、政府形象、社会安定、文化传统和大众心理带来的各种影响。"疾病的社会进程"是指更广阔的社会文化因素如何影响了疾病的危害和后果。显然，在上述概念中，疾病的社会负担有别于个人负担和家庭负担。随后的问题是，疾病的经济负担，确切地说，疾病的宏观经济负担，是否属于社会负担？在疾病的社会负担研究刚刚起步的阶段，我们不妨把经济负担看作社会负担的一个方面。同时,我们应该明确,社会负担通常更加侧重于经济负担之外的那些社会影响。诚如琼斯和威廉姆斯所言,尽管疾病的社会负担很难测量,但它有助于我们更全面地理解和控制疾病负担(Jones & Williams, 2004)。

在探讨了疾病负担的概念之后,我想用一个图示更加清晰地说明不同层次疾病负担的基本方面,尤其是社会负担、个人负担和家庭负担,以及流行病学负担和经济负担的区别和联系(见图5-1)。尽管不同层次的疾病负担在观念上各有侧重,但它们在现实生活中彼此相连、互有重叠。例如,疾病的经济负担不仅可以被看作社会负担的一个子集,而且是个人负担和家庭负担的重要组成部分。

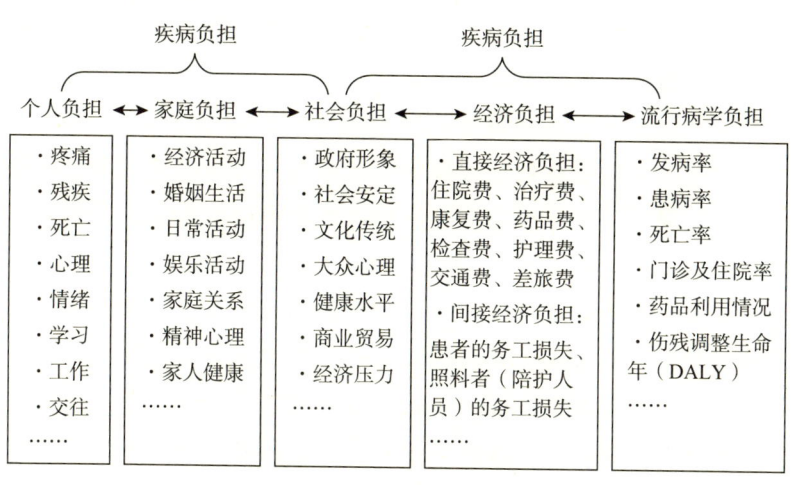

疾病负担 ←——————→	疾病负担 ←——————→	
个人负担 ↔ 家庭负担 ↔	社会负担 ↔ 经济负担 ↔	流行病学负担
・疼痛 ・残疾 ・死亡 ・心理 ・情绪 ・学习 ・工作 ・交往 ……	・经济活动 ・婚姻生活 ・日常活动 ・娱乐活动 ・家庭关系 ・精神心理 ・家人健康 ……	・政府形象 ・社会安定 ・文化传统 ・大众心理 ・健康水平 ・商业贸易 ・经济压力 ……	・直接经济负担: 住院费、治疗费、康复费、药品费、检查费、护理费、交通费、差旅费 ・间接经济负担: 患者的务工损失、照料者(陪护人员)的务工损失 ……	・发病率 ・患病率 ・死亡率 ・门诊及住院率 ・药品利用情况 ・伤残调整生命年(DALY) ……

图5-1 疾病负担分类

我之所以再次考察疾病负担这一概念的内涵,主要是因为,与"人生进程的破坏"这条明线相比,疾病负担构成了本书的一条暗线。在考察村庄的疾病格局时,我描述了村庄的常见病和村民的死因谱,它们是流行病学负担的重要内容。在考察慢性病人的生存处境时,我不仅分析了慢性病的经济负担,还探讨了慢性病给病人的身体、自我和社会状况造成的多重影响。我们可以把这部分内容视为个人层面的疾病负担("疾病的个人负担")。

本章将重点研究家庭层面的疾病负担("疾病的家庭负担"),不仅考察慢性病给家人尤其是作为照料者的子女和配偶带来的各种影响和负担,还将探讨由慢性病人的照料问题引发的家庭关系的变动,并在此基础上讨论中国农村的养老和孝道问题。鉴于慢性病带来的养老和孝道问题涉及中国的文化传统,我们可以把这部分内容视为社会层面的疾病负担("疾病的社会负担")。

二 慢性病人的照料主体

慢性病不仅会破坏病人的人生进程和生活世界(郇建立,2009a),还会打乱家人的日常生活,并引发家庭关系的变动。诚如两位护理学家观察到的那样,慢性病作为一种经历,"不仅影响了病人,还影响了他或她的重要他人"(Morse & Johnson, 1991: 317)。不少家庭成员都是数年如一日地照料卧床不起的病人,他们的生存状况在某种意义上类似于古希腊神话中的悲剧人物西西弗斯的处境:他每天把巨石推向山顶,然后又看着石头滚落山脚。正是在此种意义上,哈佛大学医学人类学家凯博文指出,患病苦难与其说是个人经历,不如说是父母、配偶、兄弟姐妹和孩子等主体之间的经历(Kleinman et al., 1995)。

在社会福利和社会保障尚不完善的中国农村,家庭成员是慢性病人照料的主要承担者。也就是说,中国农村的慢性病人照料主要是家庭照料(family caregiving)。在现有文献中,家庭照料一般是指某个或多个家庭成员对另外一些家庭成员所提供的超出常规范围的帮助和支持,其内容包括日常生活照料,以及相应的经济支持和精神慰藉(苏薇、郑刚,2007)。在这部分,我将主要描述慢性病人照料的主体及相关社会事实,进而深入考察家庭照料给子女带来的各种压力。

在沙村,慢性病人家庭照料的一个基本事实是,配偶是照料的首要主体，除非其不能或不愿意照料。原因很简单，子女年幼时不具备照料他人的能力，而他们长大后又会外出打工。在沙村，平均每个村民只有两亩地，而且已有 20 年没有"动地"，即"添人不添地，减人不减地"。这意味着在 1995 年之后嫁到沙村的媳妇和在此之后出生的孩子都没有分到土地。也就是说，在一个"三口之家"中，他们通常只有两亩地——除非媳妇是本村的，或者当初分家时，父母出于关照，多分给了他们一些田地。更糟的是，多数年轻的家庭都有两个孩子，而这样的"四口之家"也大约只有两亩地。如果一个小伙子 1996 年初结婚，次年年底媳妇生了一个女孩，5 年之后又生了一个男孩，那么，到 2010 年时，女孩（13 岁）已经上初中了，男孩（8 岁）也已经上小学了。可想而知，这两亩地无法养活一个"四口之家"。于是，一些年轻村民一边种地一边搞养殖，一些年轻村民则是妻子在家种地、丈夫外出打工，还有一些村民全家在城里做小生意。迫于生活压力，许多留在家里的年轻夫妇也计划着去城里打工，而孩子则通常交给即将或已经年迈的父母照料。事实上，这种日益加速的人口流动进程，使配偶成为首选的照料主体。因此，说"配偶是照料的首要主体"并不是说配偶在所有照料者中所占的比例最高，而是说，如果配偶有照料能力，那么他们通常会承担起照料慢性病人的重任。

君大娘在 1998 年患上脑血栓以后就失去了生活能力，此后，君大爷一直负责照顾她，直到 2009 年 5 月她去世。君大爷家有两个孩子，儿子常年在外打工，女儿出嫁以后也不可能常年住在娘家。尽管君大娘病情恶化时，子女也会经常回家，但日常照料的任务落在了君大爷身上。然而，照料老伴儿并不是他唯一的工作，他还要种 10 多亩地①。这双重任务把君大爷压得枯瘦如柴。

有一次，乐观的君大爷表达了照料病人的不易。"照顾病人可不是闹着玩儿的，谁有这耐心？你一天要给她做三顿饭，她不想

---

① 君大爷家现有六口人的田地，包括已经去世 10 多年的两位老人的田地。

吃时你还得哄着她吃，她想吃什么你就得做什么。地里的活儿要干，家里的活儿也得干，哪样活儿也不省事儿。"他紧接着举例说："蒸馍馍时，首先要让面粉发酵，然后再和面，切成馍馍样，再放到笼屉上用火蒸上15分钟，不算发酵时间，单纯干活儿的时间至少要40多分钟。"我在跟君大爷聊天时，他一直在忙着蒸馒头。像许多村民一样，即便在酷热的夏天，他也烧火做饭——他舍不得用燃气，觉得那样太贵，而棉花柴是从地里收的，不需要钱。由于家有病人，君大爷不敢长时间外出，他怕老伴儿饿着，更担心她摔着、碰着。每当出门时，他总是叮嘱君大娘不要乱动，而且他总是按时回来给她做饭。

君大爷的生活处境反映了中老年照料者的一般情况——因为子女的缺位，配偶义不容辞地承担起照料病人的重任。在这里，我举一个例子。同君大爷一样，王朋也是家庭照料的主要承担者，不过他的照料负担主要源于女儿太小，无法承担起母亲的照料工作。王朋媳妇在结婚前就"发晕风"，不过并不是很严重。那时，她还能走动、做饭，还能去地里拾棉花。而到了2008年春天我第三次开展田野调查时，她已经瘫痪在床，甚至不能翻身。她吃喝拉撒都在床上；每次大小便后，王朋都要给她换裤子和褥子，他家房前的晾衣绳上总是挂满备用的裤子和褥子。尽管王朋的女儿2008年时就已经12周岁了，但她还在上小学二年级，几乎不会简单的算术。我问她二加三等于几，她掰着手指头说等于五。我接着又问她，一块钱买四个馒头，五块钱买多少个馒头，她想了许久也没说出来。他的女儿贪玩儿，家务一点儿也不愿意做，再说她也做不了什么活儿。在这种情况下，王朋不仅要下地干活儿，还要洗衣做饭、照料妻子。在结婚后的十几年间，他从未外出打工，甚至连村里的"盖房班"也没去过，所以这么多年他"一分钱也没挣过"。在访谈过程中，王朋多次哀叹生活的无奈和命运的不公，他甚至不愿意待在家里："看见这一摊儿，腻歪啊！"

如果慢性病人的配偶同样患有慢性病，或者配偶已经不在，那么照料的负担就会落在子女身上。在沙村，如果慢性病人只有一个儿子或女儿，那么他或她就要责无旁贷地承担起照料父母的责任；如果有两个或两个以上的儿子，在"养儿防老"的文化传统下，通常是儿子们轮流照料生病的父母。子女在照料老人的过程中，有时也会"有钱出钱、有力出力"。此时，留在家里的儿子通常负责照料，在外地工作或打工的儿子则提供一些金钱上的支持。

尽管儿子是照料的主体，但这并不意味着女儿完全不参与老人的照料。她们会经常带着各种礼物看望老人，也会给他们打扫房间、拆洗衣服和被褥。我在田野调查中发现，不少妇女回娘家时都会为父母带上几瓶防治心脑血管病的常用药。与此同时，她们看望父母时也会带上糕点、熟食、成箱的牛奶和方便面。许多老年村民都看到了女儿的孝顺，这让家里只有儿子、没有女儿的老年妇女非常羡慕。我在鲁西南开展的一项田野调查同样发现，不少老年妇女认为，养女儿比养儿子好，"谁家儿子多，老头儿老婆儿就受罪；谁家女儿多，老头儿老婆儿就享福"（郇建立，2007）。如果说慢性病人照料限制了配偶的社会交往，那么它给子女带来的影响远不止这些。随后我们就会看到子女在尽力照料父母时遭遇的种种压力。

前面的两种情况表明，如果慢性病人是中老年人，那么提供照料的通常是配偶和子女。与上述情况相对，如果生病的是孩子，那么提供照料的就是父母或（和）祖父母。当然，这种情况不如前两种情况普遍，这里我举两个例子。第一个例子是父母长期照顾残疾的儿子。秦岗生于20世纪60年代中后期，在四个兄弟中排行老三，出生没多久就患上了脑膜炎，结果落了个腿脚残疾。不仅如此，他的双手也严重畸形，左手三个手指，右手四个手指。由于身体残疾，他没有办法下地干活儿，也没有办法做家务，他唯一能做的就是在村边放羊。2008年春天，他在村边放羊时告诉我，他患有慢性气管炎，每年秋天都会犯病，那时他会喘得厉害。在农村，这样的人当然不容易找到媳妇。三个兄弟陆陆续续成家单过,他却留在了家里。他的父亲秦大爷告诉我:"只要我们不死,我们就一直带着他过!"

第二个例子是外公外婆照料患有严重癫痫的外孙。王军出生于 1981 年,四五岁时患上了脑膜炎,曾在父亲所在的部队看病。当时部队药品短缺,他未能得到有效治疗。从部队回老家后,他总是闲不住,一会儿动这,一会儿动那。随后,王军经常"发晕风",去了许多医院都没治好。因为王军患有癫痫,父母想再要一个孩子,结果母亲 1995 年生妹妹时死于产后大出血。没过几年,父亲也因病去世。因为父亲在部队工作,王军的母亲常年住在娘家,而且婆媳关系极不融洽。在一次婆媳冲突后,王军的奶奶问儿子:"你要媳妇,还是要娘。""要媳妇。"王军的父亲回答说。从那以后,王军的父母和爷爷奶奶的关系一直很僵,甚至父亲死后爷爷奶奶也不让其进祖坟。正是因为上述矛盾,王军父母双亡后,爷爷奶奶说什么也不管他,外公外婆只好承担起照料他的重担。在田野调查期间,我曾三次去拜访王军的外公外婆——华大爷和华大娘。我们聊天时,华大娘时而欢声笑语,时而悲痛万分。"要是没有这孩子,你说,俺有啥事儿?"擦了擦眼角的泪水,华大娘接着说,"俺不管谁管?总不能把他扔了吧?"在聊天过程中,华大娘重复最多的一句话就是"你说,这有啥法儿?"对于即将步入高龄的两位老人来说,王军显然给他们带来了沉重的心理负担和经济负担。这表明,残疾的孩子不仅是父母"永恒的负担"(Paun,1975,2006),有时也会成为其他直系亲属(如爷爷奶奶和外公外婆)的沉重负担。

在沙村,还有一类照料主体,即兄弟姐妹。我在绪论部分曾指出,沙村曾经是一个"穷村"。村庄贫穷的直接后果就是男性光棍儿多——因为邻村的女性不愿意嫁到这里。[1] 这些昔日的青年如

---

[1] 我的调查资料显示,2010 年 7 月,沙村的光棍儿有 50 余人,占全部人口的比例约为 2.5%。

今已经或正在步入老年,而他们的父母或已去世,或已进入耄耋之年。在这种情况下,他们生病后只能由兄弟姐妹照料。前面提到的锐歌、项大爷和闫大爷均属于这种情况。锐歌由堂哥照料,闫大爷由弟弟照料,而项大爷则由其姐姐和堂弟照料。如果同代的兄弟姐妹已经去世,或者因病或年老体衰而无法给单身的慢性病人提供照料,那么照料的责任将会转移给他们的子女。不管是过去还是现在,沙村都有不少侄子照料叔伯的例子。

另外,在其他几类照料主体缺位的情况下,邻里也会向慢性病人提供一些临时或长期的帮助和照料,包括去集镇药店买药、去村卫生室请医生、时常问寒问暖。鉴于许多邻里都是同族或远亲,这里的邻里照料同上述兄弟姐妹之间的照料互有重合。不少照料者既是病人的直系或旁系亲属,也是守望相助的邻居。

在讨论慢性病人的家庭照料时,有必要指出,村委会和乡政府也会根据国家政策向村里的"五保"和低保人员提供一定的正式照料,但这种照料主要是微薄的经济支持,即每月向"五保"和低保人员分别发放50元和12元的补助;相关政府部门有时也会在节日来临之际去村里看望一些生活困难的慢性病人。除此之外,制度性的正式照料少之又少。总体而言,家庭是慢性病人照料的主体,配偶、子女、父母、兄弟姐妹承担了绝大部分的照料工作。在家庭成员向慢性病人提供照料时,有些工作是家庭成员为/替病人做的,有些工作则是他们共同完成的(Corbin & Strauss,1985)。在下一章,我们将会看到慢性病人和家庭在应对慢性病方面做出的种种努力。

考虑到慢性病人大多数是老年人,而且大多数老年人也患有慢性病,在这里,我姑且借助一项全国性调查的数据来反观农村慢性病人的照料资源。中国老龄科学研究中心于2006年实施的一项全国性调查表明,家庭成员仍然是中国老年人的主要照料者(见表5-1)。在农村,老年人以儿子为主要照料者的比例超过了2/3(68.1%),以配偶为主要照料者的比例超过半数(53.1%),

选择女儿作为主要照料者的比例超过40%。随着农村中青年人口大规模外出打工，农村地区隔代户的比例越来越多，超过1/5（20.4%）的农村老人选择（外）孙子女作为主要照料者。另外，只有不到3%的农村老年人选择村委会/乡政府和养老机构作为主要照料者（王莉莉，2009：225）。

表5-1 中国老年人主要照料者的基本情况

单位：%

	全国	城镇	农村
配偶	52.8	51.8	53.1
儿子	63.3	47.8	68.1
儿媳	53.0	40.3	56.9
女儿	42.8	46.6	41.6
女婿	22.4	23.1	22.2
（外）孙子女	18.3	11.0	20.4
其他亲属	4.6	2.6	5.2
朋友/邻里	3.5	3.1	3.6
志愿者	0.6	0.4	0.7
村委会/乡政府	2.3	2.4	2.3
养老机构	0.8	2.0	0.4
保姆/小时工	3.3	11.7	0.7

资料来源：中国老龄科学研究中心2006年"中国城乡老年人口状况追踪调查"（王莉莉，2009：225）。

这意味着，不管是在沙村还是在全国的其他农村，家庭成员都是慢性病人照料的主要提供者；家庭照料模式依然占据主导地位。然而，随着人口老龄化日益严重、老年慢性病日益流行，以及社会流动和社会竞争日益加剧，在社会保障缺乏的农村，家庭照料显然无法满足越来越多老年人的照料需求。事实上，慢性病是一个社会性问题，仅靠家庭成员的照料不足以解决这个问题，除非我们像英美发达国家那样以立法的形式保障家庭照料者的权益和生活质量，并向他们提供经济援助、社区照料和心理服务等帮助。研究表明，面对老年人强烈的照料需求，在照料资源和照料能力有限的情况下，成年子女不仅承受着由照料带来的家庭经济紧张、人际交往淡化、社会参与降低、健康状况下降等客观负担，还面临着更为严重的疲惫、压力、烦恼等主观负担（袁小波，2009）。

三 成年子女的照料负担

鉴于大多数村民都认为慢性病对下一代的影响最大，我将以成年子女这类照料主体为例，进一步考察照料者的生存处境和照料负担。照料病人是护士人员的本职工作。然而，随着慢性病的高发和流行，照料病人的主要责任逐渐从护士转向了家庭。那么，这种转向给家庭成员带来了哪些影响？

在回答这个问题之前，我们首先应该明确医院照料和家庭照料的本质区别。在医院，护士是照料病人的主体，她们不仅有专业的护理知识，而且工作环境相对简单。换言之，她们只是根据工作计划按部就班地照料病床上的病人，通常不会关注病人的日常生活和社会生活，也不会关注病人的经济状况。然而，在家中，家庭成员要在更广阔的背景下照料慢性病人，他们不仅要照料慢性病人的生活，还要过好自己的生活，包括养家糊口、教育子女、赡养老人，以及进行必要的社会交往。目前，许多家庭成员都无法处理照料病人与耕种田地或外出打工之间的关系，也没有办法像以前那样自由行动。慢性病人照料不仅影响了成年子女的社会生活，还使家庭收入减少，并给他们带来了巨大的经济压力和心理压力。

（一）轮班照料：李奶奶的故事

李奶奶出生于1916年，在2010年去世之前，她曾经是沙村两个年纪最大的人之一。在步入老年之后，她的身体一直不错，至少走路没问题。2005年，也就是在她90岁那年，她打盹时摔了一跤，把胯部摔伤了。从那以后，她一直不能站立。不过，她的心肺功能很好，以至于有位医生给她检查身体时当众指出："你们满屋子人都没有她身体好，你们这个有高血压，那个有脑血栓，她啥病也没有。"李奶奶良好的身体状况在某种程度上归功于家人的精心照料。她儿孙满堂，家里总是有喝不完的牛奶，吃不完的糕点。"她受了半辈子罪，享了半辈子福。"一位邻居评论说。

李奶奶生有四子两女，三子夭折，丈夫早逝，长子也在20世纪90年代中期病逝。她在摔伤胯部之前，一直跟着单身的老四（李四叔）生活，也基本上由他一人照料。那时李奶奶还能走路，李四叔可以把她放在家里，然后自己去放羊或去地里干活儿；摔伤之后，李奶奶的生活完全需要他人照料，这时李四叔已经没有办法像先前那样独自照料老人。况且，李四叔也即将步入老年，其身体状况也大不如从前，他患有高血压，几年前还得过脑血栓。更重要的是，李奶奶不愿意整天躺在炕上，而李四叔又抱不动她，无法独自把她从炕上挪到椅子上或地面上休息。2006年冬天，李四叔去厕所倒尿时，李奶奶一不小心从炕上掉下来，还摔伤了额头。这个事件直接促使家人进一步讨论如何更好地照料老太太，讨论的结果是轮班照料。

鉴于李四叔还要像以前那样常年守着老人，他不用值班；李二伯年事已高，也不用值班。这样，轮班照料老太太的任务就落在了五个孙子和嫁到邻村的两个女儿身上。为此，他们认真安排了白班和夜班的值班人员，五个孙子以及两个女儿每周分别要值一个白班，五个孙子除了值白班外，还要轮流值夜班。实际的值班情况更为复杂。李奶奶的大儿媳妇患有高血压和心脏病，也必须有人照料。事实上，她长期跟着单身的儿子李河一起生活，也基本上由他照料，所以老大家的另外两个儿子要替李河值班。李二伯的两个儿子因为要外出打工，所以一般是儿媳妇值白班，李二伯代替两个儿子值夜班。

尽管有周密的轮班安排，但我看望李奶奶时见到最多的还是李四叔——他依然是最主要的照料者。毕竟，他俩生活在一起，而其他人只有值班时才过去。况且，所谓的轮班也不是严格的规章制度，不会详细规定值班人几点到、几点离开。因此，值班人农忙时可以去地里干活儿，家里有事时可以晚来，也可以早走。显然，这种值班没有形式上的要求，唯一目的就是防止李奶奶出现磕碰、摔伤等意外情况。

2007年春天，我第一次开展田野调查时，李奶奶总是扶着特制的小凳子在院子里挪动，有时也用双手撑着身子挪动，甚至能跨过半尺高的台阶。这足见她的体力不错。我跟李四叔聊天时，李奶奶不停地"啊啊"作声，不停地摆弄旧包袱、脏化肥袋、破塑料纸——她想用旧包袱把脏化肥袋、破塑料纸包起来。李四叔解释说："你不能嫌老人脏，她也不是故意的，咱小时候也很脏。"在吸取了李奶奶上次从炕上摔下来的教训之后，家人一直让李奶奶睡在地上。起初，李四叔觉得这样不好，怕被人看见了说他不孝顺。李二伯安慰说："她睡在地上比较安全，总比从炕上摔下来要好吧。"

当然，李奶奶得了这种"拉秧子病"，李四叔也烦，但没有办法。我们聊天时，他经常说"没法儿""这有啥法儿"。他已经照料老人数十年，对照料老人的难处深有体会。"管一个老人还不如管一个小孩儿呢！小孩儿不听话你可以打他，老人你不能打也不能骂。""要不是自己的老人，一月给我1000块钱，我也不干这活儿。"自从摔伤之后，家里从来没有离开过人，因为大家都怕她磕着、碰着。尽管如此，李奶奶还嘟囔说"没人管她"。李四叔评论说："没人管，她能活到现在？"

的确，李奶奶越来越糊涂了。她从来不知道饥饿，有时她会莫名其妙地说："亲戚都来了，你们也不做饭。"即使是经常去的人，她也认不清楚，甚至问她的儿子"你是谁"。有一段时间，她总是嚷嚷着要回娘家,而她娘家早就没人了。为了应付李奶奶,家人编了各种理由。他们通常告诉她"现在正忙,借不到回家的马车"——先前,李奶奶总是坐着马车回娘家;李奶奶的视力很弱,有时他们也会说"外边正在下雨"。她要是不信,别人就在她额头洒上几滴水。

2008年秋天,我目睹了李奶奶要回娘家的场面。她挪到街门口要出去,李四叔把她拖到院子里,随后,她又几次挪到街门口,嘴里不停地说"让我回去"。每当李四叔把她拖到院子里时,她就极力反抗,抓住李四叔的手又拧又掐。有一次,她的鞋掉在了地上,李四叔捡起来让她穿上,她就用鞋底子打李四叔。没办法,李四叔只好关住街门不让她出去。

更让家人叫苦的是,她经常整晚吵闹,而白天又呼呼大睡。她不睡觉时,别人也无法休息,因为她总是要坐起来,如果别人试图把她按下,她就拧人、咬人。有一次,家人想让她吃一片安眠药,她说什么也不吃。在这种情况下,他们只好接受李奶奶错乱的"生物钟"。李二伯告诉我,晚上通常有三四个人守着老太太,这样大家能轮流休息一会儿。2010年夏天,李四叔坐在街门口回忆说,李奶奶在世时,他夜里从来没有睡好过,"现在能睡到天明了,以前半晚上也睡不了","人多也不行,咱常在这里睡,人家替换着来"。

李奶奶的症状属于典型的老年痴呆症。她不认识自己的孩子,穿衣、吃饭、大小便完全不能自理,而且听不到、看不见、说不清。在田野调查期间,许多人都说过,"人活成这样还有啥意思"。这直接引发我去思考生命的意义:人活着究竟为了什么?如果不是为了穿衣吃饭,那又是为了什么?从村民的评论中,我们大致可以看出,人活着的价值在于对他人有所贡献,至少不应该成为他人的负担。但是,就老人来说,她可能并不想死,她只想活着,她活着的目的就是活着。面对同龄人以及年轻者的纷纷离去,李奶奶也发过感慨:"人家都死,咱也不死!"

当然，我们并不清楚李奶奶究竟如何看待自己的生命价值。但是，我们看到了老年慢性病人照料给家庭成员的经济活动、日常生活和精神状况带来的消极影响。李二伯之所以代替两个儿子照料李奶奶，是因为儿子们要外出打工。在中国市场化的大背景下，家庭的生活压力迫使他们外出打工。李二伯的次子李辉有三个孩子，2008年时，孩子们都在读书，两个读大学，一个读高中。如果不外出打工，他怎么能够支付孩子的教育费用？如果李二伯不能替他值班，那他就得自己值班。可以想象，如果那样，他的经济压力会有多大。在李奶奶的案例中，我们还提到了她的孙子李河的照料压力。李河曾长期在外地打工，因为要照料母亲，他已经不能外出，只能隔三岔五地在村里的"盖房班"干活儿，以便挣些零花钱。在沙村，仅靠种几亩地已经没有办法负担子女的教育费用和结婚费用，以及老人的医药费。更糟的是，照料老人会使成年子女放弃许多挣钱机会。

在李奶奶的照料故事中，我们初步看到了老年慢性病人照料问题的复杂性。概括地说，在中国农村，慢性病人照料不仅涉及照料主体的多元性，还涉及照料负担的沉重性，更涉及由此带来的养老与孝道问题。接下来，我会用姚大爷和姚大娘的案例再次考察上述问题。

（二）姚大爷和姚大娘的照料故事

2008年春天，在我开展第三次田野调查时，姚大爷和姚大娘都因患脑血栓而卧床不起，完全离不开家人的照料。自2004年患上脑血栓以后，姚大爷的身体活动能力远远不如从前。几个月前，他不小心把被子弄湿了，想抱到院子里晾干，不料穿过里屋门口时摔了一跤；站起来后，他继续抱着被子往前走，结果出屋门时又被门槛绊倒，摔断了胯骨。姚大娘的脑血栓在2007年又犯了，虽然经过抢救脱离了生命危险，但她已经无法独立活动了，连门槛也迈不过去，甚至没有办法站起来。因此，她要去外面活动一下或者去厕所时，必须有人搀扶。当时，他们夫妻二人一个睡在里屋，一个睡在外屋。为此，四个儿子——大富、二强、三秀和四旺——轮班照料老两口，每人一天。谁值班谁就住在那里，负责老人的一日三餐和日常照料。在外地工作的二强有时也请假回家照料父母。他不在家时，四旺就替他值班——因为四旺这几年一直免费种着他的田地。这样，四旺每隔一天就要值一天班。

一天下午，四旺媳妇向我诉说了这种值班方式给她家带来的影响。每人值班一天，唯独四旺无法出去挣钱，其他人都可以挣些钱。她的独生子正在私立小学读书，每年学费1200元。因为学习成绩不是很好，她想让儿子上私立初中，如果那样，孩子的教育费用每年至少需要4000元。年前，她家的棉花卖了10000余元，现在只剩下6000元了。其中，姚大爷去年生病时花了8200元，她家分担了2000元。"如果常年这样花钱，谁都受不了。"她想出去打工，又怕四旺一个人在家顶不下来——因为他总是感到头晕。最后，她感叹："唉，也不知道（这种生活）啥时候是个头儿！"

时间过得飞快，四季中最忙的秋天又到了，而姚大爷和姚大娘的身体状况却没有改善。在第四次田野调查的第二天，我就去看望了姚大爷和姚大娘。我进屋时，他们还没吃好饭。姚大爷躺在床上，姚大娘靠在沙发上。四旺一边吃饭一边照料两个老人，一会儿给姚大娘端水，一会儿给姚大爷喂奶，过了一会儿又帮助姚大娘服药。把姚大爷、姚大娘照料好后，四旺就去地里拾棉花了。临走前，他把尿壶和尿盆分别放在姚大爷和姚大娘旁边，还特意告诉姚大娘不要乱动，免得碰着、摔着。四旺坚定地说："反正我得去地里拾花，还得往前过。家里有了老人，就不过了吗？"在他看来，如果不去地里干活儿，棉花的收成就会减少，收入也会随之减少；没有钱，就不能给老人看病，就不能让他们吃好，当然也不能支付自己儿子的学习费用。事实上，其他人值班时也要去地里干活儿。

当然，轮到值班时，他必须照料好老人之后再去地里，也必须提前回来给老人做饭。也就是说，照料老人是第一位的，去地里干活儿是第二位的。如果四旺不把照料老人放在第一位，他早就出去挣钱了。就在几天前，他的一个老伙计还邀请他一起买卖棉花，他说他去不了。那个伙计继续说："一天能挣三四百块。"他无奈地说："别说几百块，一天挣一万块我也出不去！"以前，姚大爷和姚大娘病得轻时，他可以与人合伙去做买卖棉花的生意，而他媳妇可以照看老人。如今两位老人都失去了生活自理能力，只能由他亲自照料：一方面，由于体力方面的原因，他媳妇确实照料不过来；另一方面，在传统观念的影响下，儿媳妇也不便伺候公公。

在姚大爷和姚大娘的案例中，我们看到了慢性病人照料给成年子女带来的影响，尤其是他们感受到的经济压力。与老年照料者不同，中年照料者"上有老、下有小"，他们既要照料生病的老人，又要过好自己的"小日子"。然而，在全面受到市场化冲击的农村，这两个目标的实现都离不开金钱的支持。而问题恰恰在于，他们在照料老年慢性病人时，不仅会丧失外出打工带来的收入，还会因为棉花减产丧失本应获得的土地收入。与此同时，他们要支付高昂的医药费和子女的学费。四旺的问题不是一个特殊问题，任何一个中年照料者都必须同时面对照料病人和教育子女的双重压力。

慢性病人照料不是一个月、两个月的问题，它可能是一场持续数月、数年甚至数十年的拉锯战。这种"无尽的照料"（Corbin & Strauss，1988）极大影响了照料者的日常生活和农业生产，也限制了他们外出打工。许多中年照料者都感到力不从心，面临着前所未有的生存压力。慢性病人面临的问题也是家庭成员的问题，"她或他的命运实际上也是他们的命运"（Strauss et al.，1984：18）。当然，慢性病的影响并不止这些，从更大范围来说，它还带来了家庭关系的变化，进一步突出了农村的养老问题。

四　家庭关系的多重变化

如同前面已经指出的，在中国农村，家庭成员依然是慢性病人的照料主体。既然如此，我们不免要问，慢性病人的照料对家庭关系有何影响？换言之，慢性病人照料对夫妻关系、父子关系、婆媳关系和兄弟姐妹之间的关系有何影响？在研究家庭关系的变动时，许多研究者都指出，改革开放以来，家庭关系的轴心已经由父子关系转变为夫妻关系。在此过程中，他们都注意到女性地位的上升和老人权威的失落（郭于华，2001；阎云翔，2006；贺雪峰，2008）。尽管家庭关系的变化涉及"妇女解放运动"、"市场化的经济改革"和"地方性知识的失落"等深层原因，但在这里，我试图通过慢性病及与其紧密相连的慢性病人照料来考察家庭关系的多重变化。

首先，慢性病会使家庭成员的角色和地位发生变化，从而调整既有的家庭关系。在丈夫患上慢性病以后，妻子不得不下地种田，从事一些原本属于男性的体力劳动；而丈夫因为身体状况的原因不得不留在家里做饭。我把这种角色分工的反转分别称为"男性的女性化"和"女性的男性化"。

2007年5月2日，在这个劳动者本该休息的日子，秦大娘又去地里干活儿了。她家种了五六亩棉花，当时正是修理棉花的农忙季节。因为秦大爷不能去地里，所以她要挑起田间劳动的重担。临走之前，她告诉秦大爷别忘了把蒸好的馒头放到锅里。秦大爷说："咱以前根本没有做过饭，哪里知道这个。"在这里，秦大爷和秦大娘的社会角色发生了戏剧性的变化。按照"男耕女织"的文化传统，秦大爷本应该去地里干活儿，但由于脑血栓后遗症，他只能在家做饭；秦大娘本应在家做饭，但她又不得不去地里干活儿。当然，如果秦大娘把田地分给几个儿子，那么她就不用去地里了。但是她不愿意这样做，因为一旦把地分给儿子种，她家的收入就会减少。用她的话说:"自己种怎么也比让人家种的收入高些;如果把地给了儿子,再向人家要钱花,那就不容易了。"秦大娘的话代表了许多村民的心声,大多数中老年慢性病人不到"万不得已"的地步,绝不会把自己的土地交给儿子种。他们宁可苦些、累些,也要保证自己的家庭收入。

因为秦大爷的脑血栓后遗症不太严重,所以他可以在家做饭,妻子也可以去地里干活儿。可是,如果慢性病人完全丧失生活自理能力,且配偶没有能力独立照料,那么又会出现什么情况呢?此时,照料的部分或全部任务就会落在子女身上。

在育大爷没有完全丧失生活自理能力之前,育大娘一直负责照料他。留在家里的老二帮助老两口干一些重活儿,包括挑水、买面、买菜、到县城买药。在第一次田野工作期间,育大爷就告诉我:"现在还指望着老二呢。"育大爷家有四个儿子、三个女儿,子女都已成家。在四个儿子当中,只有老二在家种地、养猪,其他三个儿子都在外地:老大在邢台的一家煤矿上班,老三和媳妇在天津打工,老四全家在北京做铝合金配件生意。因为有老二在家,所以其他三个兄弟才可以安心在外地工作、打工或做生意。当然,大家也都看到了老二给家里做出的贡献。最近几年,老四挣了一些钱,于是就帮助老二翻盖了家里的旧房。

然而,在 2000 年之前,哥儿几个都没有把老二当一回事:一是因为老二总是"赌钱",二是育大爷那时还没生病。时隔 10 年,不管是育大爷家还是整个社会都发生了巨大变化。老二娶了媳妇之后走上了正路,育大爷的身体越来越差了。随着社会流动的加剧,老三、老四也纷纷去外地打工或做生意。即便在 2009 年秋天育大爷的身体状况迅速恶化时,兄弟四个也没有轮流值班照顾老人,他们采取了"有人出钱,有人出力"的分工方式。可以预料,老二是照料育大爷的主力,可是他也有生存压力:他既要种地,又要照料老人。在他一个人忙不过来时,老四就让在北京打工的二姐回家帮助二哥照料父亲,他给二姐"开工资"。

这件事很快成为新闻,在村里迅速传开。在育大爷的案例中,我们看到了慢性病对家庭关系的影响,尤其是它提升了照料者的家庭地位。

慢性病不仅会通过家庭成员角色和地位的变化改变家庭关系,还会因家庭成员之间的照料矛盾而重建家庭关系。在四个儿子轮流照料姚大爷和姚大娘的案例中,四旺媳妇对每人一天的值班安排表现出强烈的不满,她希望按照每人五天或十天轮流值班,这样二强回家时可以连续值几天班,四旺也可以腾出时间去倒卖棉花或在村里的"盖房班"干活儿。但是,大富和三秀不同意这种安排。大富说:"我们几个也不能总是迁就二强一个人。"三秀也说:"如果每人值班五天,那地还种不种了?"大富媳妇几年前死于脑血栓,儿子常年在外打工,女儿在家帮他洗衣做饭或照料老人;三秀媳妇是乡中学教师,很少下地干活儿。所以,大富和三秀都是各自家庭的主要劳动力,他们觉得每人值班一天最合理,因为这样不会对他们的日常生活造成严重影响:在不该自己值班时,大富和三秀可以去村里的"盖房班"或地里干活儿。另外,先前姚大爷住院时,他们就实行每人一天的轮班制度。四旺媳妇告诉我:"那时需要整天熬夜,他姑姑说,大家都熬着谁也顶不住,干脆你们几个每人熬一天吧。出院后,这个规矩也没变。"当四个儿子在轮班时间上发生争执时,姚大爷没有发表意见。或许他不该发表意见,或许他的意见不起作用。一位邻居评论说:"他能说啥?谁会听他的呢?"

在慢性病人照料过程中,照料者之间会有矛盾,照料者和被照料者之间更容易发生矛盾。父母觉得子女照料老人是应该的,因为他们辛辛苦苦把孩子们拉扯大,年老生病了理应得到子女的照料。姚大爷常说:"俺那时吃多大苦,受多大累!"我跟他开玩笑说:"现在四旺也很累,你看,他种了10多亩棉花,还得照顾你俩。"他反驳说:"这不一路。"的确,姚大爷这一辈子吃过许多苦,受过许多累。他爹在抗日战争期间被日本人抓去,因受到惊吓，回来后经常"发晕风"，没法干活儿。这样，养家糊口的重担就落在了姚大爷身上。后来，他含辛茹苦把四个儿子养大成人，并为他们盖房娶妻。有几年时间，他家经常烧砖窑，他的胳膊就是那时烫伤的。姚大爷几乎一生都在操劳，他对过去的苦难难以忘怀。因为他为子女付出了很多，所以他才会说："我老了，不能动弹了，他们照顾我是应该的。"

尽管子女承认应该照顾父母，但是他们也觉得姚大爷不体谅他们的困难。四旺告诉我，姚大爷"一点儿也不为别人着想"。而姚大爷认为，就他的四个儿子来说，谁家的日子过得都不错。大富的大儿子在南方打工，是个领班，一个月能挣几千元，也不着急结婚；二强在煤矿工作，收入就不用说了；三秀家只有一个女儿，没有花钱的地方，而且三秀媳妇是中学教师，一个月能挣将近2000元；四旺的孩子还小，暂时也不怎么需要花钱。也就是说，姚大爷认为，孩子们不仅完全有经济能力照料他和老伴儿，也应该把主要精力放在他俩身上。

在最繁忙的秋季，每当孩子们因为在地里拾棉花不能准时让他们吃饭时，姚大爷就会埋怨他们，希望儿子们整天守着，不去地里干活儿。而子女认为，如果不去地里干活儿，家庭收入就会减少，就无法更好地孝顺父母。四旺举例说，有一次，姚大爷说要喝熬菜①，他连着做了三天熬菜。第一天熬了粉皮菜，姚大爷说想喝肉菜；第二天他买了10块钱的猪肉继续熬菜，姚大爷嫌猪肉肥，不愿意喝；第三天他买了10块钱的纯瘦肉接着熬菜，这次姚大爷总算满意了。还有一次，四旺给姚大爷和姚大娘做了牛肉炖茄子，姚大爷吃得有滋有味。四旺说："你得让我出去干活儿，不然家里没钱你就吃不好，谁都不可能借钱给你买吃的。"四旺告诉我："就按咱的条件来说，他俩吃得不赖，23块钱一箱的牛奶没断过。这奶在城市是一般，在农村算是好的。"

---

① 熬菜是冀南一带流行的一种饭菜，类似于东北地区的炖菜。

慢性病人照料不仅会引发父子之间的矛盾，而且会导致或激化婆媳之间的矛盾。许多研究者都注意到这一代老年妇女的困境。郭于华（2001）在考察农村代际关系的变化时就曾提到一个70岁的老太太年轻时如何辛苦地伺候三辈子婆婆，而几十年后，当媳妇"熬成婆"时，没想到婆婆已经失去了昔日的地位。在第四次田野调查时，姚大娘告诉我，她从来没有跟婆婆吵过架，也没有让老人哭过，而自己的儿媳妇经常数落她，惹她哭。姚大娘操劳了一辈子，不愿意总是坐着或躺着，而每当她摇摇晃晃地走动时，包括四旺媳妇在内的家人就会告诫她不要乱动，因为她曾经为此摔伤过额头。她还觉得，儿媳妇根本不理解她的心情，也不怎么跟她说话，远远不如自己照顾婆婆时周到。

　　四旺媳妇认为"这时跟那时不一样"。"那时，媳妇在家纺花织布，很少去地里干活儿；现在，妇女都去地里干活儿，还愿意让男的出去挣钱。"在这种情况下，这代人不可能像那代人那样伺候老人。她随后举例说，家里种了10多亩棉花，"该管他俩时，俺俩得替换着往家里跑，地里的棉花根本拾不完"。"今天早晨，我五点就起来了，咱做好饭，再喂饱他俩、收拾好，去地里时都八点了。"四旺媳妇还告诉我，姚大娘很糊涂，总是骂她。有一次，姚大娘当着二强媳妇和侄女的面骂她，说亲戚送来的方便面都让她偷吃了。对此，四旺媳妇也很生气："俺根本没有吃她的东西，俺都40岁了，她守着别人骂俺，也不想想俺能不能受得了。"

　　四旺媳妇得出这样一个结论：谁照料老人越多，谁的缺点就越多。同其他的几个妯娌相比，她伺候老人的时间最长，所以遭受的埋怨也最多。大富媳妇在姚大娘得病之前就因病去世；二强媳妇在邯郸，不常回家；三秀媳妇在娘家所在的乡中学教书，也很少回家。据四旺媳妇说，三秀媳妇很会说话。有一次，她告诉姚大娘："我做点儿好吃的就想着你，就是给你送不过来。"姚大娘说："你给我两句好话，三天不让我吃饭我也高兴。"四旺媳妇反驳说:"不让她吃能行吗?"

在姚大爷和姚大娘的案例中,我们既看到了兄弟之间、父子之间以及婆媳之间在照料问题上的矛盾,也看到了照料者对被照料者的不满,而这种矛盾和不满总体上源于物质资源的匮乏。尽管慢性病人照料引发了家庭矛盾,调整和改变了既有的家庭关系,但我们不能忽视,照料者也试图做好照料工作。慢性病人生命的维持在很大程度上源于家庭成员的悉心照料。罗伯特·安德森在研究中风病人及其家庭的经历时指出,家庭成员可能对病人感到生气和怨恨,但这不一定导致弃之不顾(Anderson,1992:11)。在沙村,许多病人都是带病生活(甚至卧床不起)10多年之后才去世的;如果离开了家人的照料,慢性病很快就会变成"急性病",并夺去病人的生命。

五 病人照料与乡村孝道

本章在描绘农村慢性病人照料格局的基础上,以姚大爷和姚大娘的照料为例,详细考察了病人照料对成年子女和家庭关系的影响。考虑到大多数慢性病人都是老年人,在这里,我将从慢性病人照料的视角进一步讨论当前农村研究中两个相互关联的问题:养老与孝道。

在探讨农村养老危机的根源时,不少学者都明确提到了"孝道的衰落"。例如,阎云翔(2006)在《私人生活的变革:一个中国村庄里的爱情、家庭与亲密关系》一书中专门讨论了老人赡养问题。在"老人赡养与孝道的衰落"一章中,他不仅描述了下岬村老人的生活状况和居住安排,还比较了不同年龄村民的养老观念,讨论了父母一代的防老措施,并在此基础上重点分析了养老危机的根源。在这章中,他把"孝道的衰落"视为农村养老危机的根本原因,并坚持认为,"因为孝道与传统的养老机制从(20世纪)50年代到90年代一直受到批判,所以才有了今天的养老危机"（阎云翔，2006：208）。他在讨论"孝道的衰落"时指出，集体化运动冲击了孝道的社会文化基础，而市场化改革进程中引进的新价值观——自我中心主义——最终埋葬了孝道。

在阎云翔的笔下，新中国成立后，走出祖荫的个人并没有获得"独立、自立、自主的个性"，而是成为"极端自我中心的无功德的个人"。可以理解，没有功德的人很容易成为"不肖子孙"。换言之，如果成年子女都没有功德和良心，那么孝道的衰落也就在所难免了。然而，问题恰恰在于，是不是很多子女都没有功德和良心，以至于连父母都不孝顺呢？如果不孝子女的比例很低（比如说小于5%），这是否还意味着孝道的衰落呢？

坦白地说，我承认，农村的老人赡养存在严重问题，但这并不是孝道问题所致。诚如顾骏（2009）所言，单靠孝道不足以解决中国农村的养老问题，因而国家有责任从制度和政策层面妥善解决老人的赡养问题。随着农村人口老龄化的加速、家庭规模的缩小、社会流动的加剧以及医疗费用的攀升，许多子女都没有精力和财力照料年迈生病的父母。这就要求国家在设计养老制度时一定要考虑如何为照料者提供相应的社会支持（陈树强，2002）。

裴晓梅（2003：53）在讨论家庭和国家的养老作用时指出，尽管传统的家庭养老对于今天的中国老人来说仍然很重要，但是国家提供的养老项目在促进满足老年人的生活需求方面正在扮演日益重要的角色。她的实证研究表明，生活保障和医疗保障是中国老年人最为关心的两个问题，而对这两个问题的解决，"国家所起的作用显然比家庭所起的作用更为重要"。

沙村的实地研究表明，绝大多数子女都在尽力照料生病的老人。但是，他们这样做也面临着自己难以超越的生活条件的局限和难以改变的社会环境的制约，而这种局限和制约加剧了他们的生存压力，加重了他们的照料负担。

为什么子女在极为困难的情况下还要长期照料生病的父母？

熊跃根（1998）在探讨成年子女对照顾老人的看法时指出，"孝"是子女照料老人的一种主要原动力。也就是说，子女照料父母的一个根本原因就是报答父母的养育之恩，就是践行孝道。如果失去了子女的照料，可以想象，那些卧床不起的慢性病人很快就会离开人世。如果那样，中国农村的慢性病流行也不会如此严重！事实上，成年子女的悉心照料是我国慢性病人数不断增加的一个重要原因。

在沙村，绝大多数村民之所以践行孝道，重要原因在于，传统的孝文化和老人权威依然在发挥作用。改革开放以来，尽管老人权威有所下降，但他们依然拥有村庄舆论的控制权，并在"婚丧嫁娶仪式""邻里纠纷调解"等领域扮演着至关重要的角色。一旦有儿子不孝顺老人，家族中辈分比较高的老人就会站出来说话，一方面对不肖子孙进行批评教育，另一方面对其施加舆论压力。那些不肖子孙至少要承担两方面的后果。

其一，其父母去世时，他们会受到主要由老年人组成的红白理事会的惩罚和教育。沙村还实行土葬，这意味着在"奔丧""报庙""守灵""入殓""出殡""下葬"等环节，村民都离不开众多邻里的帮助。如果死者的儿子不孝顺，那么邻里就会在"报庙"等环节对其采取严厉的惩罚措施，比如把"哭丧棒"截得很短，"报庙"时走得很慢。

其二，不孝顺带来的恶名可能会使其下一代沦为光棍儿。在自由恋爱还没有盛行的沙村，儿子的成家离不开邻里的"说媒"。如果儿媳妇不讲理、对公婆不好，那么邻居可能不愿意为其儿子"提亲"。当然，大多数姑娘也不愿意嫁到她家。这种可怕的后果也提醒下一代尤其是儿媳妇要孝顺老人。

另外，那些即将步入老年的村民也极力推行孝道。姚大爷的堂弟姚忠就是一个代表人物。他坚定地说，"做子女的一定要孝敬老人，老人生病后要采取治疗措施，不能让老人等死"，因为"晚辈照料老人是天经地义的"。在田野调查期间，我多次听到中老年村民赞扬某个村民孝顺父母。应该说，在这种强大的舆论压力下，子女通常都会尽力照料老人。

六　中国农村的孝道践行

讨论农村孝道问题离不开宏观数据的支撑。从全国范围来看，中国农村孝道的践行情况如何？自市场化改革尤其是20世纪90年代以来，孝道是否正在或者已经衰落？如果把孝道理解为子女善待父母的态度和行为，那么在讨论孝道问题时，我们不仅要看子女的态度和行为，还要看父母的评价和感受。鉴于前文以姚大爷和姚大娘的照料为案例考察了子女的孝行，在这里，我将借用全国性的抽样调查数据简要回答老年村民如何看待子女的孝行，以说明乡土中国的孝道践行情况。

中国老龄科学研究中心在1992年、2000年、2006年、2010年进行的四次全国性的抽样调查[①]均表明，无论是在城市还是在农村，大多数老年人对其子女的评价都相当高，说明老年人和成年子女之间存在较为和谐的代际关系。

北京大学陈功（2009：49）的统计数据表明，1992年，农村老年人评价子女"孝敬"的占83.88%，超过老年人总数的4/5，只有3.80%的老年人评价子女"不孝敬"；2000年，农村老年人评价子女孝顺的占73.35%，接近整个老年人总数的3/4，只有1.84%的老年人评价子女"不孝顺"；2006年，农村老年人评价子女孝顺的占68.70%，超过整个老年人总数的2/3，评价子女"不孝顺"的比例很低，有2.93%（见表5-2）。

[①] 这四次调查分别是1992年的"中国老年人供养体系调查"、2000年的"中国城乡老年人口状况一次性抽样调查"、2006年的"中国城乡老年人口状况追踪调查"和2010年的"第三次中国城乡老年人口状况追踪调查"。

表 5-2 老年人评价子女是否孝顺的变动情况

单位：个，%

		案例数			百分比		
		城市	农村	合计	城市	农村	总体
1992 年	孝敬	8236	8330	16566	85.42	83.88	84.64
	说不好	1136	1224	2360	11.78	12.33	12.06
	不孝敬	270	377	647	2.80	3.80	3.31
	合计	9642	9931	19573	100.00	100.00	100.00
2000 年	很孝顺	1531	1225	2756	19.55	14.58	16.98
	孝顺	4642	4939	9581	59.28	58.77	59.01
	一般	1568	2085	3653	20.02	24.81	22.50
	不孝顺	90	155	245	1.15	1.84	1.51
	合计	7831	8404	16235	100.00	100.00	100.00
2006 年	很孝顺	3783	2314	6097	38.70	24.20	31.60
	孝顺	3904	4243	8147	40.00	44.50	42.20
	一般	1887	2707	4594	19.30	28.40	23.80
	不孝顺	195	280	475	2.00	2.93	2.46
	合计	9769	9544	19313	100.00	100.00	100.00

资料来源：陈功，2009：277~278。

中国人民大学杜鹏教授及其学生在对比了 2000 年和 2010 年中国城乡老年人口状况调查数据后指出，从 2000 年到 2010 年，评价子女孝顺的农村老年人比例在不断提高（上升了 2.0 个百分点），评价子女不孝顺的比例变化不大（下降了 0.3 个百分点）。如果把从 2000 年活到 2010 年的老年人当作一个队列，那么，随着年龄的增加，同一队列的老年人对子女孝顺的评价越来越好，并没有出现"孝道衰落"的迹象。这项研究还发现，成年子女的孝行和老年人的健康状况是影响孝顺评价的最主要因素（杜鹏、曲嘉瑶，2013）。

上述实证研究表明，在当前社会变迁的现实背景下，评价子女"不孝敬"或"不孝顺"的农村老年人比例一直都比较低，从未超过 4%。事实上，在阎云翔调查的下岬村，1998 年时，虐待老人的户数所占比例也没有超过3%。[1] 这是否意味着,"孝道的衰落"是关注社会问题的学者的"社会建构"?当过分强调"孝道的衰落"时,我们就会忽视绝大多数子女在尽力照料老人的事实,也会忽视农村养老问题的制度根源。

从表5-2的数据我们还可以看出,农村老年人评价子女不孝的比例略高于城市。对此,陈功(2009:410)做了两点解释:其一,农村比较贫困,许多老年人还没有彻底解决最基本的"养"的问题;其二,在人口流动和"银色浪潮"的冲击下,农村老人的养老问题显得更为突出。这也提醒我们,中国农村的养老危机本质上是由社会转型引发的社会保障问题,而非孝道问题。进一步说,"孝(道)是一个价值理念,涉及文化和道德伦理;养老是一个现实问题,既涉及道德伦理,也涉及政策和立法……两者的关系不是手段和目的的关系,不能把孝看成解决养老问题的一个手段或工具"(李晶,2009:152)。

在中国农村,尽管传统孝道受到了很大冲击,但这并不一定意味着"孝道的衰落"。从"久病床前无孝子"这句俗语中我们可以看出,孝道即便在古代也是一个问题。如今,"久病"已经从"偶然"转变为"经常"。如果配套的医疗社会保障没有跟上,那么养老和孝道问题便会逐渐凸显。同时,沙村慢性病人照料的现实也表明,尽管面临重重困难,尽管有照料矛盾,绝大多数子女还是在尽力照料老人。慢性病在中国农村的流行与第二章提到的"未富先老"有关,与家庭成员的悉心照料有关,更与慢性病人的自身努力密不可分。在下一章,我们将会看到慢性病人在适应和管理慢性病方面做出的种种努力。

---

[1] 根据阎云翔(2006:25、189)的统计,1998年,下岬村共有381户,其中,在11户人家里老人受到了不好的待遇。也就是说,这11户人家给老人的食物、衣着和住房没有达到一定的标准(不过,阎云翔并没有给出具体的标准)。据此得知,下岬村虐待老人的户数占总户数的比例为2.89%。阎云翔(2006:191~192)自己也承认,"在90年代末,严重的虐待老人事件在下岬(村)并不普遍",而且"在每个虐待老人的事件背后,总有一段家庭内部争端的历史"。

第六章　沙村慢性病人的生存策略

在前面两章中，我们看到了慢性病对病人及其家庭的影响，也看到了社会结构因素如何加剧了慢性病的破坏性后果。然而，这只是事情的一个方面。诚如罗伯特·安德森和迈克尔·伯里所指出的那样，病人和家庭都是富有远见的行动者（knowledgeable agents），而不是被动地接受外部环境的影响（Anderson & Bury, 1988: 3）。在日常生活中，慢性病人会采取各种策略去适应慢性病，他们不仅要活着，而且要尽可能正常地活着（Strauss et al., 1984; Corbin & Strauss, 1987）。因此，慢性病的社会学研究不仅要关注病人和家庭面临的问题，还要关注他们的生存策略。在本章中，农村慢性病人的生存策略涉及疾病进程的方方面面，从患病初期的积极治疗，到稍后的疾病认识、病痛应对和症状控制，再到患病后期的后事处理。

在考察农村慢性病人的生存策略时，我首先想到的是欧文·戈夫曼（2007）的"印象管理理论"。然而，仔细想来，这种理论并不十分适合中国农村的实际情况。中国农村是熟人社会，通常"公域"和"私域"的界限不是很清楚，也没有明显的"后台"和"前台"之分。从某种意义上说，慢性病人是"赤裸裸地"生活在"众目睽睽"之下的，他们没有机会也没有意义去"表演"和"伪装"。面对严重的症状和明显的残疾，他们无法"隐瞒"病情，甚至也没有办法"打掩护"（戈夫曼，2009）。

戈夫曼所说的"印象管理"固然重要，然而，在这里，慢性病人需要竭力面对的更多是无法逃避的生活现实：他们必须在身体受限的情况下尽量过上正常的生活，必须在物质资源有限的情况下寻求治疗方法和进行康复训练，必须在不识字的情况下了解相关的医疗知识，必须学会面对病痛，必须采取行之有效的措施去控制症状，甚至不得不事先考虑后事。总之，他们必须"在夹缝中求生存"。

一 双管齐下：药物治疗与康复训练

慢性病人首要的生存策略就是积极争取治疗，努力做好康复训练。在患病初期，绝大多数病人都会在家人、亲戚或邻里的陪同下去相应的医院进行检查和/或治疗。如果家庭条件稍好，那么他们一般会先去市级医院进行检查，确诊后再回县医院治疗；如果经济状况一般，那么他们直接去县医院进行检查，然后拿着处方或药品回家治疗。医院治疗只能使病人摆脱生命危险，但不可能使他们完全康复。这意味着，病人出院后仍需继续进行康复治疗，其中既包括相应的药物治疗，也包括大量的康复训练。在这一过程中，他们通常会尝试各种治疗手段，每次都希望会有奇迹出现，每次却又不免失望。在经历了数次希望和失望之后，许多病人都感受到了"技术阈限"（Strauss et al., 1984: 47）: 医疗技术无法解决问题，"没有人能帮助我"。

（一）药物治疗

项大爷的心脏病是2007年夏天浇地时发现的，当时他总是出汗。王医生检查之后初步诊断为心脏病。随后，他在堂弟项林和几位亲戚的带领下直接去县医院看病，检查结果是心肌梗死，医生建议动手术。项大爷是个单身汉，根本无法承受巨额的手术费。他在医院住了九天就回家了，"当时是抬着出院的"，甚至主治医生也觉得他活不了多长时间。在住院期间，项林主动向医生说明了项大爷的家庭情况，希望不用自费药，尽量用些"花钱少、能治病"的常规药;同时,他告诉陪床的那些亲戚要自理生活费。即便在这种情况下,项大爷这次住院还是花了2000多元①。尽管2000多元的医药费实际上并不算高,但这对项大爷来说是一个沉重的负担。毕竟,项大爷是一位"传统"农民,从未外出打工。他仅种了两亩地,养了几只羊,再加上每月15元的低保费,这就是他所有的收入来源。

项大爷告诉我,心脏病的手术费至少要几万块,他根本没有这么多钱,他连一万块也没有,"即使花七八千块,咱也看不起"。他想过借钱看病,但又担心看不好,白白花钱;如果那样,他的处境会更糟。他也想过通过民政局的医疗救助去解决问题,但是这个想法更难实现:一是他没有相应的社会关系,二是民政部门的救助能力很弱。即便如此,他仍然没有放弃治疗。从县医院回家后,他继续在村里治疗。他首先想到了离家较近的文氏诊所,但文医生不敢给他看病,因为诊所没有相应的仪器,文医生不敢乱用药。此外,文医生觉得自己医术有限,担心把病人耽误了,也怕因此损坏自己的名声。为此,项大爷只好去村东新来的李医生那里看病。他堂弟也特意向李医生交代了项大爷的处境和难处,希望他不要推辞:"你看也得看,不看也得看,出了事不怪你!"在这种情况下,李医生只好接受。在随后的一段时间里,项大爷经常迈着虚弱的步伐去李医生那里看病;病情恶化时,他让邻居帮他请医生。病情稳定后,他不再从李医生那里拿药——为了节省药费,他让邻居帮他在集镇的药铺里买药,那里的药品稍微便宜些。

2008年春天,项大爷的身体极度虚弱,无法继续放羊,更没有体力种地。于是,他变卖了几只小羊,还把耕地以每亩430元的价格租给了邻居。那段时间,他经常独自在家躺着,偶尔也去大

---

① 2009年秋天,项林告诉我,根据县"新农合"政策的有关规定,项大爷的药费报销了900元。

门口坐一会儿。我去看望他时,他大部分时间都侧身躺着,说话时声音微弱,充满了忧虑,他觉得自己"大难临头","恐怕不行了,到灭亡时候了"。这里,他用"国家灭亡"来指代"个体死亡"。每当身体难受时,他就把速效救心丸含在嘴里。在随后的半年中,他曾经去邻村诊所拿草药,也曾使用邻居为他提供的一个偏方①。由于坚持治疗、注意调养,项大爷的病情有了明显好转。2008年秋天,我再次见到他时,他又能放羊了,而且还经常去邻居家玩牌。在稍后的几年里,项大爷已经习惯了带病生存;同时,他住上了村委会为"五保户"翻盖的新房。

在项大爷的案例中,我们看到了一个心脏病人如何在极为困难的情况下积极寻求治疗。尽管他无法在县医院治疗,无法得到相应的医疗救助,也无法在离家较近的文氏诊所看病,但他依然没有放弃治疗的希望。在患病初期,许多病人都像项大爷那样想方设法地争取治疗。在前文中,我提到沙村有不少村民在北京做生意,而且已经"发家致富"。当这些人回家探亲时,如果年迈的父母感觉身体状况不好,则他们会不失时机地要求子女带着他们去城市里的大医院看病或检查。

育大爷最初感觉身体不适时,曾先后在附近几个村庄看病,又是吃药,又是输液,又是针灸。由于治疗效果不理想,他让次子带着他去县医院看病,医生诊断是脑血栓。他在医院住了四天,出院时拿了三天的药,服药后依然感觉不好。随后,他让回家探亲的四子开车送他去邢台市人民医院检查身体,医生诊断还是脑血栓。这次,他没住院,拿了一些药就回家了,由于治疗效果不错,在随后的几年中,他始终用着那次的药方。有时,子女为了

---

① 我听一位气喘病人说,项大爷的身体康复受益于偏方,他曾经去地里刨茅根。我几次问询问项大爷的治疗经历,他都没有说到偏方的使用。后来,在说到项大爷病情好转时,杨半仙告诉我,他给项大爷弄了个偏方,就是让他服用艾草、茅根和藕头熬制而成的药水。不少慢性病人,尤其是经济状况欠佳和久治不愈的病人,都曾寄希望于"偏方治大病"。此时,"偏方"既是无奈的选择,也是无望的希望。

表达孝心,也主动带着父母去市里看病。客观地说,这种相对及时的治疗避免了慢性病人的病情突然恶化。

(二)康复训练

当然,在进行药物治疗的同时,慢性病人也会在医生的指导和家人的帮助下进行大量的康复训练。许多人都明白康复训练的重要性,甚至认为慢性病的康复"一半靠治疗,一半靠锻炼"。在田野调查期间,我看到了一幕幕病人进行康复训练的场景。我看见锐歌不停地活动自己的左手和左腿——他一会儿握拳,一会儿张开,有时还费力地抬抬胳膊、弯弯腰;我看见育大爷一次次扶着箩筐从南院走到北院,然后又返回南院;我看见闫大爷在昏暗的小屋里扶着炕沿和板凳蹒跚行走,还看见他拄着拐杖沿着院墙走来走去。许多慢性病人都长年累月地进行着类似的锻炼,从这个意义上说,这"一幕幕场景"已经构成了病人日常生活的有机组成部分。

在病人进行康复训练的初期,家庭扮演着至关重要的角色。许多病人都需要在家人的搀扶下进行康复训练。如果病人有足够的照料者,那么他的康复训练就会有时间保证。而且,季节也是影响病人康复效果的重要因素。繁忙的秋季会减少病人进行康复训练的时间,寒冷的冬季会妨碍病人外出活动。

2008年秋天,四旺描述了姚大娘2006年初患脑血栓时的康复训练情况:"她是夏天得的病,衣服穿得少,活动方便,(所以)没过多久就恢复过来了。最初是两人搀着她走,后来是一个人,再往后是她自己拄着拐棍慢慢地走。"应该说,正是有了照料者和时间方面的双重保证,姚大娘的康复训练才取得了不错的效果,以至她在2007年春天时可以走着串门,也可以从南院慢悠悠地走到北院,然后歇一会儿再走回去。在康复训练中,不管是病人还是家庭成员都特别重视穿衣、吃饭、行走等基本生活自理能力的训练,这是因为病人只有提高了生活自理能力,才不会成为家人的负担。

应该指出，与药物治疗一样，康复训练也只能在某种程度上缓解慢性病。随着时间的推移，康复训练的效果可能会日益减弱，身体状况的丝毫改善都极为困难。就脑血管病而言，最初的三个月是康复训练的关键期，如果病人的身体状况在三个月内还没有得到有效改善，那么以后也不会有大的改善。不少病人和医生都认为，"一旦超过一百天，再锻炼也就没有用了"。这表明，康复训练有自身的局限性。许多病人即便经历了长期的药物治疗和康复训练，也依然面临着身心分离的困境：他的想法无法支配自己的身体。他觉得自己能做任何事情，但身体就是不听使唤。他想自己穿衣服，但无法抬起胳膊；他想系扣子，但无法摆动手指；他想系鞋带，但无法弯腰；他想走路，但无法迈开腿脚。鉴于慢性病的长期性和不可治愈性，许多病人都不得不接受"病痛人生"，不得不在日常生活中学着认识、应对和管理慢性病。

二 多措并举：慢性病的认识途径

认识慢性病是指病人要熟悉慢性病的相关知识，包括慢性病的成因、不同治疗手段的效果、疾病症状的变化规律、治疗方案的执行和管理。从理论上说，病人只有认识了慢性病，才能更好地应对和管理慢性病。为此，他们会通过各种途径——咨询医生、询问病友、观看电视——去打听和了解医疗知识和治疗信息，以至不少病人"久病成医"。

（一）咨询仪式

如前所述，病人生病后会积极争取治疗。在最初的治疗中，病人从医生那里获得了对疾病的基本认识。在随后的岁月中，他们会不断地寻求治疗，并向不同的医生讲述病痛，咨询相关信息。正是通过一次又一次的咨询仪式，病人才逐渐了解了所患疾病的病因、症状、生活禁忌,以及各种治疗手段的效果。

锐歌2006年秋天患上脑血栓后曾在各级医疗机构治疗。从北京回家后,他先后去县医院和乡医院看病,或因为治疗费用高昂,或因为治疗效果不理想,他最终选择了在村级卫生机构接受治疗。在最初患病的三年间,他先后在四个乡村医生那里接受治疗。刚回村不久,他就听说张村有位医生擅长治疗脑血栓,因为他行动不便,也因为张村离沙村较远,他只好租车去那里看病,又是针灸,又是电疗。因为治疗效果不佳,且成本较高,他去了10余次之后就放弃了。2007年春天,他在文医生那里看病,一边吃西药,一边输液。最初,他感觉治疗效果不错,后来进步缓慢。正当锐歌一筹莫展时,2007年秋天李医生的到来又给了他新的希望,于是他去那里进行针灸和中药治疗。经过半年多的中医康复治疗,锐歌的身体状况有所好转。自2009年春天李医生离开沙村后,他一直在毕业不久的时医生那里看病(拿药)。在患病初期,锐歌尝试了多种治疗方法,也从不同医生那里了解了有关脑血栓的各种医疗知识。2010年酷夏的一个夜晚,锐歌不仅对几个村医的"手艺"进行了评价,还向我讲述了脑血栓的病因、症状和防治,俨然像一位医生。

(二) 病人群体

病人群体是慢性病人获取治疗信息的途径之一。研究表明,病友互助组织有助于改善病人的健康状况,预防出现慢性病带来的难题(Katz,1981)。在沙村,尽管没有正式的病友互助组织,但存在许多类似的群体。许多患病的老年男性或女性经常三五成群地聚在一起,或对骨牌,或打麻将,或玩纸牌,或闲聊,他们构成了"一个更加广泛、更加松散的网络"(亚当、赫尔兹里奇,2005:101)。

在秦大爷家,每天上午都有中老年慢性病人去那里对骨牌;在邢大娘家,每天下午都有老年妇女去玩纸牌;在锐歌家,每天上午、下午和晚上都会有村民去打麻将、玩纸牌,其中大多数是慢性病人。在胡同口或街门口,许多慢性病人坐在那里聊天。恰恰是在这些非正式的活动中,慢性病人彼此交流和分享各种信息,包括各自的所见所闻、身体状况、用药情况和效果,以及慢性病的病因、应对和管理。例如,许多慢性病人都会说,脑血栓主要是由高血脂引起的,脑出血是由高血压引起的,而高血压又源于生活水平的提高。

当然,同病相怜的人有时会有更多的交往。辛大爷得心脏病后经常拜访他的病友杨闽,在诉说自己病痛的同时,他也询问杨闽的病情和用药情况。恰恰是在这样的交流中,辛大爷熟悉了心脏病的不同类型、危害程度和注意事项。闫大爷患脑血栓后恢复较好,不少病友都前来询问他是如何恢复到这种程度的,吃哪些药,平常怎么锻炼。患有气喘的瑞大娘和郭大娘有时也会聚在一起交流患病感受和病痛管理。闵大娘在县医院治疗脑血栓时得知,平常无须输液预防脑血栓。我在调查中发现,这个观点在许多脑血栓病人中流传,已经成为抵制村医"预防说"("输液可以有效预防脑血栓")的一个重要依据。

(三) 大众媒体

随着电视传媒的普及,各种医疗广告已经成了慢性病人获取医疗知识的重要途径。我在几次田野调查期间发现,广宗县及周边地方电视台播放着大量医疗广告,涉及脑血栓、糖尿病、关节炎、癌症等多种慢性病。许多医疗广告都对疾病的病因、危害和药品的治疗机理进行了详细介绍,并请本地的病人现身说法。在地方电视台上,一个又一个病人诉说着同样的事情:这个药真好,它治好了我多年不愈的疾病,使我过上了幸福的生活。这些医疗广告尽管有赤裸裸的商业目的,也存在不少欺骗行为,但在客观上促进了慢性病知识的传播,向不识字或识字不多的农民普及了相关的疾病知识。

当然，如果条件允许，有文化的慢性病人也会借助图书资料获取相关信息。君悦高中毕业后曾去南方当兵，后来又在杭州、深圳等地打工。2004年，他在深圳一家化工厂打工时被查出患有糖尿病：他的尿常规有三个加号，厂方建议复查。于是，他到大医院进行更为准确的血糖检查。几天后，他去医院取化验结果时，医生对他进行了严厉的警告："小伙子，你不想活了！"在空腹的情况下，君悦的血糖值是13.6mmol/L，远远高出了正常范围（3.9~6.1mmol/L）。这个结果对他是一个致命打击，他不仅失去了收入来源，还要花钱治病。随后，他去书店查找了许多相关信息，包括糖尿病的起源、预防和治疗。2010年夏天，我询问他的患病经历时，他不仅诉说了糖尿病对他身心的影响，还详细讲述了糖尿病的起因（暴饮暴食、遗传和基因缺陷）和糖尿病防治的"五驾马车"（拒绝暴饮暴食，坚持用药，进行适当的锻炼，定期检查，注意心理调节）。他的讲解通俗易懂、生动形象，让我记忆深刻。

正是通过咨询仪式、病人群体和大众传媒，慢性病人逐渐认识了疾病和病痛。他们不仅熟悉了某类慢性病的成因和治疗措施，还会根据治疗效果调整用药方案，进而更好地控制症状。"病人不仅熟悉药物的直接效果，还十分熟悉长期服用药物的医学后果。跟医生一样，病人也会从医学的角度权衡治疗的成本与收益。"（Bury，1991：458）

田野资料表明，一旦病人变成内行病人，他非但拒绝治疗，甚至不接受医生的诊断结果。在这里，我仅举一个例子。李大娘在县医院看气喘时，医生说她患有糖尿病，给她开了一堆药。回家后，李大娘把这些药全扔了，说："俺不是那病，喝那干嘛！俺也不（多）喝水，也不（多）尿，体重也没减轻，怎么会是糖尿病呢？"言外之意，她并没有出现糖尿病"三多一少"的症状，因而不可能是糖尿病人。

三 正常化：慢性病的应对方式

认识慢性病是为了更好地应对和管理慢性病。在考察慢性病的管理之前，我们首先要看病人如何应对慢性病。所谓应对，是指病人在观念层面把慢性病融入自己的人生进程和生活背景，它涉及个体在观念上如何处理慢性病与认同之间的关系。许多学者都把"正常化"（normalization）视为一种基本的应对形式。戴维·凯莱赫（David Kelleher）在研究糖尿病患者的适应情况时指出，"正常化"首先是指从心理上排除慢性病的冲击，以便尽量减少它对个人认同的影响；另一方面，"正常化"意味着把病痛或治疗方案视为"正常的"，从而把它更加充分地融入个人认同和公众自我（Kelleher, 1988）。

在田野调查过程中，我也发现了类似于凯莱赫所指出的两种"正常化"策略：一类人总体上"藐视"慢性病，他们"我行我素"，没有把自己当成病人，更没有因患有慢性病而改变自己的生活方式；另一类人则认真对待慢性病，他们完全遵从医嘱，按时吃药，并为此改变了自己的生活方式。不管是"藐视"病痛，还是"重视"病痛，慢性病人都获得了相应的个人认同和自我价值，从而维持了生命的价值和意义。

（一）"藐视"：慢性病应对的一种方式

我在前文中曾提到患有高血压和慢性气管炎的高大爷。虽然他经常吃降压药，但从来没有治疗过他的哮喘。他认为，"这是长期积累而成的毛病，花上千八百（块）也不一定看好"。他之所以没有看病，一是因为他清楚地认识到慢性病的不可治愈性，二是因为他家的经济条件不是很好，没有"闲钱"看病。既然"看不好"，又何必白白花钱？当然，更重要的是，他觉得这病不会带来生命危险——毕竟，他已经有30余年的哮喘经历，完全熟悉了这病的症状和危害。尽管高大爷患有严重的哮喘病，还经常咳嗽，但他依然不停地抽水烟，一下午就能抽一盒①。尽管高大爷对哮喘病"置之不理"，但他极为重视高血压。高大爷之所以经常吃降压药，是因为他很清楚，高血压会导致脑出血，而后者的危害人尽皆知。即便如此，他也没有完全按时吃药，更没有"总是想着吃药"；他通常一天吃两次降压药，有时也会隔几天不吃。这些年来，高大爷不仅坚持种地，农闲时还去县城和市里打工——要么烧锅炉，要么看门。总体而言，高大爷比较乐观，他从来没有把病放在心上，"该干啥就干啥"，更没有因此改变自己的生活方式。

面对疾病，不少男性村民都采取了类似高大爷的应对方式。2008年春天的一个下午，一位老年村民绘声绘色地给我讲述了他对待高血压的方式。年前，他觉得身体不舒服，几乎都要晕倒，他让邻居量了量血压，结果是高压220毫米汞柱。于是，他去卫生室看病。村医见他病情比较严重，让他输液。他说："马上就要过年，拿几包药算了。"随后，医生给他开了六包药，还告诉他不要抽烟，也不要吃肥肉。他满口答应，回家后却"照样抽烟，照样吃肥肉"。而且他也没有听从医生的意见，把六包药喝完——他只喝了三包。这位老年村民的身体状况一直不是很好，他年轻时患过脑膜炎，并因此落下了严重的残疾，村民暗地里称他"王拐子"。他之所以没有把高血压"当回事儿"，也许是因为他早已适应了残疾后的生活，同高血压相比，残疾带来的生活不便显然更多些；还可能是因为，他是个单身汉，身边没有人叮嘱他吃药；况且，他无法外出打工，只能凑合着种几亩地，经济状况很差。所以，症状稍微减轻些，他就不再吃药了。

不过，许多村民都认识到，精神状态是影响身体健康的重要因素。高大爷就认为："一个人生病以后，如果精神状态不好，那

---

① 在沙村，抽烟是大多数男性村民的习惯，他们在聊天时总是相互递烟（或"水烟"或"烟卷"）；在"婚丧嫁娶"等重要场合，事主也要向客人和亲戚准备足够的香烟。通过抽烟，高大爷维持着自己的"男性认同"和"常人身份"。

就完了。"他举例说，每个人都告诉某个人："这几天你的精神不好。"结果，没过多久，这个人真病倒了，最后连饭也不能吃。后来，人们又换了一种说法，见到他的人都说："这些天你的精神不错。"不久，他的病慢慢地又好了。

村民姚忠也认识到精神状态的作用，并用自己的亲身经历加以说明："我19岁时得过一次大病，医生说是肝癌，不能抽烟，不能吃肉，更不能喝酒。我先后去了七家医院都没看好。后来，我干脆就不治了，心里也想开了，于是又抽烟，又吃肉，又喝酒。结果，没过多长时间，我的病反而好了。"他总结说："85%的癌症病人都是被吓死的。"在姚忠的案例中，我们再次看到了医学的局限性，也看到了精神状态的重要性。

（二）"重视"：慢性病应对的另一种方式

在我接触到的慢性病人中，有些村民以"我行我素"的方式应对疾病，而另一些村民则完全接受了病痛和治疗方案，并因此改变了自己的生活方式。

曹大娘1990年时得过一场大病。她描述说，每当太阳升起时，她就喘，有时浑身发冷。她去邢台的医院检查过，但没有检查出什么毛病。回家后，她去邻村看病，一边让医生推拿，一边吃汤药。过了一段时间，她的病就好了。从那以后，她很少去地里干活儿。2008年秋天的一个上午，我去她家串门时，她正准备吃药。方桌上摆放着六瓶药，她已经把要吃的药片放在了手里，有治脑血栓的，有治心脏病的，还有治高血压的。我数了数她手里的药片，总共13片（含六个胶囊）。她告诉我，她吃药已经20年了，"每顿都要吃药，一天三次"。曹大爷评论说："她把病看得很重，每天吃药，一日三次，从不忘记。"

事实上，许多女性村民都像曹大娘那样，听从医生的建议，按时吃药，注意休息。即便去串亲戚时，她们也会随身带着自己的药品。由此可见，她们主要通过"适应"而非"对抗"的方式来管理疾病。在认知层面，疾病和治疗方案是她们关注的首要问题，因而是不可改变的；而先前的社会生活和原来的社会关系尽管重要，但相对而言是次要的、可以改变的。

当然，并非只有女性把疾病看得很重要，少数男性也是如此。在男性脑血管病人中，秦大爷"最计较"。如同大多数女性一样，他也认真对待疾病。秦大爷自从 2004 年患上脑血栓后一直没有去过地里干活儿，也很少出远门。即便在农忙季节，他也不去地里，最多在家做个"现成饭"。这几年，他一直吃着降压药，"降压片吃少了血压就高，吃多了血压就低，药量不太好控制"。所以，他经常量血压，也不断琢磨着如何合理用药。不仅如此，他还在家人的建议下调整了自己的饮食结构——他开始重新吃一些粗粮。秦大爷的儿子评价说，"他十分胆小，怕自己的脑血栓严重了，怕犯了，总之一句话，就是怕死"，"胆小有胆小的好处，胆小不会出意外"。

在考察慢性病对家庭关系的影响时，我提出了"男性的女性化"这个概念。因为一些男性村民患了慢性病，所以他们才可以"理所当然"地不去地里干活儿。客观地说，大多数病人确实因为身体状况的原因无法去地里干活儿，但是也有少数病人以生病为借口不去地里。实际上，他们在享受戈夫曼（2009：13）所说的疾病带来的"间接受益"（second gains）。闵大爷就是如此，他自从 2008 年秋天得了糖尿病之后就不去地里干活儿了，而他的同龄人甚至比他大 10 多岁的人，还要去地里。虽说闵大爷对自己的糖尿病不是特别计较，例如，别人吃西瓜时，他也跟着吃两块，但总体上他把自己当作一个病人，并希望享受病人的权利。事实上，闵大爷在得病之前也不是很勤快。按照村民的说法，他不愿意干活儿；他自己也承认，"咱干活儿不行"。此外，沙村闵氏家族的男性寿命都不是很长，刚刚年过六旬的闵大爷是家族中年纪第二大的人。这也是他非常重视身体的重要原因。在他看来，即便从改变家族男性短命的印象出发，他也应该重视自己的健康状况。

前面的一些案例表明，村民生病后会采取不同的方式来应对慢性病。至于采取何种应对方式——是"我行我素"还是"认真对待",这不仅取决于症状本身的严重性,还取决于病人的性别和经济状况。如果症状比较严重,那么病人通常会认真对待疾病。女性比男性更倾向于认真对待疾病。家庭状况较好的人通常更加认真对待疾病,而那些经济状况较差的男性则倾向于采取"我行我素"的方式对待疾病。从这个意义上说,"我行我素"这种应对方式是贫困男性的"无奈的选择"。当然,家庭成员的态度和期待也是影响慢性病应对的重要因素。那些"认真对待"疾病的慢性病人通常要得到家庭成员的支持,因为这种应对方式需要一定的社会资源,比如是否有钱长期吃药,是否有人承担病人先前的社会角色(如子女或配偶是否愿意承担更多的田间劳动)。

虽然我把"我行我素"和"认真对待"视为慢性病人应对疾病的两种方式,但有必要指出,慢性病人的应对方式并非一成不变,而是一个持续的动态进程。如果病情突然恶化,换言之,如果症状严重妨碍了病人的日常活动,或者直接威胁了他们的生命,或者再次给家庭带来了沉重的治疗负担,那么先前"我行我素"型的慢性病人在这种情况下也不得不"认真对待"疾病,包括注意休息、调整饮食、严格执行治疗方案等。就"认真对待"型的慢性病人而言,当症状趋于消失时,或症状对身体、生活和劳动的影响微不足道时,当家人认为他们已经康复时,他们也会"藐视"慢性病,从而把自己视为"健康的人"。总之,慢性病人会根据病情的变化和他人的反应不断调整他们的应对方式。

四 随机应变:慢性病的策略管理

在认识和应对慢性病的过程中,病人要进行大量的管理工作。慢性病管理的核心目标是控制或减轻症状,而这一目标的实现离不开医疗机构的治疗,更离不开病人自身的努力。毕竟,慢性病人大部分时间都生活在医疗机构之外,他们需要凭借自己的判断、智慧和技巧去控制症状（Strauss et al., 1984：49）。犹如一个水手要熟悉大海的范围以及船只的适应情况，慢性病人也要逐渐了解自身的病痛和身体反应（Corbin & Strauss, 1988：33）。

因为慢性病不可治愈，且反复发作，所以病人要想有效管理慢性病，就必须熟悉症状及其后果，根据病情的变化策略性地管理慢性病。如果病人不了解症状的出现和持续时间，不熟悉症状对其身体运动、工作能力、日常生活和社会关系的影响，那么他就无法采取适当的措施去控制症状。事实上，如同前面已经指出的那样，慢性病人都会通过各种途径来认识病情和症状。

在慢性病的管理进程中，认识慢性病只是其中的一个环节。更重要的是，慢性病人还要根据症状和病情的变化对慢性病进行策略管理。阿兰·拉德利在研究心脏病人的患病经历时指出，"慢性病的适应"，或者更准确地说，慢性病的策略管理，是"一套相关的实践"，它要求病人能够解决身体存在和社会生活的双重要求，而不是仅仅适应症状或社会期待（Radley, 1989：248）。在各种资源有限的情况下，他们能实现上述目标吗？如果能，又是如何实现的？随后，我们将会看到慢性病人在执行治疗方案、摸索用药效果、重建日常生活等方面做出的各种努力。

（一）执行治疗方案

在执行治疗方案时，病人需要了解药品的适应症状、用法用量、不良反应和注意事项。如果服用药物较少，那么病人可以凭借记忆轻而易举地实现这个目标；如果他们服用的药物很多，且不识字，那么他们又该如何执行医生的治疗方案？在这里，我首先以孙大娘的"红线策略"来说明这个问题。

2008年春天，孙大娘服用的药物多达九种[①]，有治疗心脑血管

[①] 其中，用于治疗心脑血管病的药物有五种（利血平、尼莫地平、曲克芦丁、非诺贝特片和阿司匹林肠溶片），治疗糖尿病的药物有两种（盐酸二甲双胍片和D860），治疗肩周炎的药物也有两种（安络痛片和双氯芬酸钠肠溶片）。

病的，还有治疗糖尿病和肩周炎的。这些药品的用法和用量也有所不同，有的需要饭前吃，有的需要饭后吃，有的需要吃一片，有的需要吃两片或三片。孙大娘不识字，她能记住复杂的用药方案吗？孙大娘告诉我，她每天要吃很多药，刚开始时根本记不住每样要吃几片，于是，她就在每个药瓶上拴了红线，拴一根红线代表吃一片，拴两根红线代表吃两片，以此类推。与此同时，为了避免药品的不良反应和药性的相互抵消，她一般早饭前服用治疗糖尿病的两种药，早饭后服用治疗脑血栓后遗症的四种药，中午服用治疗肩周炎的两种药，晚上再次服用治疗脑血栓后遗症的药，还要加上早晨没有服用的阿司匹林肠溶片。"阿司匹林肠溶片吃多了刺激胃，老是做噩梦"，所以孙大娘每天只服用一次。尽管医生明确告诉她，治疗糖尿病的药每天吃两次，治疗脑血栓的药每天吃三次，但是为了"省事儿"，也为了节省药费，孙大娘做了变通：每样药都少吃了一次，即她每天分别服用一次和两次治疗糖尿病和脑血栓后遗症的药物。

2010年酷夏，在我开展第五次田野调查时，孙大娘的身体状况有所好转。她的糖尿病逐渐减轻，用试纸几乎检测不出来，所以她停用了降血糖的药；她的肩周炎也消失了，因而她不再吃消炎药。但是，她仍像先前那样服用降压药和治疗脑血栓后遗症的药物。直到此时，她仍然不知道每瓶药的名称，但她已经清楚地记住了它们各自的用法用量。① 她指着利血平的药瓶说："按理说这药应该喝四片，但最初喝时在瓶口上拴了三根红线，所以一直喝三片。"

从孙大娘的案例中我们可以看出，病人具有很强的变通能力，

---

① 我在田野调查中发现，不少中老年慢性病人都是带着药瓶去药店买药，他们记不住药瓶的名称，更记不住制药厂（公司）的名称。同一药品有不同的生产商，其价格和剂量也有较大差别。例如，2007年春天，石药集团生产的复方利血平每瓶2元，而常州制药厂生产的则是每瓶3.5元；卡托普利也是降压药，但其价格是前者的几倍（8.5元/瓶）。

他们并不会完全遵守医生的用药方案。事实上，如果当前的治疗方案不是特别有效，或者病人认为还有更好的治疗方案，如更有效、更便宜，那么他们就会像前面提到的锐歌那样，不断地寻求其他的治疗方案。显然，病人不是被动的治疗对象，或者被动地承担"病人角色"；相反，他们是行动者，会根据治疗方案的效果，以及自己的时间、精力和财力，及时调整治疗方案。

安塞姆·施特劳斯指出，一个人是否执行特定的治疗方案取决于三种因素：（1）治疗方案是否复杂；（2）治疗方案是否以及在多大程度上能控制疾病和症状；（3）治疗方案是否以及在多大程度上影响了病人的生活方式（Strauss，1975：27）。此外，症状的严重性以及对医生的信任程度也是影响病人执行特定治疗方案的重要因素。如果不遵守治疗方案会有生命危险，或者会使病情恶化，那么无论治疗方案多么复杂，病人都会遵守；如果病人相信医生能治好他的病，或者使病情减轻，那么他就会遵守治疗方案。

随着时间的推移，病人逐渐了解自己的病情和症状，这时他们可能会根据自己的判断和智慧对医生的治疗方案进行变通。如同孙大娘一样，许多病人都患有多种慢性病，这意味着他们必须同时执行两种、三种或更多的治疗方案，而每种治疗方案的执行都需要时间、精力和金钱。在资源有限的情况下，他们通常会执行自己认为重要的治疗方案，忽视其他治疗方案。

（二）摸索用药效果

慢性病的进程是复杂多变的，即便医生能够"对症下药"，病人也不会觉得"药到病除"。在目前的情况下，药物只能缓解病痛，尚无法治愈疾病。即便是病痛的缓解，也离不开病人的智慧。由于病人的个体差异，医生无法确切地知道药物是否能有效控制症状，更无法预料药物的不良反应给病人带来的诸多不便。事实上，慢性病人在执行治疗方案的同时，也在不断摸索用药效果，并且绝大多数慢性病人都能在长期的实践中摸索出一套适合自己的用药方案。

2010年酷夏，闫芹向我细致地描述了她的用药经历。那天上午，我去她家时，她正准备吃药，饭桌上的碗筷还没来得及收拾。她患有高血压、脑血栓后遗症和糖尿病，而且大腿经常抽筋，脑子反应慢，所以服用的药物很多，有降血压的卡托普利和阿替洛尔，有舒筋活血的脉通，有降血糖的格列苯脲片，还有降血脂的藻酸双酯钠片，以及强筋壮骨的钙片和益智的健脑丸。

闫芹告诉我，她以前吃的降压药就有四种，后来逐渐减掉了尼莫地平和硝苯地平。她也想减掉阿替洛尔，但试了一次后发现血压又升高，所以她只好每次再吃半片。"是药三分毒，要尽量少吃，"她接着说，"你自己得掌握尺度，医生不可能总守着病人。"然后，她又给我讲述了服用降血糖药物的经历。她以前吃二甲双胍时不能正常吃饭，"因为这药刺激胃，饭后容易干哕（恶心）"。后来，她试用了格列奇特片，没有肠胃反应，但额头上总是起疙瘩。随后，她换成了格列苯脲片。"这药特别好，吃了之后血糖一直在正常范围内，也没有感觉到副作用，"她总结说，"吃药就得自己不断琢磨，看看吃啥药，吃多少。"

许多病人都像闫芹那样，用自己的身体摸索用药效果，看哪些药物既能控制病症，又能减少副作用。辛大爷是一个心脏病人，2010年春天下支架后，他仍然感到胸闷，随后他去邢台市人民医院复查，心电图和心脏彩超都没有明显问题。医生听了他的讲述后，调整了用药方案，去掉了刺激胃的丹参滴丸，又新添了三种药物。他服药几天后，胸闷消失，但小便不是很顺畅，"撒尿时只能尿一点儿"。他觉得肯定有一种药不利尿。后来，他根据小便的颜色暂停了粉红色的药片，症状消失。过了一段时间，他想弄清楚究竟是不是停用的药物导致小便不畅，于是他再次服用了暂停的药物，症状又出现了。他据此判断，就是暂停的药物导致小便出现问题。

在访谈过程中，辛大爷还讲述了他的另一个"发现"：口服消心痛可以缓解心绞痛和胸闷。在邢台住院时，一位实习医生曾问他都吃哪些药，辛大爷把自己的药袋子拿了出来。那位实习医生指着一种药说："你把这个药含在嘴里。"不过，第二天实习医生并没有问用药效果，但辛大爷得知，这种药确实可以口含，而且有一定效果。回家后，他服药时突然想起以前口含的药，发现消心痛的药味与此类似，于是胸闷时就含了一片，药在口里化完以后，疼痛消失了。此后，每当胸闷或心口疼痛时，他就拿一两片消心痛含在嘴里。他在同病友聊天时获悉，消心痛确实可以口含，而且最多可以含六片。辛大爷的用药实践表明，病人的智慧是无穷的，他们有能力摸索出适宜的用药方案。

（三）重建日常生活

我在考察慢性病人的生存状况时曾指出，慢性病人的身体和社会关系都受到了病痛的冲击。身体状况恶化不仅意味着劳动能力的丧失，也意味着社会关系的破坏。在这种情况下，病人试图通过重建日常生活来避免或减少慢性病的破坏性影响（Locker，1983）。在沙村，为了有效控制症状，大多数慢性病人都调整了生活方式，一些人不再从事田间劳动，更多的人则重新安排饮食起居。即便是农忙季节，许多慢性病人也三五成群地坐在街门口或胡同口聊天，而另外一些人则在庭院内玩儿起了麻将或骨牌。

最近几年，不管是春夏秋冬，还是刮风下雨，如果不出意外，每天上午都有几位中老年病友去秦大爷家玩牌。他们通常9点开始，12点散场。秦大娘戏称："他们按时上班，按时下班。"换句话说，对于慢性病人而言，玩牌就是工作，是消磨时光、避免孤独的工作。从这个意义上来说，玩牌也是慢性病人重要的交往方式。他们在玩牌时也会嘘寒问暖，谈论着各自的所见所闻、所思所想。在田野调查期间，我经常去秦大爷家，不止一次目睹了"对骨牌"的欢乐场面。尽管如此，慢性病人也不会整天玩牌。

秦大爷告诉我,如果下午继续玩牌,他晚上就会睡不着觉;如果晚上睡不好,第二天就会没有精神。为了保持健康的身体状况,秦大爷过着有规律的生活。例如,在 2010 年夏天,他每天凌晨 5 点起床,然后到村边或南院的菜地里看看,有时也会干点儿农活儿,8 点回家吃饭,9 点至 12 点玩牌。午饭后,他小憩一会儿,然后看书或看电视,下午 5 点去院子里休息,直到晚饭。晚饭后,他依然看会儿电视,9 点上床睡觉。

事实上,许多老年病人都会像秦大爷那样,把自己的生活安排得井井有条。前面提到的项大爷总是上午去秦大爷家玩牌,到了下午,他通常会去闫大爷家,两个单身汉经常坐在街门口聊天,有时也仅仅是静静地坐在一起。晚饭过后,他又会坐在胡同口乘凉,10 点左右准时回家休息。

需要指出,许多女性慢性病人也会像男性那样聚在一起打麻将或玩纸牌,她们也会三三两两地坐在胡同口或街门口聊天,有些人还在空闲时"念佛",也就是一边数佛珠,一边默念"阿弥陀佛"①。

在合理安排娱乐生活的同时,许多病人都对自己的衣食住行做了调整,有些病人甚至不敢快走,以免跌倒或绊倒。杨半仙的走路姿势就让我记忆深刻。他患有高血压,视力也不太好。平时,他怕摔着,总是徐徐前行;下雨时,他怕滑倒,甚至不会走水边的慢坡。他几次告诉我,有位高血压病人试图迈过一米宽的垄沟,结果栽死在地上。这件事提醒他走路时一定要注意安全:"如果不小心摔死了还好,摔残废了怎么办?"

我的田野资料表明,许多病人都希望通过合理安排日常生活来管理病痛。在寒冬腊月,哮喘病人会采取各种保暖措施,以防感冒后病情加重。平时,许多脑血栓病人和高血压病人都尽量少

---

① 每个念佛的老人都有两串佛珠,分别为 108 颗和 50 颗。每当数完 108 颗佛珠时,她们就用 50 颗的一个佛珠来计数。当 50 颗的佛珠使用完毕时,她们就能计算出她们已经数了 5400 颗佛珠。一般说来,每数一个佛珠,她们就要默念一次"阿弥陀佛"。

吃或不吃肥肉和油腻的东西，以免血压升高或/和血脂黏稠；糖尿病人不仅不会吃糖，还会尽量少吃甜食和各种糖分较高的水果，以免血糖升高；心脏病人尽量不去热闹的地方，以免心烦意乱。

尽管慢性病人试图通过执行治疗方案、摸索用药效果、重建日常生活等手段控制症状，但这并非易事。凯博文把慢性病描述为随时爆发的"火山"，"慢性病的潜流犹如火山，它还会爆发，而且难以控制"（Kleinman，1988：44）。一位著名的科普作家则把慢性病视为战场上的"敌人"，"服药就如同只把敌人赶跑了，并没有消灭它，过了一会儿，它还会回来，你再去赶，它再跑"（马悦凌，2008：40）。如此看来，症状控制是一项旷日持久的工作，它需要慢性病人机智地管理病痛；有时，稍有不慎就可能造成难以挽回的灾难性后果——死亡。

五　未雨绸缪：慢性病人的后事安排

尽管慢性病人试图像正常人那样生活，但人终有一死，老年慢性病人更能感觉到死亡的迫近。在传统丧葬文化依然盛行的沙村，不少村民都相信灵魂不灭的鬼神观念，即"死后生命的续存"（郭于华，2000：8）。即便是那些无神论者，在孝道文化的影响下也十分重视"隆丧厚葬"的传统，认为葬礼是"一辈子的事情"，不能马虎。因此，不少慢性病人在生前就开始考虑后事，包括送老衣的准备、棺材的选取和丧事的料理。[①]

（一）送老衣的准备

我在调查中发现，大多数70岁以上的女性慢性病人都为自己

[①] 关于中国传统丧葬文化研究，可参见郭于华的博士学位论文《死的困扰与生的执着：中国民间丧葬仪礼与传统生死观》（1992）及系列随笔《在乡野中阅读生命》（2000）。在她看来，重视丧葬而又避讳言死是中国农民执着于生命的表现。基于此种认识，她在上述著作中试图通过探讨死亡来探索和解读生命的意义。

其至丈夫准备好了送老衣。瑞大娘是一位75岁的气喘病人。2010年夏天，她从容地告诉我，她的同龄人多数已经做好了送老衣，她也是如此。10年前，她经常犯病，于是就在集市上买了布料，为自己做了三件送老衣，包括红色夹袄、褐色棉袄和褐色棉裤。后来，她又做了一双花色的送老鞋。随着村民生活日益富裕，一些过世老人开始穿秋衣秋裤，于是她也与时俱进，把先前做的一件白布衫留着作送老衣。瑞大娘的丈夫当过兵，参加过抗美援朝，1976年死于肺结核。当时，他们的大儿子19岁，最小的女儿才10个月。在后来的岁月里，瑞大娘独自一人把五个孩子养大成人，并让他们成家立业。岁月的磨炼使她变得积极乐观。恰恰是在子女外出打工的日子里，她为自己做好了送老衣。子女知道后都埋怨她事先做好了送老衣，说她用的布料太差。瑞大娘笑着说："入土了还有啥好歹，埋在土里谁也看不见！"

我在收集村民近年死亡信息时还发现，甚至五六十岁的病人也准备了送老衣。有一位64岁的气喘病人在14年前就做好了送老衣，她就是朱大娘。她心灵手巧，村里的老人去世时，她经常被邀请去做纸衣裳[1]。因为"做送老衣花不了几个钱"，她没有告诉丈夫和子女就自己买了布料，暗地里为自己做起了送老衣，每年做一两件。在过去的10多年中，随着送老衣样式和种类的不断变化，她也不断推陈出新。"她的送老衣很多，夹袄就有好几件，她自己根本穿不了。"靳大娘——她的亲家母——在一次闲聊中如是说。

在被询问"为什么事先准备送老衣"时，许多老年妇女都提到了三个相互关联的原因。一是"怕用时没有衣服穿"。20世纪90年代前后，商品流通不是很发达，集市上的东西不全。村民说，附近村庄先前没有卖送老衣的，相应的布料有时也不容易买到。

---

[1] 近年来，每当有老人过世时，死者的家属都要请人为已经去世的长辈做几件纸衣裳烧掉，以表达晚辈的孝心。这些去世的长辈通常是死者的上一辈人。需要指出，这是沙村新兴的一个传统。随着村民生活日益富裕，类似的仪式活动不断涌现，丧葬也因此变得更加隆重。

那时，棉花尚未大面积种植，棉絮也很紧张。在这种情况下，如果家里事先没有准备送老衣，那么老人去世时可能无法及时穿上衣服。前面提到的瑞大娘举例说，她的邻居十几年前去世时，家里没有准备送老衣，几个街坊只好立即去集市上买布料，偏偏那时布料又难买，家人万分焦急。经历了几番波折买到布料后，几位中年妇女匆匆忙忙帮她做了送老衣，"衣服的样子很难看，棉絮还露在外边"。几小时过后，等到给死者穿衣服时，她的身体已经僵硬，"衣服怎么也穿不上"。一位80岁的老年妇女还告诉我，20年前，她有个邻居在去世时甚至借用了别人的送老袄，因为事先没有准备，当时根本来不及做那么多衣服。这些活生生的例子提醒她们要事先做好送老衣，以免出现各种尴尬场面。

即便现在随时可以买到现成的送老衣，也还是有许多老年慢性病人事先准备送老衣，原因在于"自己做的比买的好"。一方面，"自己做的比较合身，买来的不是大就是小，不是宽就是窄"。郭大娘给我举了一个极端的例子："像俺大侄媳妇那样，个子本来就小，老时会抽得更小，根本没有那么小的衣服，一件送老袄就到了膝盖。"另一方面，"买来的质量不好"。许多村民都抱怨说，买来的送老衣很薄，棉袄和棉裤的填充物都是人造棉，根本不是棉花。另外，自己做的送老衣在样式和色彩上更加富有个性，也更符合地方文化传统。一位中年妇女说："还是自己做的送老衣好，自己喜欢啥样就做啥样。"

"迟早要用"，这是老年慢性病人事先准备送老衣的第三个原因。既然每个人过世时都要穿送老衣，那么"晚做不如早做"。这个原因同前面两个原因紧密相连：如果事先做好，"老人用时就能穿"；如果事先做好，老人就能穿上自己喜欢的送老衣。在2010年盛夏一个闷热的夜晚，一位70岁的心脏病人说："现在新病特别多，说不行就不行了，做衣服根本来不及。"她还告诉我，有一位高血压病人为了保存好新做的送老衣，还特意买了一组衣柜——她怕老鼠咬坏自己的送老衣。在许多村民眼里，没有事先做好送老衣是做事没有计划和安排的表现，在某种意义上也是懒惰的表现。

我在调查中还发现，他人的督促也是慢性病人事先准备送老衣的一个原因。子女有时会督促常年患病的父母事先准备送老衣。我在第五章中提到的李河就曾督促母亲提前做好送老衣。李大娘患有高血压、气喘、心脏病和糖尿病等多种慢性病，可谓百病缠身。2008年，也就是在她77岁那年，有些迷信的李河告诉她："明年你大孙子结婚，不能做送老衣。如果你今年做，我给你买布；如果你今年不做，我以后就不管了。"在这种情况下，李大娘同意李河去集市上买布，然后请自家的几个媳妇做了全套的送老衣。另外，村医在为生命垂危的老人看病时，也会督促家人赶紧准备送老衣。事实上，老人不会轻易死去，用一位中年妇女的话来说是"老人根深"。

尽管大多数老年慢性病人都事先做好了送老衣，但还是有一部分人没有事先准备。在被问及原因时，她们强调以下两点：一是随时能买到现成的送老衣，没有必要事先做；二是慢性病人不会立即死去，临死之前做也来得及。一位患有心脏病的老年妇女认为："买的送老衣也不错，比较平整，就是薄点儿。"一位脑血栓病人斩钉截铁地说，他不会事先准备送老衣，"人不会死得那么快，谁不病几天，谁不昏迷几天？"总的来说，这类病人及其子女忌讳家里放着丧葬用品。当然，也有老人因为经济贫困没有事先准备送老衣。几年前，靳大娘本想做好送老衣，那时她的独生子"又是盖房，又是掏计划生育罚款"，经济拮据，不愿意让她做。如今，她怕惹儿子或儿媳不高兴，也不再操心送老衣的事情。她说："死了再说吧，反正不能让我光着身子走！"

尽管老年女性更热衷于事先做好送老衣，但这并不是说老年男性对送老衣漠不关心，有些人也会提出具体要求。上一章提到的姚大爷生前明确告诉子女，他喜欢大衣，不要袍子，因为"穿袍子不得劲儿"。因此，姚大娘准备送老衣时没有给他做袍子。后来，家人在县城给他买了一件绿色大衣。谁料姚大爷不喜欢，一是不喜欢颜色，二是嫌尺寸太小。随后，家人又给他换了一件蓝色大衣，他才满意。姚大爷甚至对头饰也有要求，他生前没有戴过帽子，死后也不愿戴帽子："我头顶高，戴个帽垫就行了。"

应该说，事先做或不做送老衣纯属个人私事，慢性病人无论做出哪种选择都无可厚非。但我想指出，慢性病人事先准备送老衣是一种积极的人生态度，说明他们更能从容淡定地正视死亡，走好人生的最后一段路。

（二）棺材的选取

虽然大部分老年慢性病人都准备好了送老衣，但他们一般不会事先准备棺材。一方面，棺材停放久了容易腐朽；另一方面，它的存放需要占用较大空间。同理，人们甚至不会准备做棺材的木头，但这并不意味着他们对棺材的款式和材质漠不关心。事实上，许多头脑清醒的老年男性病人不仅对送老衣有特定要求，对棺材更是"挑三拣四"。姚大爷临终前告诉家人，他想要一个"四独"的棺材，也就是说由四块整木拼成的棺材（材底、材帮、材帽，都是整块木头）。[①] 之前，家人曾跟姚大爷开玩笑说，想给姚大爷买个1000多元的棺材，他连忙摇头说："太便宜了。"家人又问："那给你买个一万块的呢？""那太贵了，"姚大爷接着说，"我用啥（棺）材无所谓，你娘死时一定要用个好（棺）材，别让娘家人说这说那。"姚大爷去世时，家人根据他的意愿花3000多元买了一副"四独"的松木棺材。也可以预料，当早已卧床不起的姚大娘告别人世时，家人也会用更好的棺材，以完成老人的夙愿。毕竟，姚家有四个儿子分担棺材的费用，这些钱对于他们来说算不上沉重的负担。

[①] 买棺材是丧事中的重要花费，其价格的高低取决于材质。桐木的最便宜，1000多元；柏木的最贵，1万元左右；松木的居中，在3000~5000元。村民还告诉我，湿柳木的也不错，其质量不次于柏木，也能停留百年，但这种木材不好找，也来不及做。

老年男性之所以十分重视棺材的选购，是因为棺材的质量是个人身份和家庭地位的象征。一般而言，家庭地位越高，老人去世时选用的棺材也越好。穷人的棺材一般1000多元，而富人的棺材会在5000元以上。由于棺材的花费较大，许多慢性病人在选择棺材时不得不考虑自己的经济状况和子女的多少，一些贫困的老人甚至不愿意向子女说及棺材的事情。高昂的棺材费用让许多家庭感到惧怕，一位过惯了清贫日子的老年妇女抱怨说："买个棺材也要花两三千块，死也死不起！"在被问到棺材的选用时，许多受访的老年病人都敷衍说，"棺材好坏无所谓，反正得沤掉"；也有人为使用便宜棺材寻找借口，"好棺材砸得重"。不过，在调查期间，村民曾多次提及，有一位老人用了桐木棺材，刚过一年，他的坟头就塌陷了，还漏了一个窟窿。四旺也告诉我，在下葬时，四位村民每人一个角，轻而易举就抬起了这位老人的棺材，而姚大爷的棺材，四个人只能抬起材帽。这也表明，村民还是希望尽量使用好棺材。

（三）丧事的料理

老年病人不仅会考虑送老衣的准备、棺材的选取，还会考虑丧事的料理。在料理丧事时，村里的治丧委员会坚持从简原则，也就是有军乐队[①]和几个吹鼓手即可，不提倡念经、舞狮和唱戏。但是，如果富裕人家想多安排几个项目，治丧委员会也不会强行阻拦。一位负责人说："现在人们有钱了，为了表示孝心，总是想花钱，压也压不住。"事实上，丧葬的繁简完全取决于家庭的经济状况和老年病人的意愿。富裕人家的葬礼除了军乐队和吹鼓手之外，还有戏班唱戏和道士念经。但是，有一位富裕的高血压病人坚持不请道士念经，她嫌麻烦，因为在葬礼上，子女要一遍又一遍地跪请道士念经。撇开道士念经所包含的文化意义，不少村民认为，请道士念经纯属"玩弄孝子"。另一位心脏病人的家庭状况也不错，她坚持死后要请

[①] 即"铜鼓洋号"。

道士念经——她怕吵闹，不要军乐队。

当然，丧葬的形式并不完全取决于死者的个人意愿，对于基督徒而言更是如此。按照基督教的教规，教徒去世时有教友"助丧"，教会内部的军乐队免费，但死者的家属不能报庙，不能烧香，不能做纸马车，更不能找道士念经。但是，在宗教观念淡薄的村庄，家庭通常不会因为死者的宗教信仰而放弃传统的葬礼仪式。葬礼不仅仅是死者的事情，更是活人的事情。我曾多次提到的君大娘是一位基督徒，但在她2009年病逝时，家人并没有按照教会的做法处理后事：一是她"信得不真"，二是周围人多数不信教，三是沙村尚未出现基督教式的葬礼。

有必要指出，村民不愿意采用基督教式的葬礼主要是因为它与传统信仰之间的冲突，并非因为它不够隆重。沙村的讲道人华大爷生动地描绘了一次"助丧"场面。一位邻村教友去世时，包括华大爷在内的许多教徒都前去"助丧"。死者出殡时，马路上整整齐齐地行驶着数十辆汽车和三轮车。华大爷回家时，一位村民问："是谁出殡呢，闹腾这么大？"华大爷说："是一个信耶稣的。"这问村民接着说："我还以为是一位大人物的父母呢！"

六 农村慢性病人生存策略的社会基础

本章用大量的田野资料描述了慢性病人的生存策略，这些策略包括积极寻求药物治疗和进行康复训练，通过不同的途径认识慢性病，通过"正常化"把慢性病融入人生进程，通过不同的手段管理慢性病，还包括妥善处理后事。这些描述表明，人们眼中的"半病子"不是所谓的"等死队"[①]，也不是被动地适应慢性

[①] 沙村村民把老年人群，尤其是由老年慢性病人组成的群体，戏称为"等死队"，其他地方也有类似的说法。在山西省运城的一些村庄，村民同样把"只吃饭不干活儿的老年人"叫作"等死队"，而年龄最大的则是"等死队队长"（参见高菊蕊，2008）。

病；相反，他们会采取各种措施认识、应对和管理慢性病，会通过自己的行动控制症状，改善生活质量，他们也希望像正常人那样延年益寿、寿终正寝。

毋庸置疑，慢性病人的生存策略是他们根据自身的实际情况做出的选择，但有必要指出，这种选择会受到他们置身于其中的社会结构的制约。换言之，我们应该在更广阔的社会文化背景中理解慢性病人的生存策略，但也应该避免陷入潘毅（1999）所批评的"文化决定论"的怪圈中。法国社会学家马塞尔·德吕勒（Marcel Drulhe）在讨论"健康问题的社会塑造"时指出，社会结构为行动划出了一个可能的范围，但它"制约不了决策和行动的事实"。用韦伯的话说，客观的生活机遇决定了行动者的哪些生活行为是可能的，但是行动者可以在这些可能的行为中选择他们想实现的那种行为（德吕勒，2009：261~262、319）。

沙村是一个相对贫困的村庄，物质资源的有限直接影响了病人的药物治疗和康复训练，许多病人，包括前面提到的项大爷和锐歌，都不敢去县医院治疗。有一位老太太去县医院看病时，一听说要住院，她就哭了，因为她怕花钱——她知道医院的治疗费用很高，而她家很穷，根本就没有那么多钱。许多村民都害怕生病，他们清楚地意识到，"一旦生病，一年的收入就没有了"。还有一位老太太，在我恭维她身体好时，她随口说道："咱可不能生病！"言外之意是"穷人不能生病，因为穷人看不起病"。然而，人吃五谷杂粮，哪有不病之说！正如我在本章第三节讨论慢性病的正常化时所指出的，穷人患慢性病后，更容易采取"我行我素"的态度，也更容易忽视治疗方案。这意味着，村庄的社会分层是影响慢性病人生存策略的一个重要因素。从某种意义上说，每个病人的生存策略都带有一定的"阶级烙印"。

地方文化也影响了慢性病人的生存策略。传统的丧葬文化提醒慢性病人要妥善处理后事；"好死不如赖活着"的观念强化了慢性病人的生存本能，而孝文化的盛行则让不少病人拖着病体努力生存。2010年酷夏，姚大娘再次犯病后彻底瘫痪，双手、双脚丝毫不能动弹，不会说话，也没有知觉。在她稍微清醒时，家人曾跟她开玩笑说："你看，你不能动，也不能吃，给你埋了吧！"她用微弱的声音说："不，俺不想死。"接着她就哭了。家人见她哭了，反而很高兴，因为她有知觉了。可是，在随后的日子里，姚大娘又失去了知觉，她已经成了"植物人"。"俺不想死"是姚大娘说过的最后一句话。

从2005年到2010年的六年间，沙村只有一位老太太因夫妻矛盾自杀，但没有一例慢性病人自杀，这同陈柏峰（2009）所描述的湖北京山农村老人的高自杀率形成了鲜明对照。在沙村，许多村民都坚持认为，子女照料老人是天经地义的。在这种观念的影响下，大多数村民都力所能及地孝顺老人，包括嘘寒问暖、照料日常生活、为老人看病。如果子女丧失了这种孝道观念，慢性病人失去了家人的精心照料，那么他们生存策略的物质基础和精神支柱就会不复存在。一旦失去了物质和精神双重基础，慢性病人的生存策略无疑将成为"空中楼阁"。[①]

最后，在讨论慢性病人生存策略的社会基础时，我们当然不能忽视医疗政策的作用。医疗政策不仅影响了病人的生存环境，也是使慢性病人和残疾人增加或减少的重要因素。现行医疗政策的显著特征是"轻预防、重治疗、轻康复"。德吕勒在《健康与社会：健康问题的社会塑造》一书的开篇就指出，公共卫生事业预算中最大的部分是医疗费用，只有微不足道的一部分花在了预防

---

① 尽管许多慢性病人的家庭相信风水，但他们并不认同风水先生的"处方"。2009年冬天，一位风水先生去孙大娘家看宅基地时，发现"院子里都是毛病"：东屋偏低，紧挨过道儿的南墙过矮，出街门碰墙角（街门口正对着邻居家房子的墙角）。风水先生说，"东屋偏低"对儿媳妇不好，"南墙过矮"对孙大娘不好，"出街门碰墙角"意味着出门办事不吉利。尽管孙大娘家无法改变"出街门碰墙角"的庭院格局，但她家翻盖了东屋，垒高了南墙。风水先生曾告诉大娘："如果垒高了南墙，你就不用吃药了。"事后，孙大爷评论说："不吃药哪能行，万一瘫了怎么办？"显然，孙大娘一家尽管接受了风水先生完善庭院格局的建议，但并不认可"风水能改善病人的健康状况"的观点。

医疗上。他随后分析说，我们之所以重视医疗，是因为我们相信"人类能够彻底征服疾病"，"我们尚未与现代理性主义所伴生的种种假设决裂，特别是人类要驾驭自然的勃勃雄心"（德吕勒，2009：2）。中国的情况更为复杂，市场化的医疗政策使各种医疗机构更加注重治疗。如果说"重治疗"导致医疗费用的节节攀升，那么"轻预防"和"轻康复"分别会导致慢性病人和残疾人（"因病致残"）的增加，这反过来又会进一步增加医疗费用的支出。尤其需要指出，在康复机构明显不足的情况下，众多慢性病人只能在家庭成员的帮助下进行非专业的康复训练。

"新农合"政策的实施明显影响了病人对治疗机构的选择。2007年4月，沙村一带正式实施"新农合"，"看病贵"的状况有所缓解。县医院门庭若市，医生收入迅速增加，据说心脑血管科室主任的月工资从3000多元上升到近万元。处于"半死不活"状态的乡卫生院也不甘示弱，借助"起付线低、报销比例高"的优势争取病号，甚至病人在家看病也可按住院处理。文氏诊所更希望"近水楼台先得月"，村医十分愿意"帮助"病人花掉属于家庭账户的保费（每位参合人员每年10元）。当然，慢性病人及其家庭更是盘算着在哪里看病更划算。在看病之前，他们会全面评估病情的轻重，以及医疗机构的治疗效果、治疗成本和便利程度，然后再选择适当的医疗机构。

在这里，我以短期的输液治疗为例作一下简单说明。在"新农合"实施之前，许多慢性病人都在文氏诊所输液治疗；然而，在"新农合"实施之后，他们不得不慎重考虑在哪里看病。在文氏诊所输液比较方便，费用也较低，但不能报销；在乡卫生院输液可以报销，但费用较高，而且要缴纳一定的床位费和护理费。举个例子，如果一个脑血栓病人在文氏诊所进行输液预防，每天的药费为30元，且7天为一个疗程，那么病人输液治疗一个疗程的费用是210元。如果他去乡卫生院输液一个疗程，每天的药费为40元，每天的床位费和护理费分别为30元和10元，那么他治疗一个疗程的总费用为560元。因为乡卫生院的起付线是100元，起付线之上的费用按80%的比例报销，所以这个病人能够报销的费用为（560 - 100）×80% = 368元。据此，他实际缴纳的医药费应为560 - 368 = 192元。在这种情况下，乡卫生院的吸引力并不是很大，村民不一定会去那里看病。当然，如果病人的病情较重、医疗费用较高、治疗时间较长，那么他们就会选择去乡、县甚至市级医院看病。

总之，慢性病人的生存策略离不开特定的社会基础，这里讨论的社会阶层、地方文化、医疗政策都是影响和制约慢性病人生存策略的关键变量。正因如此，慢性病人能否做出更大范围的选择，不仅取决于行动者的能力和努力，而且取决于有效社会政策的制定和执行。

难道国家没有责任控制慢性病的大流行吗？难道国家没有责任让慢性病人生活得更幸福吗？难道国家没有责任改善民生吗？显然，答案是肯定的。正是基于这种认识，在本书的最后一章，我不仅要从患病经历与社会结构的角度进一步总结全书的基本观点，还要在此基础上讨论中国农村的慢性病干预问题。

第七章 结论：回到起点

如同我在第一章所指出的，自 20 世纪 70 年代以来，慢性病已经成为西方发达国家的主要公共卫生问题。在此背景下，越来越多的欧美医学社会学家开始从慢性病人的角度去考察患病经历，甚至有学者（Conrad，1987）提出了"建立一流的慢性病社会学"的设想。自 20 世纪 90 年代尤其是新千禧年以来，中国的疾病格局已经类似于发达国家，但是并没有多少中国社会学家和人类学家去关注慢性病的社会心理后果，好像慢性病问题无足轻重。当然，事实并非如此。慢性病的定性研究不仅有助于认识人类状况，理解能动性与社会结构之间的关系，从长远来看，而且会影响公共卫生政策的制定和调整（Kleinman，1988；Strauss，1990；Bury，1997）。

基于上述认识，本书运用冀南沙村的田野资料深入考察了带病生存的意义与后果：一旦村民患上慢性病，他们不仅要思考慢性病的象征意义，还要直面病痛给个人生活和家庭生活带来的冲击，更要在日常生活的背景下持续适应和管理病痛。鉴于慢性病的长期性和难以治愈性，慢性病人注定要带病生存，"在家管理慢性病"（Corbin & Strauss，1985），也注定要同时处理疾病带来的各种问题，如身体衰竭、认同改变、经济负担和社会隔离等。慢性病不仅打乱了个人扮演的社会角色，还威胁了他们的家庭生活。慢性病人照料已经成为众多家庭成员的沉重负担，甚至会成为"生命中不能承受之重"。沙村的田野资料显示，慢性病人及其家庭成员并没有足够的资源去应对慢性病，他们能够获取的社会支持也极其有限。正因如此，在城市化进程加速的社会背景下，慢性病给传统乡村生活带来了巨大挑战和危机。

本章首先要从行动与结构的理论视角进一步归纳本书的思路和观点：一方面，社会结构如何影响了村民的患病经历；另一方面，村民如何在既定的社会结构下去适应和管理慢性病。显然，前者代表了结构主义的思路，而后者代表了解释社会学的思路。我希望借此说明，慢性病社会学是联结两种思路的一座桥梁。随后，我将从社会政策的角度讨论中国农村的慢性病干预问题，其目的不是提出一些具体的对策建议，而是提供一种可以借鉴的干预路径。

一 患病经历与社会结构

在社会学中，社会结构是一个广泛使用同时含义又十分混乱的概念（孙立平，1996：28）。在本书中，我把它理解为独立于具有主动性的个人并对其有制约作用的社会环境。显然，这里的"社会结构"是与"行动"（"能动性"）相对应的一个概念。在社会结构中，患病经历的影响因素主要包括社会阶层、医疗政策和地方文化，它们分别代表了经济因素、政治因素和文化因素对个人行为的制约作用。需要指出，在当代社会，医疗广告对村民患病经历的影响也值得关注。

在讨论慢性病人生存策略的社会基础时，前文已经指出，社会阶层、医疗政策、地方文化都是关键变量，它们直接影响和制约了慢性病人的行为选择。

首先，家庭的经济状况直接决定了村民生病后是否看病，以及在何处看病。可以理解，那些经济贫困的村民通常不会去医院看病，即使去了，也往往局限于县内医院；而那些经济富裕的村民则更有可能选择大医院看病。在这里，我想特别强调资源的重要性。资源状况不仅直接影响了慢性病人的治疗经历，还决定了他们的恢复程度。媒体和学者（刘远立、饶克勤、胡善联，2002；高梦滔、姚洋，2005；何勇，2003；张冉燃，2005；晏文，2006）普遍强调"因病致贫"，但问题的另一面"因贫致病"同样值得关注。贫困村民更容易患上各种慢性病，因为他们更容易营养不良，更容易从事高强度、缺乏保护的体力劳动，也更容易遭受严寒酷暑的侵袭。总之，他们没有办法选择"健康的生活方式"。而且他们患病后也更容易致残，因为他们没有"机会"和"能力"享受和利用医疗服务（孟庆国、胡鞍钢，2000）。

其次，国家的医疗政策会影响村民的患病经历。2007年付诸实施的"新农合"政策确实给村民带来了一些实惠，它直接刺激了更多慢性病人及时去县、市级医疗机构看病。然而，当村民带着仅有的积蓄和/或借款满怀希望去医院看病时，他们突然发现，医院的各项收费不知不觉变高了。医药费报销之后，他们的确少花钱了，但也没少花多少，这使他们"看病少花钱"的希望近乎破灭。

世界银行（2009：26）的评估报告同样表明，中国的"新农合"政策并未有效减少患者的总体自付费用。反过来，这促使他们重新认识和看待"新农合"的作用以及医院的性质。毋庸置疑，市场导向的医疗改革和日益盛行的消费主义早已使医院变成了营利性企业。在现有体制下，医院不仅要"救死扶伤"，还要"追求效益"，以至村民认为医院的高收费就是"坑"老百姓的钱。这里的"坑"不仅意味着医患双方信息的不对称，还意味着双方地位的不平等（医生的主动性和病人的被动性）。

再次，地方文化的重要性不言而喻，它不仅塑造了村民的疾病观念，还限制了他们的治疗选择。如同我在讨论慢性病起因时所指出的，许多病人都相信积劳成疾（参见第三章）。正因如此，有些村民才会漠视过度劳累造成的慢性病（如气喘、骨质增生等）。在传统孝文化的支配下，子女若不给老人看病就是"大逆不道"。因此，即便那些长期生病和卧床不起的老人看不好，子女也会请村医治疗。治疗的方法也不外乎常吃药，病情加重时再输几天液。这种治疗方式的费用不是很高,当然也不会有实质性的治疗效果,即治愈疾病;说到底,它不过是"重过程、轻结果"的"仪式性治疗"(杨善华、梁晨,2009)。在传统文化的影响下,不少村民在遇到"怪病"时也会寻求"巫医"的帮助(参见第二章第一节沙庄的卫生体系)。

最后,在当代社会,大众媒体的作用日益重要。如同我在前面指出的,当地和周边电视台轮番播放一组组医疗广告,宣称能"治愈"心脏病、脑血栓、脑出血、糖尿病、关节炎甚至癌症,而且"花钱少、见效快"。在急于恢复健康的心理驱动下,许多慢性病人都经不住广告诱惑,纷纷购买药品,其结果可想而知。在田野调查时,一位患有脑血栓和糖尿病的中年妇女告诉我:"电视上的许多药都吃过。当时想,咱跟人家也没仇,人家怎么会害咱呢?"

2010年酷夏的一个傍晚,秦大爷的次子气愤地说:"这些药不管用,怎么也没人管?"当时,我正向他了解秦大爷的患病经历,我们聊天的背景就是电视屏幕上屡屡出现然而又实在难登大雅之堂的性广告。他的疑问也是我在田野调查中经常思索的问题。跟医院一样,电视台也是营利性企业,它们为了赚钱,什么广告都敢播放,有时全然不顾负面影响和社会后果。

如前所述,社会阶层、医疗政策、地方文化和大众传媒构成了慢性病人生活的地方场景。这些因素有时单独发挥作用,有时交织在一起共同作用,直接或间接影响了村民的患病经历。可以理解,慢性病会改变病人的身体状况、自我认同和社会交往,并使家庭陷入经济危机。而在贫困农村,医疗费用高昂、家庭收入有限、社区保障缺乏以及体力劳动对田间劳动或外出打工的重要性,加剧了慢性病的破坏性后果,降低了病人的生活质量。显然,对于沙村村民来说,慢性病意味着人生进程和生活世界的破坏(详见第四章)。

不仅如此,慢性病还冲击了整个家庭的生活。在长期照料体系缺失的情况下,家庭成员成了慢性病人的照料主体,他们几乎承担了所有的照料工作。① 沉重的照料负担彻底打乱了家庭的生活安排和未来计划，有时还会引发兄弟之间、妯娌之间、婆媳之间以及照料者和被照料者之间的矛盾。更为严峻的问题是，慢性病人照料还突出了中国农村的养老危机，以及与此相关的孝道问题。中国农村老人的赡养危机与其说是因为传统孝道的衰落，不如说是因为社会保障的不足（详见第五章）。这意味着，国家应该在慢性病人照料和老人赡养问题上承担更大的责任，从而改变老年社会福利的"最低限度国家责任"（张小军、裴晓梅，2005；裴晓梅，2006；Pei，2009）。

在沙村，慢性病人及其家庭成员的生存状态和行为选择不仅受到局部性地方场景的影响，还受到更广阔的社会结构的制约。全球化、城市化、人口老龄化，以及市场化的经济体制改革和城乡分离的社会保障制度，像一张张"无形之网"笼罩着沙村村民，左右着他们的观念和行为。诚如凯博文（2008：170、196）所言，地方场景是社会结构与个人联系在一起的桥梁，并调节着宏观的社会结构力量对个人身心健康的影响作用。

尽管慢性病人的行为选择同时受到地方场景和社会结构的影响和制约，但是他们并非被动地承担"病人角色"，更不是"等死队"。相反，他们具有自己的主体性和能动性，试图像常人那样正常生活，并采取了各种策略去适应和管理慢性病，包括积极争取治疗，做好康复训练，了解慢性病知识，把慢性病融入人生进程，熟悉治疗方案，摸索用药效果，调整生活方式，甚至包括妥善处理后事（参见第六章）。他们在力所能及的范围内与病魔抗争，不少病人在克服重重困难之后，重新建立起自己的生活世界，进而重建了村庄的生活秩序。从他们身上，我看到了一个又一个坚韧

---

① 2009年，来自经济学、社会学、医学和人口学的四位学者分别就"为什么要在中国建立长期照护体系"进行了有益的讨论（林艳，2009）。其中，裴晓梅（2009）指出，无论是在传统的家庭养老中，还是在尚未成熟的社区养老中，抑或是在正处于发展阶段的机构养老中，长期照护服务都是其中最专业、最必要的核心内容。

不拔的行动者的身影。

正如本节一开始所指出的,一方面,行动者的选择能力并不是无限的,其会受到社会结构的约束和制约;另一方面,行动者做出的各种实践活动也会融入更大的体系,从而不断塑造社会结构。用吉登斯(1998:92)的话说,社会结构既是反复组织起来的社会实践(社会行动)的条件,又是社会实践的结果。沿着这一思路,凯瑟琳·弗罗利希(Katherine Frohlich)建议把行动与结构视为"循环的和共存的"(recursive and co-dependent)。"如果没有行动,也就没有结构,因为结构是由行动再生产出来的。同样,如果没有结构,也就没有行动,因为行动始于一个特定的结构,而这个结构就是先前行动的结果。"(Frohlich, Corin, & Potvin, 2001:788)随后,她们进一步指出,不仅仅是社会结构对个体施加影响,个体也在不断创造条件,从而使这种结构成为可能。事实上,正是在行动与结构相互建构的过程中,慢性病人的患病经历由特定的地方场景嵌入了更大的、非个人化的社会体系。

郭于华(2008)在研究陕北农民的口述史时指出,通过作为历史见证的"受苦人"的讲述,我们有可能在个体的遭遇与宏大的社会历史进程之间建立联系。这提醒我们,在讨论患病经历与社会结构之间的关系时,我们不能脱离社会变迁的历史进程,因为不管是个体的患病经历,还是宏观的社会结构,都会随着时间的推移不断发生变化。

在考察沙村疾病格局的变迁时,我曾经指出,从1949年新中国成立到1978年改革开放前的那段时间,由于生活条件差和饮食不卫生等因素,不少村民都患有传染病和寄生虫病。改革开放后,尤其是20世纪90年代以来,由于生活条件的改善和国家计划免疫的实施,传染病和寄生虫病显著减少。与此同时,慢性病的发病率却急剧上升,许多村民都患有心脑血管病(参见第二章)。社会转型不仅决定了村民的患病类型,还影响了他们的患病经历,尤其是他们的治疗经历和疾病体验。例如,传染病和寄生虫病有明确的病因，病人经过治疗后通常能够很快康复；而慢性病没有明确的病因，病人必须带病生存。再如，先前村民患病时通常在县内医院治疗，而且"先治疗后交费"；现在，不少村民都去邻县或市级医院治疗，治疗和交费的顺序也发生了变化。

由此可见，村民的患病经历不仅受到了社会结构的影响，而且带有明显的历史烙印。进一步来说，个体的患病经历不仅镶嵌于宏观的社会结构，而且体现了社会变迁的历史进程。恰如一位人类学家所言，"更大的体系与事件的世界"并不仅仅是冲击与束缚那些"小世界"的外部力量，它们本身就是构成其整体的一部分（马库斯，2008：210）。

二 社会政策与慢性病干预

慢性病在乡土中国的流行是本书的宏观背景。在田野调查中，我目睹了慢性病给村民及其家庭带来的危害和后果。在论文准备和写作过程中，我也不时听说村民死于各种慢性病的消息。因为田野地点是我的家乡，田野观察和访谈对象通常是邻居或朋友，所以这种"阶级感情"促使我不断思考如何预防慢性病的发生，如何控制慢性病的流行，以及如何减轻慢性病的危害。当然，我也意识到，慢性病干预是一个极其复杂的现实问题，它不仅涉及国家卫生政策的定位和个人生活方式的选择，还涉及诸多难以控制的外部因素，如环境污染、食品安全、人口老龄化和农村贫困。总的来说，慢性病的流行有其社会根源，是社会变革的产物。基于这个总体性的判断，我愿意从社会政策的角度简要讨论中国农村慢性病的社会干预问题。①

---

① 从长远来看，慢性病干预当然需要基于"行动社会学"的"社会学干预"，不管是"强干预"还是"弱干预"（沈原，2006），但在当前的情况下，它更需要"自上而下"的社会政策干预。

在讨论这些问题之前，我首先要指出，在慢性病人同疾病抗争的同时，中国政府和卫生机构也做出了积极反应，包括出台政策文件、实施干预项目和建立组织机构。

在政策制定方面，中央政府和各部委颁布了一系列与农村慢性病防治有关的纲领性文件，包括《关于卫生改革与发展的决定》《关于进一步加强农村卫生工作的决定》《关于建立新型农村合作医疗制度的意见》《关于巩固和发展新型农村合作医疗制度的意见》《关于进一步完善城乡医疗救助制度的意见》《关于深化医药卫生体制改革的意见》。2012年，卫生部等15个部门印发《中国慢性病防治工作规划（2012—2015年）》，明确指出了慢性病防治的总体目标、基本原则和具体措施。这些文件为慢性病干预提供了政策依据。

在干预实践方面，1995年卫生部利用世界银行贷款在中国七市一省实施健康促进项目。该项目率先应用国际上先进的健康促进理论降低项目城市的疾病负担，提高卫生部门的疾病防治能力，并总结出一些适合中国国情的健康促进模式（严迪英，2001）。1997年，卫生部在17个省、自治区、直辖市开展了"社区慢性病综合防治示范点工作"，并借此探索中国慢性病社区综合防治的运行机制，包括组织形式、协调机制、筹资机制、人才机制以及工作机制（白雅敏等，2007）。从2007年开始，卫生部又利用中央财政补助地方项目的专项经费，以"健康体重"和"血压管理"为切入点，在全国范围内启动"慢性病综合干预项目"。2010年，卫生部在全国范围内启动"慢性病综合防控示范区"创建工作。

在机构建设方面，为迎接慢性病的挑战、适应疾病谱的变化，以及满足与国际接轨的需要，卫生部于1994年将"卫生防疫司"更名为"疾病控制司"，并专门设置了"慢性非传染性疾病控制处"（"慢病处"），负责组织协调全国的慢性病防治工作；2002年，中国疾病预防控制中心成立，内设"慢性非传染性疾病预防控制中心"（"慢病中心"），负责全国慢性病的监测、预防与控制。此外，卫生部还先后成立了"国家癌症中心"和"国家心血管病中心"，以便有效遏制癌症和心脑血管病的流行趋势。一位卫生部官员说，"三大中心的建立健全将筑起慢性病防治的坝堤"（孔灵芝，2009：34）。

从1990年到2010年，尽管中国政府和卫生部门在慢性病干预方面做出了诸多努力，但干预效果并不理想。如前文所言，自20世纪90年代以来，中国的慢性病患病率呈持续上升趋势，已经由1993年的13.2%上升为2013年的20.6%（按患病人数计算）。与此同时，慢性病患病率的城乡差别正在日益缩小，已经由1993年的8.7个百分点缩小到2013年的4.1个百分点（见表2-2）。面对慢性病的流行趋势，卫生部部长陈竺2009年在一次国际研讨会上指出，如果没有有效的干预措施，在未来30年内，中国慢性病可能出现"井喷"（余易安，2009）。

为什么中国政府和卫生部门未能有效遏制慢性病的流行趋势？其根本原因在于，慢性病不仅是医疗卫生问题，而且是一个复杂的社会问题。目前，越来越多的学者都在强调健康和疾病的社会起源（Cockerham，2007；Marmot，2005；Marmot & Wilkinson，2006）。凯博文（2008）在《苦痛和疾病的社会根源》一书中的"中文版序言"中进一步指出，疾病不仅具有社会原因，还会产生社会后果；如果不能针对疾病的原因和后果开展工作，那么疾病的治疗和康复就会受到影响。这意味着，我们需要从社会政策的角度去干预慢性病的原因和后果。换言之，中国农村慢性病问题的解决不仅需要更有效的卫生政策，还需要良好的社会支持环境和广泛的社区健康促进活动。

首先，我们需要更有效的卫生政策。我们在第四章中已经看到，"新农合"政策不仅未能从根本上解决农民"看病贵"的问题，而且在制度设计上存在缺陷，因此我们需要采取更细致、更有效的措施去控制医疗费用的快速增长，并保证卫生服务利用的公平性。王绍光（2005：117）在讨论"中国城镇卫生服务利用的不公平"时指出，因为穷人"害怕陷入高额医疗费用的深渊"，所以"生病时，他们不敢看医生；病重时，又不敢进医院；而住院后，在康复前就忙着出院"。他的这番话实际上也是绝大多数沙村村民的写照。需要补充，病人出院并不意味着"万事大吉"，从此，家人便走上了漫长的照料之路。因此，我们希望尽早建立农村慢性病人的长期照料体系，以减轻家庭成员的照料负担。

其次，我们需要更广泛的社会政策。卫生政策只能在有限的范围内发挥作用，无法调控卫生领域以外的因素。我在考察慢性病流行的社会根源时指出，饲料喂养和农药使用是威胁村民健康的重要因素，因为二者都牵涉食品安全①。人口老龄化也是不容忽视的因素，因为老年人比年轻人更容易患上各种慢性病。我在本书中还多次提到贫困也是影响健康的重要因素。此外，环境污染和破坏增加了村民的健康风险，而交通事故则直接导致残疾的出现。然而，卫生部门对上述问题均无能为力。

显然，我们需要有效的农业政策、人口政策、社会保障政策、环境政策和交通政策去干预上述风险因素，以便从源头上预防和减少慢性病的发生。进一步说，要想有效遏制慢性病，中国政府需要实施"将健康融入所有政策"（Lancet, 2011），通过卫生部门之外的其他部门（如农业、环境、食品、民政、社保等部门）来改善居民的健康状况，并形成跨部门的合作机制，为慢性病的社区干预创造良好的社会氛围。

最后，我们需要强化慢性病的社区干预。1972年芬兰实施的北卡累利阿项目（North Karelia Project）（简称"北卡项目"）表明，社区干预是慢性病预防和控制的有效路径（Nissinen, Berrios, & Puska, 2001; Puska et al., 1985; Puska et al., 2009）。作为世界上第一个以社区为基础的大型心血管病综合预防项目，北卡项目

---

① 说到食品安全，有必要指出，转基因食品可能是威胁人类健康的一个潜在因素。相关争论可参见郭于华（2006）的论文《天使还是魔鬼：转基因大豆在中国的社会文化考察》。

取得了举世瞩目的干预效果，其项目经验更是直接影响了世界卫生组织的慢性病预防工作。从 1969/1971 年到 2005 年的 35 年间，北卡男性人群（35～64 岁）的心脏病死亡率下降了 85%，男性和女性的总死亡率也分别下降了 63% 和 51%。与此同时，北卡居民的饮食习惯明显好转，身体锻炼逐渐增加，胆固醇和血压水平显著降低。事实上，北卡地区慢性病死亡率急剧下降，主要是因为项目干预导致的健康行为增加和风险因素减少（详见附录 C "北卡项目：慢病干预的芬兰经验"）。

在沙村，许多村民都有吸烟喝酒和高盐饮食的习惯，而且把"田间劳动"等同于"体育锻炼"。对此，我们应该在村内开展村民喜闻乐见的健康促进活动，鼓励村民在力所能及的范围内选择健康的生活方式，尽量做到"戒烟限酒""膳食合理""适量运动"，以便有效减少各种风险因素的危害。如前所述，中国政府和卫生部门在慢性病的社区干预方面已经做出了有益的尝试，但我们需要继续扩大干预范围，加大干预力度，否则我们的努力就会付诸东流。

中国曾经用比其他国家更短的时间有效控制了传染病，今天，她同样有机会用较短的时间去遏制慢性病带来的严重健康损失和经济损失（Yang et al., 2008：1703）。诚然，中国农村的慢性病防治是一项艰巨的任务，慢性病干预也是一个长期的、连续的过程，"希望完全解决问题是一种乌托邦的理想"（凯博文，2008：189）。即便如此，我们仍然希望看到，在可预见的若干年内，慢性病的发生越来越少，慢性病的流行得到控制，慢性病人能够更好地带病生存。

参考文献

白雅敏、周敏茹、陈波、李凌、王文绢,2007,《全国慢性病社区综合防治示范点基本情况调查》,《中国慢性病预防与控制》第1期。

波特,罗伊主编,2007,《剑桥插图医学史》,张大庆主译,济南:山东画报出版社。

布迪厄,2003,《实践感》,蒋梓骅译,南京:译林出版社。

陈柏峰,2009,《代际关系变动与老年人自杀:对湖北京山农村的实证研究》,《社会学研究》第4期。

陈功,2009,《社会变迁中的养老和孝观念研究》,北京:中国社会出版社。

陈树强,2002,《老人日常生活照顾的另一种选择》,《华东理工大学学报》(社会科学版)第3期。

戴斐、张荣珍,1996,《脊髓灰质炎所致的社会负担》,《中华流行病学杂志》第6期。

德吕勒,马赛尔,2009,《健康与社会:健康问题的社会塑造》,王鲲译,南京:译林出版社。

杜鹏、曲嘉瑶,2013,《中国老年人对子女孝顺评价的变化及影响因素》,《人口研究》第5期。

费孝通,1983,《家庭结构变动中的老年赡养问题》,《北京大学学报》(哲学社会科学版)第3期。

费孝通,1994,《略谈中国的社会学》,《社会学研究》第1期。

费孝通,1999,《费孝通文集》(第十三卷),北京:群言出版社。

费孝通，2001，《江村经济——中国农民的生活》，北京：商务印书馆。

高菊蕊，2008，《纸天鹤》，《中国作家》第 4 期。

高梦滔、姚洋，2005，《健康风险冲击对农户收入的影响》，《经济研究》第 12 期。

戈夫曼，欧文，2007，《日常生活中的自我呈现》，冯钢译，北京：北京大学出版社。

戈夫曼，欧文，2009，《污名——受损身份管理札记》，朱立宏译，北京：商务印书馆。

顾骏，2009，《"弘扬孝道以养老"的理论疏漏》，《文汇报》9 月 14 日，第 12 版。

广宗县地方志编纂委员会编，2015，《广宗县志》，石家庄：河北人民出版社。

郭于华，1992，《死的困扰与生的执着：中国民间丧葬仪礼与传统生死观》，北京：中国人民大学出版社。

郭于华，2000，《在乡野中阅读生命》，上海：上海文艺出版社。

郭于华，2001，《代际关系中的公平逻辑及其变迁：对河北农村养老事件的分析》，《中国学术》第 4 期。

郭于华，2006，《天使还是魔鬼：转基因大豆在中国的社会文化考察》，《社会学研究》第 1 期。

郭于华，2008，《作为历史见证的"受苦人"的讲述》，《社会学研究》第 1 期。

国家卫生和计划生育委员会编，2016，《2016 中国卫生和计划生育统计年鉴》，北京：中国协和医科大学出版社。

国家卫生计委统计信息中心编著，2015，《2013 第五次国家卫生服务调查分析报告》，北京：中国协和医科大学出版社。

哈贝马斯，2004，《交往行为理论》（第一卷），曹卫东译，上海：上海人民出版社。

韩俊、罗丹，2007，《中国农村卫生调查》，上海：上海远东出版社。

何莞、沈曼妮、张恺悌、郭平，2009，《2000年中国城乡老年人口健康与医疗保健》，北京：中国社会出版社。

何勇，2003，《农民因病致贫现象普遍》，《人民日报》9月9日，第5版。

河北省广宗县地方志编纂委员会编，1999，《广宗县志》，北京：方志出版社。

贺雪峰，2008，《农村家庭代际关系的变动及其影响》，《江海学刊》第4期。

胡善联，2005，《疾病负担的研究》，《卫生经济学》第5期。

郇建立，2007，《村民外出打工对留守家人的影响：一份来自鲁西南H村的田野报告》，《青年研究》第6期。

郇建立，2009a，《慢性病与人生进程的破坏：评迈克尔·伯里的一个核心概念》，《社会学研究》第5期。

郇建立，2009b，《中国艾滋病的社会科学研究20年》，《社会科学》第11期。

黄树则、林士笑主编，1986，《当代中国的卫生事业》，北京：中国社会科学出版社。

吉登斯，1998，《社会的构成：结构化理论大纲》，李康、李猛译，北京：生活·读书·新知三联书店。

吉登斯，2000，《现代性的后果》，田禾译，南京：译林出版社。

景军，2006a，《泰坦尼克定律：中国艾滋病风险分析》，《社会学研究》第5期。

景军，2006b，《艾滋病谣言的社会渊源：道德恐慌与信任危机》，《社会科学》第8期。

景军，2006c，《铁默斯预言：人血买卖与艾滋病的孪生关系》，《开放时代》第6期。

凯博文，2008，《苦痛和疾病的社会根源：现代中国的抑郁、神经衰弱和病痛》，郭金华译，上海：上海三联书店。

孔灵芝，2009，《中国慢性病防治的战略转移与实践》，《中国卫生》第 12 期。

李晶编著, 2009,《孝文化与和谐社会》, 北京: 中国社会出版社。

李景汉, 2005,《定县社会概况调查》, 上海: 上海人民出版社。

李立明、饶克勤、孔灵芝、姚崇华、向红丁、翟凤英、马冠生、杨晓光, 2005,《中国居民 2002 年营养与健康状况调查》,《中华流行病学杂志》第 7 期。

李镒冲、刘世炜、王丽敏、周脉耕, 2015,《1990 年与 2010 年中国慢性病主要行为危险因素的归因疾病负担研究》,《中华预防医学杂志》第 4 期。

李镒冲、刘晓婷、胡楠、姜勇、赵文华, 2013,《中国 2010 年糖尿病疾病负担》,《中华流行病学杂志》第 1 期。

林艳, 2009,《为什么要在中国建立长期照护体系》,《人口与发展》第 4 期。

刘洪升, 2007,《论河北省根治海河运动的特点及经验教训》,《当代中国史研究》第 3 期。

刘江美、刘韫宁、王黎君、殷鹏、刘世炜、由金玲、曾新颖、周脉耕, 2015,《1990 年与 2010 年中国心血管病疾病负担研究》,《中华预防医学杂志》第 4 期。

刘明波、李镒冲、刘世炜、王文、周脉耕, 2014,《2010 年中国人群高血压疾病负担》,《中华流行病学杂志》第 6 期。

刘远立、饶克勤、胡善联, 2002,《因病致贫与农村健康保障》,《中国卫生经济》第 5 期。

刘韫宁、刘江美、殷鹏、刘世炜、蔡玥、由金玲、曾新颖、王黎君、周脉耕, 2015,《1990 年与 2010 年中国恶性肿瘤疾病负担研究》,《中华预防医学杂志》第 4 期。

鲁平, 1996,《费孝通: 三下广宗县 志在富民》,《乡音》第 4 期。

马库斯, 2008,《现代世界体系中民族志的当代问题》, 载詹姆斯·克利福德、乔治·马库斯编《写文化: 民族志的诗学与政治学》, 北京: 商务印书馆。

马悦凌，2008，《温度决定生老病死》，南京：江苏文艺出版社。

孟庆国、胡鞍钢，2000，《消除健康贫困应成为农村卫生改革与发展的优先战略》，《中国卫生资源》第6期。

米尔斯，赖特，2017，《社会学的想象力》，李康译，北京：北京师范大学出版社。

梅特里，拉，1999，《人是机器》，顾寿观译，北京：商务印书馆。

潘绥铭，2001，《艾滋病研究给社会学提出的新问题》，《社会学研究》第4期。

潘绥铭、黄盈盈、李楯，2006，《中国艾滋病"问题"解析》，《中国社会科学》第1期。

潘毅，1999，《开创一种抗争的次文体：工厂里一位女工的尖叫、梦魇和叛离》，《社会学研究》第5期。

庞琳、金水高、宋桂德，2000，《疾病社会负担测量方法探讨及其意义》，《中华预防医学杂志》第4期。

裴晓梅，2003，《社会转型期国家和家庭的养老作用》，《广西民族学院学报》（哲学社会科学版）第4期。

裴晓梅，2006，《劣势积累与制度公平》，《妇女研究论丛》第2期。

裴晓梅，2009，《形式多样的长期照护服务应该贯穿养老服务过程的始终》，《人口与发展》第4期。

桑塔格，苏珊，2003，《疾病的隐喻》，程巍译，上海：上海译文出版社。

沈原，2006，《"强干预"与"弱干预"：社会学干预的两种途径》，《社会学研究》第5期。

世界卫生组织驻华代表处、国务院发展研究中心社会发展研究部编写，2006，《中国：医疗卫生、贫困和经济发展》，研究报告，北京。

世界银行，2009，《中国农村卫生改革》，世界银行评估报告。

宋雷鸣，2012，《论人类学和流行病学学科合作的基础》，《广西民族大学学报》（哲学社会科学版）第2期。

苏薇、郑刚，2007，《家庭照料对照料者心理健康的影响》，《心理科学进展》第 6 期。

孙立平，1996，《"关系"、社会关系与社会结构》，《社会学研究》第 5 期。

王莉莉主编，2009，《老年人健康自评和生活自理能力》，北京：中国社会出版社。

王绍光，2005，《政策导向、汲取能力与卫生公平》，《中国社会科学》第 6 期。

卫生部统计信息中心，2004，《中国卫生服务调查研究：第三次国家卫生服务调查分析报告》，北京：中国协和医科大学出版社。

卫生部统计信息中心，2009，《中国卫生服务调查研究：第四次家庭健康询问调查分析报告》，北京：中国协和医科大学出版社。

翁乃群，2001，《"艾滋病"的社会文化建构》，载清华大学社会学系主编《清华社会学评论》第 1 期，北京：中国友谊出版公司。

翁乃群，2003，《艾滋病传播的社会文化动力》，《社会学研究》第 5 期。

伍小兰主编，2009，《老年人慢性病的社会人口学探索》，北京：中国社会出版社。

西格里斯特，2009，《疾病的文化史》，秦传安译，北京：中央编译出版社。

夏国美，2005，《论中国艾滋病社会预防模式的变革》，《社会科学》第 11 期。

夏国美、杨秀石，2006，《社会性别、人口流动与艾滋病风险》，《中国社会科学》第 6 期。

熊跃根，1998，《成年子女对照顾老人的看法：焦点小组访问的定性资料分析》，《社会学研究》第 5 期。

亚当、菲力普、克洛迪娜·赫尔兹里奇，2005，《疾病与医学社会学》，王吉会译，天津：天津人民出版社。

严迪英，2001，《中国卫生Ⅶ健康促进项目干预活动的进展》，《中华预防医学杂志》第 2 期。

阎云翔，2006，《私人生活的变革：一个中国村庄里的爱情、家庭与亲密关系（1949—1999）》，龚小夏译，上海：上海书店出版社。

晏文，2006，《让农民不再因病致贫》，《中国报道》第 9 期。

杨功焕，2001，《健康模式转变与中国慢性病控制策略》，《中国慢性病预防与控制》第 4 期。

杨功焕、孔灵芝、赵文华、万霞、翟屹、陈致和、Jeffrey P. Koplan，2008，《中国慢性病的挑战与应对》，载韩启德、陈致和、Richard Horton、Tim Evans、柯杨、费立鹏、董哲主编《21 世纪中国与全球健康》，北京：北京大学医学出版社。

杨念群，2006，《再造"病人"：中西医冲突下的空间政治（1832—1985）》，北京：中国人民大学出版社。

杨善华、梁晨，2009，《农民眼中疾病的分类及其"仪式性治疗"》，《社会科学》第 3 期。

姚洋、高梦滔主编，2007，《健康、村民民主和农村发展》，北京：北京大学出版社。

殷鹏、王黎君、刘世炜、刘韫宁、刘江美、由金玲、曾新颖、周脉耕，2015，《1990 年与 2010 年中国 15 岁以上人群慢性阻塞性肺疾病的疾病负担分析》，《中华预防医学杂志》第 4 期。

余易安，2009，《陈竺：未来 30 年慢病将"井喷"》，《健康时报》11 月 5 日，第 1 版。

袁小波，2009，《成年子女对父母的照料负担及影响因素》，《南京人口管理干部学院学报》第 2 期。

张洁、钱序、陈英耀，2005，《疾病负担研究进展》，《中国卫生经济》第 5 期。

张冉燃，2005，《走出农民因病致贫的怪圈》，《瞭望》第 14 期。

张小军、裴晓梅，2005，《城市贫困的制度思维》，《江苏社会科学》第 6 期。

张有春、和柳、和文臻，2013，《艾滋病健康教育材料的文化适宜性》，《广西民族大学学报》（哲学社会科学版）第 2 期。

张震巍，2007，《我国糖尿病疾病负担研究》，博士学位论文，复旦大学公共卫生学院。

中华人民共和国卫生部，2008，《第三次全国死因调查主要情况》，《中国肿瘤》第 5 期。

中华人民共和国卫生部，2013，《中国卫生统计年鉴（2012）》，北京：中国协和医科大学出版社。

中华人民共和国卫生部疾病预防控制局、中国疾病预防控制中心，2006，《中国慢性病报告》，北京。

周尚成，2004，《疾病负担研究现状及问题》，《国外医学·卫生经济分册》第 4 期。

庄孔韶，2005，《"虎日"的人类学发现与实践：兼论〈虎日〉影视人类学片的应用新方向》，《广西民族研究》第 2 期。

庄孔韶，2007，《中国性病艾滋病防治新态势和人类学理论原则之运用》，《广西民族大学学报》（哲学社会科学版）第 1 期。

Anderson, R. & Bury, M. (eds). 1988. *Living with Chronic Illness: The Experience of Patients and Their Families.* London: Unwin Hyman.

Anderson, R. 1992. *The Aftermath of Stroke: The Experience of Patients and their Families.* Cambridge: Cambridge University Press.

Armstrong, D. 2003. "The Impact of Papers in Sociology of Health and Illness: A Bibliographic Study." *Sociology of Health and Illness* 25: 58 – 74.

Bauman, Z. 2000. *Liquid Modernity.* Cambridge: Polity Press.

Becker, G. 1993. "Continuity after a Stroke: Implications of Life-course Disruption in Old Age." *The Gerontologist* 33 (2): 148 – 158.

Becker, G. 1997. *Disrupted Lives: How People Create Meaning in a Chaotic World.* Berkeley: University of California Press.

Becker, G. & Kaufman, S. R. 1995. "Managing an Uncertain Illness

Trajectory in Old Age: Patients' and Physicians' Views of Stroke." *Medical Anthropology Quarterly* 9 (2): 165 – 187.

Bell, S. 2000. "Experiences of Illness and Narrative Understandings." in *Perspectives in Medical Sociology (3rd edition)*, pp. 130 – 145, edited by Phil Brown. Illinois: Waveland Press.

Blaxter, M. 1976. *The Meaning of Disability*. London: Heinemann Educational Books Ltd.

Blaxter, M. 1983. "The Causes of Disease: Women Talking." *Social Science and Medicine* 17 (2): 59 – 69.

Blaxter, M. 1993. "Why do the Victims Blame Themselves." in *Worlds of Illness: Biographical and Cultural Perspectives on Health and Disease*, edited by Alan Radley ed. London: Routledge.

Blaxter, M. 2004. *Health*. Cambridge: Polity Press.

Burowey, M. 1991. "The Extended Case Method." in *Ethnography Unbounded*, pp. 271 – 287, edited by Michael Burowey et al. Berkley: University of California Press.

Bury, M. 1982. "Chronic Illness as Biographical Disruption." *Sociology of Health and Illness* 4 (2): 167 – 182.

Bury, M. 1988. "Meanings at Risk: The Experience of Arthritis." in *Living with Chronic Illness: The Experience of Patients and their Families*, pp. 89 – 116, edited by Robert Anderson and Michael Bury. London: Unwin Hyman.

Bury, M. 1991. "The Sociology of Chronic Illness: A Review of Research and Prospects." *Sociology of Health and Illness* 13 (4): 451 – 468.

Bury, M. 1994. "Health Promotion and Lay Epidemiology: A Sociological View." *Health Care Analysis* 2 (1): 23 – 30.

Bury, M. 1997. *Health and Illness in a Changing Society*. London: Routledge.

Charmaz, K. 1983. "Loss of Self: A Fundamental Form of Suffering in the Chronically Ill." *Sociology of Health and Illness* 5 (2): 168 – 195.

Charmaz, K. 1987. "Struggling for a Self: Identity Levels of the Chronically Ill." in *The Experience and Management of Illness*, Greenwich, edited by Julius Roth and Peter Conrad. Conn: JAI Press.

Charmaz, K. 1991. *Good Days, Bad Days: The Self in Chronic Illness and Time*. New Brunswick, NJ: Rutgers University Press.

Charmaz, K. 1995. "The Ody, Identity and Self: Adapting to Impairments." *The Sociological Quarterly* 36 (4): 657 – 680.

Cockerham, W. 2007. *The Social Causes of Health and Disease*. Cambridge: Polity Press.

Collins, R. 1981. "On the Microfoundation of Macrosociology." *American Journal of Sociology* 86 (5): 984 – 1014.

Conrad, P. & Bury, M. 1997. "Anselm Strauss and the Sociological Study of Chronic llness: A Reflection and Appreciation." *Sociology of Health and Illness* 19 (3): 373 – 376.

Conrad, P. 1987. "The Experience of Illness: Recent and New Directions." *Research in the Sociology of Health Care* 6: 1 – 31.

Conrad, P. 1990. "Qualitative Research on Chronic Illness: A Commentary on Method and Conceptual Development." *Social Science and Medicine* 30 (11): 1257 – 1263.

Conrad, P. 2001. "*The Experience of Illness.*" in *The Sociology of Health and Illness: Critical Perspectives*, edited by Peter Conrad. New York: Worth Publishers.

Corbin, J. & Strauss, A. 1984. "Collaboration: Couples Working Together to Manage Chronic Illness." *Image: The Journal of Nursing Scholarship* 16 (4): 109 – 115.

Corbin, J. & Strauss, A. 1985. "Managing Chronic Illness at Home:

Three Lines of Work. " *Qualitative Sociology* 8 (3): 224 – 247.

Corbin, J. & Strauss, A. 1987. "Accompaniments of Chronic Illness: Changes in Self Biography and Biographical time. " *Research in the Sociology of Health Care* 6: 249 – 281.

Corbin, J. & Strauss, A. 1988. *Unending Work and Care: Managing Chronic Illness at Home.* San Francisco & London: Jossey-Bass Publishers.

Corbin, J. & Strauss, A. 1991. "Comeback: The Process of Overcoming Disability. " *Advances in Medical Sociology: A Research Annual* 2: 137 – 159.

Corbin, J. & Strauss, A. 1993. "The Articulation of the Work through Interaction. " *The Sociological Quarterly* 34 (1): 71 – 83.

Davis, F. 1963. *Passage Through Crisis: Polio Victims and their Families.* Indianapolis: Bobbs-Merrill Company.

Davison, C. , Smith , G. , & Frankel , S. 1991. "Lay Epidemiology and the Prevention Paradox: The Implications of Coronary Candidacy for Health Education. " *Sociology of Health and Illness* 13 (1): 1 – 19.

Engel, G. L. 1977. "The Need for a New Medical Model: A Challenge for Biomedicine. " *Science* 196 (4286): 129 – 136.

Faircloth, C. A. et al. 2004. "Sudden Illness and Biographical Flow in Narrative of Stroke Recovery. " *Sociology of Health and Illness* 26 (2): 242 – 261.

Fitzpatrick, R. et al. 1984. *The Experience of Illness.* London & New York: Tavistock Publications.

Frank, A. W. 1995. *The Wounded Storyteller: Body, Illness, and Ethics.* London: University of Chicago Press.

Frank, A. W. 2002. "Why Study People's Stories? The Dialogical Ethics of Narrative Analysis. " *Hastings Center Report* 32 (6): 1 – 20.

Frankel, S., Davison, C., & Smith, G. 1991. "Lay Epidemiology and the Rationality of Responses to Health Education." *British Journal of General Practice* 41 (351): 428 – 430.

Freidson, E. 1970. *Profession of Medicine: A Study of the Sociology of Applied Knowledge*. New York: Dodd, Mead & Company.

Frohlich, K. L., Corin, E., & Potvin, L. 2001. "A Theoretical Proposal for the Relationship between Context and Disease." *Sociology of Health and Illness* 23 (6): 776 – 797.

Gerhardt, U. 1989. *Ideas about Illness: An Intellectual and Political History of Medical Sociology*. Houndmills & London: Macmillan.

Gerhardt, U. 1990. "Qualitative Research on Chronic Illness: The Issue and the Story." *Social Science and Medicine* 30 (11): 1149 – 1159.

Gerhardt, U. 1993. "The Sociological Relevance of Chronic Illness." in *Medical Sociology: Research on Chronic Illness*, pp. 11 – 36, edited by Thomas Abel, Siegried Geyer, Uta Gerhardt et al. Bonn: Informations Zentrum Sozialwissenschaften.

Goffman, E. 1963, *Stigma: Notes on the Management of Spoiled Identity*. New Jersey: Prentice Hall.

Jing, Jun. 2004. "Meal Rotation and Filial Piety." in *Filial Piety: Practice and Discourse in Contemporary East Asia*, pp. 53 – 62, edited by Charlotte Ikels. Stanford: Stanford University Press.

Jing, Jun & Worth, Heather eds. 2010. *HIV in China: Understanding the Social Aspects of an Epidemic*. Sydney: University of New South Wales Press.

Jones, C. & Williams, H. 2004. "The Social Burden of Malaria: What are We Measuring?" *American Journal of Tropical Medicine and Hygiene* 71 (Suppl 2): 156 – 161.

Katz, A. H. 1981. "Self-Help and Mutual Aid: An Emerging Social

Movement?" *Annual Review of Sociology* 7: 129 – 155.

Kaufman, S. R. 1988. "Towards a Phenomenology of Boundaries in Medicine: Chronic Illness Experience in the Case of Stroke." *Medical Anthropology Quarterly* 2 (4): 338 – 354.

Kelleher, D. 1988. "Coming to Terms with Diabetes: Coping Strategies and Non-compliance." in *Living with Chronic Illness: The Experience of Patients and their Families*, pp. 137 – 155, edited by Robert Anderson and Michael Bury. London: Unwin Hyman.

Kelly, M. & Field, D. 1996. "Medical Sociology, Chronic Illness and the Body." *Sociology of Health and Illness* 18 (2): 241 – 257.

Kelly, M. & Field, D. 1998. "Conceputalising Chronic Illness." in *Sociological Perspectives on Health, Illness and Health Care*, edited by David Field and Steve Taylor. Oxford: Blackwell Science Ltd.

Kleinman, A. et al. 1995. "The Social Course of Epilepsy: Chronic Illness as Social Experience in Interior China." *Social Science and Medicine* 40 (10): 1319 – 1330.

Kleinman, A. 1982. "Neurosthenia and Depression: A Study of Somatization and Culture in China." *Culture, Medicine and Psychiatry* 6 (2): 117 – 190.

Kleinman, A. 1988. *The Illness Narratives: Suffering, Healing, and the Human Condition*. New York: Basic Books.

Kleinman, A. & Seeman, D. 2000. "Personal Experience of Illness." in *Handbook of Social Studies in Health and Medicine*, edited by Gary L. Albrecht at el. London: Sage Publications.

Lancet, 2011. "Editorial: China's Major Health Challenge: Control of Chronic Diseases." *The Lancet* (9790): 457.

Locker, D. 1983. *Disability and Disadvantage: The Consequences of Chronic Illness*. London: Tavistock.

Marmot, M. 2005. *Status Syndrome: How Your Social Standing Directly*

Affects Your Health. Edinburgh: Bloomsbury.

Marmot, M. & Wilkinson, R. (eds). 2006. *Social Determinants of Health* (*2nd edition*). Oxford: Oxford University Press.

McElroy, A. & Jezewski, M. 2000. "Cultural Variation in the Experience of Health and Illness." in *Handbook of Social Studies in Health and Medicine*, edited by Gary L. Albrecht at el. London: Sage Publications.

Mechanic, D. 1965. "The Study of Illness Behavior: Some Implications for Medical Practice." *Medical Care* 3 (1): 30 - 32.

Mechanic, D. 1966. "Response Factors in Illness: The Study of Illness Behavior." *Social Psychiatry* 1: 11 - 20.

Mechanic, D. & Volkart, E. H. 1960. "Illness Behavior and Medical Diagnosis." *Journal of Health and Human Behavior* 1 (2): 86 - 94.

Mechanic, D. & Volkart, E. H. 1961. "Stress, Illness Behavior and the Sick Role." *American Sociological Review* 26 (1): 51 - 58.

Mills, C. W. 1959. *The Sociological Imagination.* New York: Oxford University Press.

Mishler, E. 1984. *The Discourse of Medicine: Dialectics of Medical Interview.* New Jersey: Ablex Publishing Corporation.

Morse, J. M. & Johnson, J. L. (eds). 1991. *The Illness Experience: Dimensions of Suffering.* London: Sage Publications.

Nissinen, A., Berrios, X., & Puska, P., 2001. "Community-based Noncommunicable Disease Interventions: Lessons from Developed Countries for Developing Ones." *Bulletin of the World Health Organization* 79 (10): 963 - 970.

Oliver, M. 1996. *Understanding Disability: From Theory to Practice.* London: Macmillan.

Parsons, T. 1951. *The Social System.* New York: The Free Press.

Paun, Margaret Voysey. 1975. *A Constant Burden: The Reconstitution of*

Family Life. Aldershot & Burlington: Ashgate.

Paun, Margaret Voysey. 2006. *A Constant Burden: The Reconstitution of Family Life*, 2nd ed. Aldershot & Burlington: Ashgate.

Pei, Xiaomei. 2009. "Society's Support for the Aged in China: A Cultural Perspective. " *Social Sciences in China* 1: 149 – 159.

Pierret, J. 2003. "The Illness Experience: State of Knowledge and Perspectives for Research. " *Sociology of Health and Illness* 25: 4 – 22.

Pound, P. , Compertz, P. , & Ebrahim, S. 1998. "Illness in the Context of Older Age: The Case of Stroke. "*Sociology of Health and Illness* 20 (4): 489 – 506.

Puska, P. , Nissinen, A. , Tuomilehto, J. , et al. 1985. "The Community-based Strategy to Prevent Coronary Heart Disease: Conclusions from the Ten Years of the North Karelia Project. " *Annual Review of Public Health* 6: 147 – 193.

Puska, P. , Vartiainen, E. , Laatikainen, T. , et al. 2009. *The North Karelia Project: From North Karelia to National Action.* Helsinki: Helsinki University Printing House.

Radley, A. & Green, R. 1987. "Illness as Adjustment: A Methodology and Conceptual Framework. " *Sociology of Health and Illness* 9 (2): 179 – 207.

Radley, A. 1989. "Style, Discourse and Constraint in Adjustment to Chronic Illness. " *Sociology of Health and Illness* 11 (3): 230 – 252.

Rose, G. 1985. "Sick Individuals and Sick Populations. " *International Journal of Epidemiology* 14 (1): 32 – 38.

Rose, G. 1981. "Strategy of Prevention: Lessons from Cardiovascular Disease. " *BMJ* 282: 1847 – 1851.

Roth, J. A. & Conrad, P. 1988. *The Experience and Management of Ill-*

ness. Greenwich. Conn: JAI Press.

Roth, J. A. 1963. *Timetables*: *Structuring the Passage of Time in Hospital Treatment and Other Careers*. Indianapolis: Bobbs-Merrill Company.

Sachs, J. & Malaney, P. 2002. "The Economic and Social Burden of Malaria." *Nature* 415: 680 – 685.

Sered, S. & Tabory, E. 1999. "You are a Number, not a Human being: Israeli Breast Cancer Patients, Experiences with the Medical Establishment." *Medical Anthropology Quarterly* 13 (2): 223 – 252.

Singer, E. 1974. "Premature Social Ageing: The Social Psychological Consequence of Chronic Illness." *Social Science and Medicine* 18: 143 – 151.

Sontag, S. 1979. *Illness as Metaphor*. London: Penguin Books.

Spector, R. E. 1996. *Cultural Diversity in Health and Illness*. Stamford, CT: Appleton & Lange.

Stark, A. 2006. *The Limits of Medicine*. New York: Cambridge University Press.

Strauss, A. 1975. *Chronic Illness and the Quality of Life*. St Lousi, MO: Mosby.

Strauss, A. et al. 1984. *Chronic Illness and the Quality of Life* (2nd ed.). St. Louis: Mosby.

Strauss, A. 1990. Preface. *Social Science & Medicine* 30 (11): v – vi.

Strauss, A., Sipe, J., & Knowles, J. 1978. "Health: Whose Responsibility?" *Science* 199 (4329): 797 – 598.

Taubes, G. 1995. "Epidemiology Faces its Limits." *Science* 269 (5221): 164 – 169.

Wang, Hong et al. 2005. "Community-based Health Insurance in Poor Rural China: The Distribution of Net Benefits." *Health Policy and Planning* 20 (6): 366 – 374.

WHO. 2005. "Preventing Chronic Disease: A Vital Investment (WHO global report)." Geneva: World Health Organization.

Williams, G. 1984. "The Genesis of Chronic Illness: Narrative Re-construction." *Sociology of Health and Illness* 6 (2): 176 - 200.

Williams, G. 2003. "The Determinants of Health: Structure, Context and Agency." *Sociology of Health and Illness* 25: 131 - 154.

Williams, S. 2000. "Chronic Illness as Biographical Disruption or Biographical Disruption as Chronic Illness: Reflections on a Core Concept." *Sociology of Health and Illness* 22 (1): 40 - 67.

Yang, Gonghuan et al. 2008. "Emergence of Chronic Non-communicable Diseases in China." *The Lancet* 372: 1697 - 1705.

Yip, W. & Hisao W. C. 2009. "Non-evidence-based Policy: How Effective is China's New Cooperative Medical Scheme in Reducing Medical Impoverishment?" *Social Science & Medicine* 68 (2): 201 - 209.

Young, A. 1982. "The Anthropologies of Illness and Sickness." *Annual Review of Anthropology* 11: 257 - 285.

Zola, I. 1973. "Pathways to the Doctor: From Person to Patient." *Social Science and Medicine* 7: 677 - 689.

Zola, I. 1995. "Shifting Boundaries: Doing Social Science in the 1990s - a Personal Odyssey." *Sociological Forum* 10 (1): 5 - 19.

附录 A 主要个案素描

表 1 主要个案素描

个案	性别	出生年月	患病情况	家庭状况	经济状况	主要章节	备注
鲍婶	女	1955.07	高血压 脑出血	1子 1女	一般	4.2	她的脑出血治疗给家庭带来了沉重的经济负担
曹大娘	女	1936.06	高血压 气喘	同上	一般	6.3	曹大娘是少数没有准备送老衣的老年妇女之一
曹大爷	男	1938.01	静脉曲张	2子 2女	一般	3.2 6.3	曹大爷和曹大娘有较为明确的家庭分工：前者下地干活儿，后者料理家务
高大爷	男	1948.01	高血压 气喘	2子 1女	较差	2.4 3.2~3.3 6.3	高大娘2008年6月死于脑出血
郭大娘	女	1940.11	肺气肿 心脏病	3个儿子	一般	4.2 6.2 6.5	郭大爷患有严重的骨质增生；次子因酒后开摩托遭遇严重车祸
瑞大娘	女	1932.03	肺气肿	3子 2女	较好	6.2 6.5	丈夫1976年死于肺结核；长子和次子在北京做铝合金配件生意
华大娘	女	1934.10	慢性腰痛	2子 1女	较好	5.2	外甥王军患有严重癫痫；华大娘和华大爷都信耶稣教

续表

个案	性别	出生年月	患病情况	家庭状况	经济状况	主要章节	备注
靳大娘	女	1943.05	高血压 脑血栓 心脏病	1子3女	较差	3.2 6.5	丈夫30年前死于癌症；朱大娘是其亲家母
荆大爷	男	1928.01	高血压 脑血栓	4子2女	一般	3.1 3.2	2008年1月死于脑血栓；荆二伯是其弟弟
李大娘	女	1927.10	高血压 心脏病 气喘	3子3女	一般	6.2 6.5	丈夫20年前死于心脏病；李恒和李河分别为其长子和次子
君大娘	女	1948.12	高血压 脑血栓 糖尿病	1子1女	稍差	3.1 4.4 5.2 6.6	2009年5月病逝；君悦是其独生子
君 悦	男	1970.09	糖尿病	1个女儿	一般	6.2	当过兵，先后在深圳、杭州、县城打工，从未下地种田
李四叔	男	1946.06	高血压 脑血栓	单身	一般	5.3	2009年加入"五保户"；李奶奶的主要照料者
闵大娘	女	1949.03	高血压 脑血栓	1子2女	一般	3.1 6.2	2004年春天包饺子时患病；无法拿刀剁馅儿
闵大爷	男	1945.01	糖尿病 关节炎	同上	同上	3.1 6.3	闵家有糖尿病家族史
秦大爷	男	1939.09	高血压 脑血栓	4子1女	稍好	3.1~3.4 5.2~5.4 6.2~6.4	秦大娘患有低血压；三子秦岗（三岗）幼时因患脑膜炎落下残疾
锐 歌	男	1962.05	高血压 脑血栓	单身	一般	4.3 6.2	2006年秋天在北京打工时患病，随后回家治疗
尚大娘	女	1946.02	高血压 脑血栓	4个女儿	稍好	4.4	1998年得病后常年卧床不起，2009年2月死于脑血栓
孙大娘	女	1948.06	高血压 脑血栓 糖尿病	1子2女	一般	3.1 4.1~4.4 6.4	老伴儿孙大爷称她为"药篓子"

续表

个案	性别	出生年月	患病情况	家庭状况	经济状况	主要章节	备注
魏医生	男	1930.01	高血压 脑血栓	1子2女	一般	2.4	患脑血栓前做过赤脚医生和乡村医生
项大爷	男	1946.11	心脏病	单身	较差	5.2 6.1 6.4	2007年患病；项林为其堂弟
辛大爷	男	1947.11	心脏病	1子1女	一般	4.2 6.2 6.4	2009年冬天病情严重，随后去市医院下了支架
闫大爷	男	1941.04	高血压 脑血栓	单身	较差	4.2 6.2	一直与同样单身的三弟相依为命
闫 芹	女	1957.02	高血压 脑血栓 糖尿病	2子	较好	6.4	家有小卖部；在接受治疗脑血栓的过程中，医生多次误诊
杨大爷	男	1948.05	高血压 脑出血	1子1女	一般	4.2	因为"不计较"，他多次犯病；杨半仙为其大哥
杨 闽	男	1957.08	高血压 心脏病 脑血栓	2子	一般	6.2	2008年底患脑血栓，2009年又患心脏病
杨半仙	男	1946.10	高血压	单身	较差	2.1	经常看一些"怪病"，有时为大人和小孩做推拿
姚大娘	女	1931.08	高血压 脑血栓	4个儿子	一般	3.1 4.4 5.3~5.4 6.6	2010年9月死于脑血栓；4个儿子分别为大富、二强、三秀、四旺
姚大爷	男	1930.08	高血压 脑血栓 糖尿病	同上	同上	3.1~3.2 5.3~5.4 6.5	2009年3月死于脑血栓；姚忠是其堂弟
育大爷	男	1928.04	高血压 脑血栓	4子3女	较好	3.1 4.1 5.4 6.1	2009年10月病逝；四儿子在北京做铝合金配件生意

附录 B　村民患病经历纪实（两则）

在田野调查过程中，高大爷和锐歌的患病经历给我留下了深刻的印象。如果说高大爷的故事体现了老年慢性病人贫病交加的晚年生活，那么锐歌的故事展现了慢性病人艰难的康复之路。比较而言，高大爷更善谈，他的患病经历也更具有故事性；锐歌相对内向，他的个人讲述显得凌乱不堪。两人的患病经历不仅展现了农村慢性病人的生活世界和应对策略，也再现了我的调查过程和资料处理方式。

一　高大爷：贫病交加的晚年生活

> 我看人跟虫儿一样，找个好草，人不踩不碰，它就多活两天；如果找到道边的草，弄不好被人踩一下，随后就完了。有人命好，有人命苦。啥是命好？命就是机会。赶机会好，你就少受些罪；机会不好，你就多受些罪。
>
> ——高大爷 2010 年 7 月 22 日

高大爷其人其事

高大爷 1948 年生，患有高血压和慢性气管炎，一生为农，偶尔外出打工，2014 年春天死于脑瘤，享年 66 岁。其妻高大娘与他同年出生，同样患有高血压，2008 年夏天死于脑梗死。高大爷育有两子一女。长子高勇半工半农，婚后常年住在外地的媳妇家；次子高阳常年在省城的一家服装厂打工，并在城里结婚生子；女儿高凤患有癫痫，十几岁时夭折。

从2007年春天到2010年夏天，在五次田野调查期间，我与高大爷聊过10次，也曾多次从邻居那里了解他的患病经历。2014年初，他身患脑瘤卧床不起后，我也拜访过他。高大爷和我父亲是同龄人，他的三个孩子和我也是同龄人。作为胡同邻居，我对他家的情况一直都比较了解。

在邻居眼里，高大爷乐于助人，是个"能人"。平时，他经常为邻居修自行车、理发、编筐，也时常给生病的小猪、小羊、小狗等牲畜扎针。当然，所有这些都是义务的。他说，这些活动耽误了他许多睡觉的时间。同时，高大爷也有些懒散和不讲卫生。在田野调查期间，不止一位村民说过高大爷的"懒"和"脏"。孙大娘在一次聊天中说："高大爷忒懒，俩人连三亩地都种不好，收成要比人家少很多。"许多村民都说过高大爷"不讲卫生"。他的家里总是很脏很乱，他的身上总是沾满尘土，他的裤子总是一直穿烂，他的"手和脸没有洗过"。靳大娘曾批评高大爷"吃东西不讲卫生"。高大爷抬杠说："吃啥不是吃。"当然，高大爷的说法也展现了部分村民"不干不净，吃了没病"的卫生观念。

说到高大爷家贫穷的原因，村民认为有三个方面：一是前面提到的他有些"懒"；二是高大娘不会做针线活儿，鞋和衣服都要买，导致他家的日常支出要比别人多一些；三是在给儿子高阳盖房娶媳妇时，他借了不少钱。靳大娘在一次聊天时说："整个胡同，数高大爷家困难，到现在，他还有几千块钱的饥荒（债务），每年挡（还）人家点儿。""他就种四亩地，喂几只小羊，一年的收入有限，"她接着说，"有一次，村里来了一个卖药的，给高大爷检查之后，说他满身是病，建议他买一些药。高大爷说，别说你让我买几百块钱的药，一百块钱的药我也买不起。卖药的听了只笑。"

在随后的部分，我将按照田野日志的记录，以时间为线索，讲述他的患病经历、病因观念、丧亲经历以及他最后的日子。

高大爷的患病经历

2007年春天,我曾多次询问高大爷的患病经历。一天下午,我本想直接去地里看看村民们都在干什么,但我还没有出村口,就看见高大爷在放羊。他坐在高处低矮的墙头上,羊在周围吃青草和榆钱。我走过去跟他打招呼,并排坐在砖头上跟他聊天。通过这次聊天我得知,高大爷是45岁那年得的高血压。当时,他正在"对骨牌",突然感到头晕,然后让王医生量了一下血压,发现高压达到了150mmHg,他吃了几天药就好了。所以,他没有当回事儿,"该干啥就干啥"。后来,他并没有明显的不适,只是有些喘,干不了重活儿。

聊天时,我听见高大爷喘气时有些呼噜(哮喘),我问他这是怎么回事。他说,他这样已经有30年了。他年轻时,有一位邻居得了胃出血在县城治病,邻居因为家里穷买不起血,于是高大爷在2月和8月分别献过两次血,每次都是400毫升。每次献血之后,他都照样干活儿,再加上当时生活条件差,连红糖水也没有喝,他的身体就没有恢复过来。从那以后,他就开始哮喘。

高大爷说:"人一到四五十岁,什么病都来了。"他的左脚有些麻木,尤其是早晨刚起床时他走不稳。他觉得这是"长期积累"而成的毛病,"花上千八百的也不一定看好,所以一直也没有看"。他形象地比喻说,他的脚麻"就像花柴老了,难免会有个黄叶"。

和他的同龄人一样,高大爷年轻时也干过许多苦力活儿:他拉过脚,挖过海河。20世纪70年代,和村里的一些年轻人一样,他也曾赶着驴车去山西用粉条换玉米,村民称之为"拉脚"。父亲曾多次给我讲过去山西"拉脚"的艰辛往事:在拉脚的路上,他们经常风餐露宿;上坡或道路不平时,他们要和驴一起拉车,以免溜车或翻车;在寒风刺骨的冬天,他们无法坐在车上,只能靠走路或拉车取暖。同时,高大爷还去天津挖过海河。他回忆说:"那时,一个乡也没有一台拖拉机,都是人力拉着排子车挖土,路上通常是小车一个人、大车两个人，靠近河堤时需要五六个人，一般是两个人拉、四个人推。"

自从得了高血压以后，高大爷一直服用利血平，通常每天两次，一次两片，有时"隔两天也不喝"。高大爷说，利血平每瓶2.5元，每瓶100片，他"每顿喝五分钱，一天喝一毛钱"。高大娘也患有高血压，同样是每天喝两次利血平。高大爷说，他们两人每月喝两三瓶降压药，药费对他们来说并"不是问题"，"药费还不如烟费高"。与村里的其他慢性病人相比，高大爷和高大娘都比较乐观，他们从来没有把病放在心上，"该干啥就干啥"。不过，高大爷说，得了这病后，"一定要注意饮食，别过度劳累，别生气，别兴奋，别总是想着吃药"。

尽管患有哮喘和高血压，高大爷还是经常抽烟。有一次，他不到10分钟就抽了三袋水烟。他说，他一下午就能抽一烟盒。高大爷之所以抽烟，一是因为从小养成的习惯，二是因为特定工作的需要。2007年前后，高大爷经常给工厂仓库或建筑工地看门。他说："我干那活儿，不抽烟也没事干，到了（凌晨）两点连电视节目也没有，光在那儿坐着也无聊，抽烟还能提提神。"在访谈中，高大爷讲述了抽烟习惯的形成："小时候卷着烟叶抽着玩儿，无形中养成了抽烟的习惯，不抽也不太难受，只是到了特定的点（时间），就会找烟袋。还有，农村盖房时，别人都会给你递一支烟，反正不用自己花钱，抽吧。时间长了，也就养成了习惯。"

疾病谱的变化

2007年春天的一个中午，高大爷来我家送排子车，我让他回忆了村里疾病谱的变化。他坐在门台上，边搓着丝瓜皮边给我讲，他那长满老茧的双手是农民辛勤劳动的见证。他说，过去得脑膜炎、胃出血、疹子（水痘）、疟疾、蛔虫病的比较多，现在人们多数得的是癌症、心脏病、脑出血、脑血栓；过去看病靠望闻问切，许多病都检查不出来，现在靠仪器一下子就检查出来了；过去的医生有思想，他们凭技能和经验看病，而现在的医生没有思想，他们靠仪器看病。

1967年脑膜炎流行时，沙村也有许多人患病。高大爷告诉我，除了我早已知道的王枫外，高恒也得了脑膜炎，不过比较轻。"脑膜炎的特征是头痛、喷射性呕吐、脖子发硬，许多急症病人还没来得及看就去世了。许多病人虽然看好了，但留下了很严重的后遗症，比如王枫走路时就一瘸一拐的。那时，医院先看病再要钱，即便病人给不了钱或者不给钱，医院也没办法，最后只能不了了之。"

"当时，许多小孩儿都生疹子，身上一片一片地红，而且每个小孩儿都要生一次。后来因为小孩儿都种了牛痘，疹子才逐渐减少了。许多人都得过疟疾，生病时身上忽冷忽热。由于饮食不卫生，许多人肚子里都生过蛔虫。后来，因为生活条件的改善、医学水平的提高以及食物上的农药残留，得蛔虫病的人越来越少。现在，小孩儿基本上都没有得过蛔虫病。王朋他爹得过胃出血，由于出院之后不注意，又犯病了。在县医院，医生告诉他，这次来了你可能就回不去了。"

慢性病的流行原因和现实后果是村民们倍感兴趣的话题。在2008年春天的那次田野调查中，我多次与包括高大爷在内的村民讨论这些问题。有一天，我吃完早饭后去了高大爷家。当时，他们夫妻二人正坐在凌乱的沙发上吃饭，沙发下面堆满了旧鞋，低矮的长桌上放着馒头、白萝卜条和煮好的胡萝卜。农村没有什么菜，在这个季节村民通常只吃咸菜。饭后，高大爷和高大娘都喝了防治高血压的药。

在谈到慢性病的流行原因时，高大爷说："现在的脑血栓就是先前的半身不遂、中风不语，以前这些病都有，只不过没有这么多。"在他看来，慢性病流行的原因主要是农业化肥的使用和居住环境的恶化。"现在的菜都上化肥，农作物都打农药，棉籽都是抗生棉。以前种地时只上点儿粪，现在都上化肥，不上化肥真不长。好多蔬菜都打过药，不买也不行。以前的人常干体力活儿，屋里也潮湿，所以容易得关节炎和风湿病。"

几天以后，我再次去了高大爷家。他一边抽烟一边给我讲述慢性病的影响。在讲述过程中，他特别强调经济因素的重要性，也注意到慢性病与贫困形成的恶性循环。高大爷说，人们生病后需要治疗，治疗需要花钱，"如果经济上达不到，无形中就影响了生活"。"有病以后你本身就会受到影响，思想上受影响，精神上受影响，各方面都受影响。心量大的拿这不当回事儿，得病了有啥办法，害怕也没用！有钱我就看病，没钱我就不看。遇到心量小的，这该怎么办呢？人有病了，别人对他的看法肯定会改变，不能干活儿了，没出息了，花了那么多钱，怎么办呢？得病以后不能劳动，不能劳动就不能挣钱，不能挣钱就不能看病。钱越花越少，像个小坑，不像大江大河，就这么多水，总有一天会干的。不怕花钱，就怕不能挣钱。你花10块，你能挣20（块），这没问题。你花五块，一分钱不能挣，迟早有一天会花完的。"

在访谈中，高大爷还提到了精神健康问题的重要性。在他看来，一个人生病以后，"如果精神状态不好，那就完了"。他讲述了部队里的一个实验：每个人都对一个人说，这几天你精神不行，结果，没过多长时间，这个人真病倒了，最后连饭也不能吃。后来，每个人都换了一种说法，对这个人说，这些天你的精神不错。慢慢地，他就好了。

与此同时，高大爷对医院过度检查的做法也给予了批评："原先医生就是靠听诊器。现在没好医生，医生看病就靠仪器。病人去了医院，医生说，你做（检查）这吧做那吧。例如，一个人一共拿了2000块去看病，检查花了1500块，剩下的已经不够药费了。高武（他侄子）的鼻炎引发了头痛，家人带着他去县医院看病，一共花了278块，抓了30多块钱的药，剩下的都是检查费。"

亲人离去

2008年秋天，我再次去沙村进行田野调查。在回到沙村的第一天，我就从邻居那里听说了高大娘病逝的消息。一位邻居向我描述了高大娘的患病和治疗情况。高大娘当时正跟几个人在胡同口聊天，"玩了一会儿以后，她说她要回家，可是她站起来以后突然看不见了"。接着，几位邻居架着她回到家，高大爷找人带她去城里南街的眼科医院看病，看了一段时间没有好转。有人告诉高大爷："别在这里看了，去县医院吧。"到了县医院以后，"一检查，（高大娘）又是脑出血，又是糖尿病"。高大娘在医院住了半个多月，"花了万数块还没看好"。

第二天上午，我看见高大爷光着脊梁坐在胡同口，他没有去地里拾棉花。由于高大娘五月生病、住院，他顾不上在地里干活儿，他家的棉花没有长好，到现在还没开花。因为他有些咳嗽，地里也没有什么活儿，所以他就没有去地里。"你大娘的药费花了7500块，报销了4000多块（按60%报销），所有的费用算上得万数块钱，"高大爷补充说，"那么多人在外边吃饭，5号去医院，24号回来，来去算上共20天。白事基本上没赔钱，花了4000多块，街坊礼上了4000多块，只赔了50块。"

几天后，我再次去了高大爷家。我正要进屋时，四只鸽子在屋里扑棱着翅膀飞来飞去，一会儿钻到床底下，一会儿飞到院子里，一会儿在床边的小盆里喝水。但我马上发现，这并非一幅优美的人鸟和谐共处的自然场面。鸽子在屋里到处大小便，导致屋里的地上都是鸽子粪，南墙的白色沙发上黑乎乎的，上面布满了灰尘，似乎好久没人坐了。高大爷示意我坐下，随后，他给我讲述了高大娘最后的日子。在回忆这段日子时，高大爷坐在床边不停地吸烟，讲述时声音低沉，还不时地发出呼哧呼哧的气喘声。

高大爷一个月前弄了四只鸽子喂养，他说这是他的"开心果"。高大爷说："现在，我也不愿意拾掇，我也嫌它脏。以前两个人时，过日子的劲儿大，现在没有你大娘了，还过啥？那时怕人家受罪，人家还干呢，咱能不干吗？现在没有你大娘了，咱还怕啥？能多歇一会儿就歇一会儿。你大娘刚不在那些日子，我心里总是空落落的。时间长了，也不寻思了，生老病死谁也避免不了。她死的时候，我也没有太难过。人哪有不死的，死了就算死了。在医院里，见她受罪的样子，我心里也不是滋味。"

"我记得很清楚，下午三点多输完液，我们就出去玩儿，玩儿到五点多，我问她你吃点儿啥？她说随便吃点儿就算了，买个馍馍吧。我说，也没好菜，买个包子吧。刚出医院门口，我见有卖烧饼的，就买了两个烧饼，她吃了一个，我吃了一个。然后，一人又吃了个包子，喝了碗水。我说你自己走走，她就走了会儿。我又说在外边凉快一会儿吧，玩儿到六点半，医院开始下班。又过了 10 多分钟，我们回病房睡觉。你大娘说她要解大手，她已经七八天没有解大手了。我见她很难受，就去街上买了一个开塞露。她说解大手时累了她一身汗，我说有这么累吗？她往床上一躺，觉得头不得劲儿。我问她怎么样。她说没事儿。这是她说的最后一句话。见她这样说，我就去厕所冲了一下便盆。没过几分钟，我就回来了。进屋之后，我见她的右手在眼前摇晃，我以为她在轰蚊子。走近一看，我觉得她脸色不对，有些黄。"

随后，高大爷去找护士。护士来了之后，高大娘开始啰，护士就给她扎了一针。接着，高大爷给家里打了一个电话，告诉家里赶快来几个人。医生来到病房时，高大娘已经啰得不像样了。高大爷在外面买了两卷卫生纸，给她擦了擦。过了一会儿，高阳到了，这时，高大娘已经不会说话了。

"周医生说做个 CT 吧，检查结果是脑出血。医生问我怎么办，他说有两个方案：一个是常规治疗，另一个是手术治疗。医生让我选一个。同家人商量之后，我选择了常规治疗。恢复到第三天，她的手脚都能蜷了。晚上，我见她脸色发红，觉得不妙，又让医生给她扎了一针。医生量了血压之后，发现血压偏高，给她扎了一针利血平。三个小时后，血压并没有降下来，医生又给扎了一针硫酸美。这次，血压降下来了。到第五天时，医生想给她做个腰穿，把脑子里的血抽一抽。没想到，做了 CT 之后，你大娘的血糖升高，没法做腰穿。用药之后，第二天测量时，血糖并没有降下来。又过了半个钟头，你大娘喘了几下就不行了。"

"你大娘这一辈子有些冤，她吃了苦，也干了活儿，等到享福的时候却不在了，"高大爷接着说，"人没有好的时候，不是这事儿就是那事儿。人世中，能寻点儿欢乐就寻点儿欢乐。"

生命的尾声

高大娘去世后，高大爷先是消瘦了很多，后来又慢慢胖了起来，但这都是"虚胖"。尽管高大爷还能想得开，但是随着年龄的增长，他的身体每况愈下。2008年秋天，村民都忙着去地里摘棉花了，高大爷却没有去地里。

问：高大爷，我怎么没见你拾棉花？

答：咱还能活几天，过一天是一天。我一天天地喘，脚脖子老是凉。我不去看，我要是看病，比你大娘的病还要多。

上面这则对话是我对高大爷的最后一次访谈。在后来的几年，我对高大爷的情况并没有给予特别关注。2014年初，我再次回沙村调查时，父亲说，高大爷得了脑瘤，"已经躺在床上起不来了"。高大爷觉得身体不舒服，先去县城检查，医院建议去大医院再检查。高大爷在儿子的陪同下去石家庄做了检查。医生的诊断结果是脑瘤，并给他开了10天的药，3000多元。高大爷一听说是脑瘤，说什么也不让儿子买药。他已经没救了。他自己没钱，到现在还欠别人一些钱。他知道，两个儿子都不是很好过，他不想给儿子增添负担。事实上，他已经彻底崩溃了。从医院回家时，他就不会走路了。回家后，他连饭也不吃，几天后，他勉强吃了一点儿，结果他再也没有站起来。

患病期间，高大爷没有采取任何治疗措施，整天躺在床上。一天晚上，我去高大爷家串门，此时他的儿子、儿媳都回家过年，同时照料卧床不起的高大爷。我到他家时，高大爷正躺在床上睡觉，我也没有特意向他问候，只是和他的家人聊天。高勇说高大爷"白天睡觉，晚上基本上一个小时醒一次，有时问问几点了，大部分时候都不说话"。一位邻居说："他今天早晨吃得不少，吃了一大碗面和两个鸡蛋。前段时间，他一直不怎么吃东西，不知道他还能坚持多久。"

几天后，我再次去看望他时，高阳值班，高勇送他媳妇回娘家了。我问高阳什么时候回省城。他回答，不知道。言外之意是，他不知道他爹还能"挺"多久。不过，他媳妇和孩子正月初六就要回娘家了，他在家待几天也该回省城上班了。过了一会儿，高大爷醒了，我简单跟他聊了几句，鼓励他多吃点儿，多活动。高大爷脑子清楚，但说话有些不清楚，而且有气无力。因为家里有亲戚来，所以没待多久，我就回家了。

三个多月以后，也就是 2014 年 5 月 22 日，高大爷在卧床小半年后告别人世，享年 66 岁。

二 锐歌：艰难的康复之路

刚得这病时，我心里光烦，没心思锻炼！哎呀，怎么得这病呢？我腻歪透了。最初，我光想这病啥时能好？后来，我慢慢知道了，这是慢性病，不容易好。当时，我心里说，花多少钱能看好，咱也要看看，这是一辈子的事儿。我得这病时忒年轻，如果我七八十岁了再得这病，我也不急了，歪歪着去呗。我以前干活儿心里没怵过，啥活儿也能干；现在不能干活儿了，光想干活儿，干起活儿来特别高兴，不吃饭也愿意。刚得病时觉得身上没劲儿，以为是累着了。咱以前也没得过病，心想这病能拿住咱？时间长了，脾气就被磨下去了。别人都说，别寻思了，寻思也不管用。谁都明白这道理。可是，他不能干活儿了，他一个人在家里不寻思病还能寻思啥？

——锐歌 2008 年 9 月 8 日

附录 B　村民患病经历纪实（两则）

锐歌小传

锐歌，男，1963 年生，身材矮小，没上过学，一直单身，曾在北京帮人做塑钢门窗，先患有高血压，后引发脑血栓。其父母和唯一的姐姐都已去世，只剩下他一个人。生病后，他有时自己做饭，有时跟着堂哥吃饭。在田野调查期间，我见过锐歌 10 多次，曾多次询问他的患病经历。锐歌也多次说到慢性病对他的影响。锐歌的表达能力不是很好。在随后的日记中，我将多以转述的方式记录他的患病故事。

2007 年 4 月 10 日

在村卫生室，我遇见了来拿药的锐歌。锐歌去年得了脑血栓。他说，当时根本想不通，他怎么会得这病，也不知道以后该怎么办。这时，文医生插话说，当时他连个笑脸也没有，来卫生室时总是坐卧不宁，如今有了笑脸，很不容易。在村民眼里，锐歌为人实在，谁家有活儿他都会去帮忙，但终因身材矮小没有娶上媳妇。得病之后，他自然会想，以后谁会照顾他呢。以前，他经常出去打工，什么重活儿累活儿都不怕；如今，他再也出不去了，也不能下地干活儿了。他说："我不知道能不能在地里下个棉花种？"医生笑着说："能，你可以在脖子上挂一个书包，边走边下种。"在村卫生室，他买了一瓶降血压的卡托普利片。我问他："就吃这一种药？"他说："别的药家里还有。"日后，我想对他进行深度访谈。

2007 年 4 月 12 日

在村卫生室，文医生给我讲起了锐歌的故事。得脑血栓之前，锐歌曾在北京打工。2006 年春天，他去了北京，秋天就得了脑血栓，冬天回家治疗。文医生说，在去北京之前，他就有高血压，并发症已经很严重了，所以让他带了三瓶治高血压的药。谁料到，锐歌的病情缓解之后，他就不再吃这些药了。事实上，他从北京回家时，又把从家里带到北京的药带了回来。对此，他很后悔，因为如果他吃了那些降压药，也许就不会得脑血栓了。得了脑血栓之后，他曾在北京的一家私人诊所输液三天，治疗效果不是很好，所以就回家了。

回老家后，锐歌在镇医院输过两天液，病情不但没有减轻，反而有所加重。当他找医院询问原因时，给他看病的医生已经找不到了。然后，他带了700块钱去县医院治疗。在办理住院手续之前，他去了集体病房，把铺盖放在了那里。病人有的在聊天，有的在打呼噜，他看见这些非常腻歪，于是要求回去。可是，刚下楼上了车，他又说要住院，就这样折腾了三四回。随同的人说，锐歌，你怎么这么折腾人啊！你到底是住院还是回家？其间，他曾问医院的医生他的病需要多少钱能看好。医生说，2000块。锐歌的经济条件并不富裕，听医生这么一说就下决心回家了。

文医生评论说，锐歌遇上事之后往往没有主见。有一次，乡卫生院为了争取更多的病号就在村里进行宣传，说免费为病人进行体检。那时，锐歌总是失眠。他问文医生他去不去。文医生说，你去吧，小心别上当，别在那里买太多的药。锐歌说，好。可是，他回家时还是花了300多块钱——他在卫生院医生的诱导下买了一些降血脂的药。现在，他经常去卫生室治疗，脸上也露出了笑容。他刚回家时很烦躁，总是坐卧不宁。在街上，别人见了他就逗他，让他想开些。这次生病对他的精神打击很大。没病时，他可以照顾自己；生病后，他需要别人照顾。然而，他没能娶上媳妇，谁又能很好地照顾他呢？有一次，他在卫生室输液时说他很冷。文医生问他是怎么回事。他说他还没吃饭。于是，文医生给了他一个馒头和一碗米汤，他吃了之后就好了。

2007年4月13日

补充了昨天的田野笔记后，我又去卫生室，到那里时已经九点半了。当时,我看见了正在输液的锐歌。锐歌说,他输液是为了预防脑血栓发作,一年输两次。这几天,他是这里的常客。文医生说,他上午要去一趟县城。这样,我就没有必要待在卫生室了。锐歌走时,我跟了过去,说想跟他聊聊。于是,我们沿着村卫生室南面的一个胡同一直往南走,边走边聊。由于这些年我常年在外,村卫生室附近的一些村民都不认识我。我跟锐歌聊天时,他们以为我在给他算卦。毕竟,一个病人跟一个陌生人聊天十分容易引起别人的误解。

锐歌以前很健壮,现在却只能摇摇晃晃地走,好像腿脚有了毛病。他去北京后之所以没有吃村医给他开的降压药,是因为他根本没有料到会有这样的后果。他得病之前没有明显的感觉,只是觉得浑身没劲,歇了一天还不好,然后就去了大医院,先是在医院输了一天液,后来又在门诊输了三天。他说这病是个"拉秧子病",不是三两天就能治好的,干脆回来吧。他刚得病时愁眉苦脸的,不愿意见人。尽管别人都告诉他要想开些,他说:"这不管用,谁都没想到会得这病,以后也不知道落成啥样。这病得时好得,好时难好!"现在,他的胳膊不疼不痒,也不麻木,就是没劲,不能动弹。他很清楚,得了这病,腻歪也不管用。在我们聊天时,一位老年妇女插话说,她五六年没敢断过降压药,因为她怕病情恶化。随后,她补充说,她得了这病之后就"傻"了——有一次她领小孩去邻村,然后就回不来了。

2007 年 4 月 15 日

在从章氏诊所回家的路上,我遇到了锐歌,他要去小卖部买点儿东西。在说到他的病情时,他说别人的脑血栓都比较轻,他一得就比较重。我安慰他不要有太大的心理负担,没准儿过一个夏天就好了呢!他说他的心思比较重,性子比较急,希望病能早点儿好。旁边的一位老年妇女评论说,这病来得快、去得慢。现在,他的左胳膊、左腿都不太灵活,甚至没有办法拿铁锨。天正在下雨，我说你快去买东西吧，改天再聊。我走时，锐歌对旁边的老妇说，跟我聊过天之后，他的心里舒服了很多。我希望能再看见他生龙活虎的样子！

2007 年 4 月 30 日

下午，我在东西大街的小卖部前看到了锐歌。闲聊了一会儿之后，我跟着他回家。他刚盖了三间北屋，屋里已经泥了白灰，屋外还没有抹洋灰。正屋里并排放着两台传统的木制织布机，墙上挂着几块玻璃匾；西屋是做饭的地方，墙根底下堆放着几十个输液瓶；东屋是锐歌住的地方，床南面的小桌上有一台新买的彩电，桌子上摆着几瓶药。锐歌现在吃五种药，有降血压的尼群地平和卡托普利，有预防和治疗脑血栓的脑血栓片、曲克芦丁和阿司匹林肠溶片。此外，桌子上还有一瓶治疗高血压和心绞痛的硝苯地平——这是他以前吃剩下的药。

他的脑血栓还没有好，左手不能完全伸开，左胳膊不仅抬不起来，而且无法往后伸。他的腿没事儿，不过脚丫子老是缩在一起。他还是没有力气，容易疲倦。他后悔当初得病后没有及时治疗，更后悔没有吃文医生开的降压药。去年，他身体不舒服时，没有及时去医院，他歇了一天班，第二天才去医院的。那天，检查和拿药花了 1000 多块，他在医院输了一天液，随后就拿着药在工厂附近的门诊输了三天。他不愿意总是麻烦同乡老板，所以就从北京回家了。回家以后，他去县医院看过四次，每次都花五六百块。之后，他急着去邻村扎"笨针"，每次几十块，他去了 10 多次。前段时间，他怕脑血栓再次发作，又去村卫生室输液一周。他说，人家得这病都花 1000 多块就好了，而他花了七八千块还没有看好。如果早知道这样，他就不那么急着看病了。

他刚得这病时心情很沉重，"像傻了一样"。他有时会想，"一辈子落成这样，活着还有啥意思"。他说"一个人就是不好"，因为没人跟他说话，也没人给他做饭。锐歌前段时间跟着堂哥一起吃饭，现在正是农忙季节，哥嫂从地里回来时早时晚，他觉得不太方便，所以这段时间他自己做饭。他说他不太会做饭，所以做的饭不如人家做得好吃。

2007年8月2日

上午我陪文医生去县医院，回来时见到了锐歌。他的病情有所好转。不过，他走路时仍然有些拐，因为他的左腿和左胳膊还是不太灵便，总是一只脚站稳后另一只脚才迈步。我跟锐歌聊天时，另一位脑血栓患者问道："你走路时能不能不拐？"锐歌说他听了这话之后只想笑。别人告诉他，要想得开，不要老想着它。锐歌说，一个人在家难受时不想这想什么？老年人得了脑血栓跟年轻人不一样，他这么年轻就得了脑血栓，不可能不烦。锐歌还说，健康的人不理解病人的心情，因为"病不在他/她身上"。这段时间，他一直坚持锻炼。我们聊天时，他不停地活动着胳膊和左手，而且脸上也有了笑容。炎热的夏天，他很少去地里干活儿，偶尔才会到地里掐花尖、撇花杈。

2008年3月13日

离开村卫生室后，我沿着村中曲曲折折的胡同去了锐歌家。屋里敞着门，我问了一声有没有人，便进了屋里。锐歌没在家，炉子上坐着锅，锅里的水已经滚开，我给他关了炉子。我在院子里喊了几声，还没见人来，于是我就走出了他的院子。刚走出他家的门口，我就见他拎着一袋速冻水饺回来了。

随后，我跟着锐歌又进了屋。他说起了最初得病时的心情。他刚得病时并不觉得烦，因为在他看来，他的病很快就会好。然而，过了一段时间，他的病情仍没有好转，这时他开始心烦意乱起来。又过了一段时间，许多人都劝他想开些，说他落成这样已经不错了。更为重要的是，他确实看见许多脑血栓病人的身体状况远远不如他。他也看到了一些癌症病人面临的困境：身体疼痛，无法进食。

锐歌说,他之所以不能很好地适应疾病,一是因为他得病的年龄太小,二是因为没有人照顾他,三是因为他没有办法干活儿了。在聊天时,他提到了第一次见到我时愉悦的心情。就是在那时,他还是希望奇迹出现,他希望我能提供一个治疗脑血栓的妙方,因为我是从北京来的,消息灵通。

为了更好地打发时间,锐歌买了两只小羊,经常跟着邻居去放羊。平时,他把小羊放在堂哥家。前几天,他觉得没有精力照顾小羊,也觉得把小羊长时间放在人家那里不方便,所以他就把两只小羊都卖了。

2008 年 9 月 8 日

在从村卫生室回来的路上,我看见了锐歌。他邀我去家里坐坐,我欣然答应。锐歌走路的姿态和步伐都有了很大进步,心态也比以前好了许多。他家院子里种了许多蔬菜,上午他还用手推车从堂哥家推了两半车粪,撅了撅地,挪了几颗白菜。现在,他白天和晚上的大部分时间都在家剥棉花桃。他没去地里拾过棉花:一方面他拾棉花时左手翻不过来,另一方面他没法把拾好的棉花背回来——他不会骑自行车,无法用自行车把棉花从地里驮回来。他的房间比以前干净多了,地面很干净,床很平整,桌子上摆放着一些药品。

这段时间,他总是去村东李医生那里扎"笨针",隔天去一次,然后拿两天的药回家,有时李医生也会让他拿些中药丸,他桌子上就摆放着两盒舒筋活血的中药。我让他算了一下花费,他说大约每月100块钱。他已经在那里治疗了四个多月,治疗效果还不错。李医生还告诉他如何做康复训练,并反复提醒他,这病一半靠治疗,一半靠锻炼。锐歌问:"这病到底能恢复到什么情况?"李医生说:"能恢复到别人看不出来你有病,但你自己知道,身体还是有些不舒服。"

在这次聊天中，锐歌再次讲述了他得病后的心理变化，并反复强调常人和病人之间的心理差异。他说："好人不理解病人的心情。好人光寻思干活儿挣钱，病人常寻思病啥时候能好。他不能干活儿，他能寻思啥呢？他要是糊涂了，他啥也不寻思，问题是他心里很清楚。现在光愿意干活儿，看人家都忙得不行，咱也想帮人家干点儿。"现在，锐歌还是一个人吃饭，跟着堂哥吃饭不方便：不知道人家什么时候下晌，光在家等着人家吃饭也不好意思。锐歌十分感激他的堂嫂。她安慰锐歌说："你就当自己岁数大了，不用干活儿了。你不干活儿不要紧，能顾上自己就行了；要是犯病了，你连自己也顾不上了。"

2008 年 9 月 9 日

锐歌躺在章氏诊所东屋的床上，他的左手和左腿上扎满了针，一扎就是一个小时。夏天病号多时，诊所厦沿底下、过道里都躺满了病人。

锐歌曾在北边赵村扎"笨针"，去了 10 多次，隔天去一次，然后再过电，每次都是一位邻居送他去。除了每次 10 多块钱的医疗费之外，他还要花上 20 块钱的往返车费。锐歌还告诉我，他在北京一家小医院输液时，那里的医生不敢给他输液，因为他的血压太高（高压 180mmHg）。锐歌笑着说："输吧，没事儿，死了也不让你兑命。"医生说："你再喊个人来吧？"后来，同乡老板叫了做饭的人去给锐歌做伴儿。

2010 年 7 月 23 日

早饭后，我径直去了锐歌那里，想了解一下他的近况。不承想，我到他家时，他已经和几位村民玩起了麻将。半个小时以后，又有四名中老年男子在另一个屋子里玩起了纸牌。锐歌看上去还可以，至少双手和头脑没问题，否则他就不能打麻将了。每个人都在寻找适合自己的娱乐方式——玩牌儿、坐在胡同口或街门口闲聊。这段时间，许多中老年村民都去锐歌家打麻将或玩纸牌，上午和下午通常有两桌，晚上人多，一般有三桌，还有大量的看客。通常，每天早上9点开始，12点散场；下午2点多开始，6点散场；晚上8点开始，11点半散场。白天人手不多时，锐歌也凑数玩一会儿。他说："人家来玩了，不能总是让人家等着。"不过，晚上人手再少他也不玩儿——晚上玩牌时，他总会失眠，甚至喝镇静药也不管用。

通过让村民在家里玩牌，锐歌每天都能提取10元左右的场地使用费，这样下来，他每月就有300元的收入，至少他的生活费用已不成问题。村委会想让锐歌入"五保"，但堂哥不愿意，因为一旦锐歌成了"五保户"，他的房子就会被充公。锐歌也怕自己老了没人管，所以就没有"带五保"。他说："带五保就毁了，房子成公家的了。在养老院里也吃不好，在家多自在，愿意干啥就干啥。"

2010年7月24日

在村支书家聊了半个小时以后，我绕过曲曲折折的小路去锐歌家。快到他家时，我看见他在胡同里放羊。他的智力、右手、右脚都没问题，但他的左手和左脚还是不怎么灵便。在胡同里待了一会儿，我随他去了家里。

锐歌再次提到了最初的患病经历和当前的身心状况。他说，刚得病时，他特别急躁，见了我之后特别想让我弄个偏方。他还说："当初如果我吃降压药就没事了，当时不疼不痒的，没寻思会得这病。刚得这病时，我一想到过去过来的事儿，心理压力就特别大，觉得活着没有意思了。"他随后补充说："没有意思也不能死！"现在，他已经接受了残酷的现实，内心也平静了许多。他知道这病没法除根，也不会有生命危险——如果不犯病的话。

现在，锐歌还是不能干活儿，左手无法蜷住，左脚也不利索。"手拿不住东西，端个簸箕也端不住，端一会儿就掉了。满身用力也拿不动东西，真气人。这病锻炼也没用，都是脑子的事儿。这病也死不了人，照护着（注意点）不犯就行，这病越犯越重。"锐歌在聊天时如是说。

2010 年 7 月 25 日

10 点钟，我从村支书家离开以后便去了锐歌家，他那里有三拨人在玩牌：有两桌打麻将的，还有一桌玩纸牌的。屋里闷热，烟味浓重。我在屋里待了片刻就出来了，锐歌随后也跟着出来了。我们在厦沿下再次聊起了他的生活状况。他说，每当人们去他家玩牌时，若人手不够，他就会搭一把手；人多时，他也会张罗着再开一桌。"人家来了如果玩不成，时间长了，人家就不来了。老百姓不干活儿了，不玩牌还能玩啥？我以前也喜欢站着，现在有这毛病，光站着受不了。光在屋里坐着也不行——人们都抽烟，烟味儿非常大，像烧火一样。"

2016 年 7 月 21 日

锐歌现在跟堂哥吃饭，只能在家附近溜达，"不敢去别的地方，因为怕摔倒了起不来"。他在屋里已经摔倒过好几次了。因为左腿、左手不听使唤，更不能用力，所以他摔倒后只能靠右手、右腿用力，站起来很困难。前段时间，他又犯了一次病，现在说话更加不清楚了，而且声音还很低。"咱不愿意说话，说话也说不清，光流哈喇子，脏得不行。"他说别人不知道他说话时要用多大力气，"说话使劲儿大了，觉得肚子疼。哎呀，可遭罪了。光着急。一时半时也死不了，要是一下子死了就好了。喝药死忒难受。冬天受罪，夏天也受罪，天忒热，被子潮得不行，是东西都黏糊糊的。"锐歌断断续续地说出了上面的几句话。

尾声

我最后一次见锐歌是在 2017 年春天。那天，他坐在胡同门口。

虽然已经进入初春，但是他还是穿着冬天的衣服。衣服有些脏旧，他的眼圈带着眼屎，嘴角还淌着口水。显然，他的健康状况已经远远不如从前，生活已经不能完全自理。从锐歌身上，我看到了一个单身慢性病人生活的艰辛，也看到了慢性病的不可治愈性。

2019年秋天，在经历了10余年的病痛之后，锐歌告别人世，终年57岁。

附录 C　北卡项目：慢病干预的国际经验[*]

自20世纪90年代以来，慢性病已经成为中国的主要公共健康问题。在此背景下，慢病干预不仅是一个学术问题，而且是一个重大的现实问题。本文全面梳理了芬兰北卡项目的主要成就、关键举措和成功经验，并在此基础上讨论了芬兰经验对中国慢病干预的启示。北卡项目表明，社区干预是慢性病预防和控制的有效路径。中国政府要想有效应对慢性病的挑战，总体上应该采取社区干预的思路，同时需实施"将健康融入所有政策"，为慢性病的社区干预创造良好的社会氛围。

自20世纪70年代以来，随着慢性病在西方发达国家流行，欧美国家实施了多个慢病干预项目，其中最有影响力的就是芬兰于1972年实施的北卡累利阿项目（North Karelia Project，以下简称"北卡项目"）。北卡项目是世界上第一个以社区为基础的大型心血管病综合预防项目。该项目取得了举世瞩目的干预效果和研究成果，项目经验更是直接影响了世界卫生组织的慢性病预防工作。最近20年，中国慢性病问题日益凸显，国内学者对芬兰的慢病干预经验进行了一些介绍和报道，但总体而言这些还不够系统和深入。基于此，本文旨在全面梳理芬兰北卡项目的主要成就、关键举措和成功经验，并在此基础上讨论芬兰经验对中国慢病干预的启示。

---

[*] 郇建立，2017。收录本书时略有改动。

一 北卡项目概览

20世纪60年代末，芬兰是心脏病的高发国家，而地处东部的北卡累利阿（以下简称"北卡"）省/地区则是全世界心脏病死亡率最高的地区。媒体报道引起了政府官员和普通公众对心脏健康的关注。1971年1月，北卡省政府向芬兰政府请愿，要求国家帮助北卡地区解决心脏病问题。芬兰心脏协会率先采取行动，不仅成立了一个特别工作小组，还与世界卫生组织建立了联系。同年9月，在项目规划研讨会上，参会者确定了北卡项目的组织机构、项目目标、工作原则和干预策略。

北卡项目的初始机构由董事会、指导委员会、项目负责人和协调中心组成，其中省长蒂莫宁（Esa Timonen）担任董事会主席（1972~1992年），帕斯卡（Pekka Puska）担任项目负责人（1972~1997年）。在项目执行过程中，项目现场办公室（以下简称"项目办"）发挥了至关重要的作用。项目办的工作主要包括社区活动的策划和协调、健康教育的规划和实施，以及相应的日常行政工作。项目主任、核心研究者和项目工作人员每月开一次例会，讨论并决定项目实施的各种问题。

北卡项目的主要目标（main objectives）是降低当地人口主要慢性病（尤其是心脏病和中风）的死亡率和发病率，促进当地人口健康。中期目标（intermediate objectives）是降低当地人口主要风险因素的水平，促进二级预防。同时，北卡项目有一个国家目标（national objective），即检验项目效果，推广项目经验。因此，北卡项目起初是芬兰的试点项目，后来成了国家的示范项目和模范项目。

北卡项目始终坚持一级预防的原则，形成了以社区为基础的慢病干预策略。当时，流行病学研究（如"七国研究"和"弗莱明翰心脏研究"）已经清楚地表明，吸烟和不健康饮食是心血管病的主要风险因素。因此,北卡项目的中心任务就是通过社区干预来改变北卡人群的风险因素状况,重点是通过各种社区项目(如胆固醇项目、高血压项目、无烟运动、学校健康项目、工作场所项目以及浆果和蔬菜项目)改变不健康的生活方式。概括地说,北卡项目是一个旨在通过改变日常生活方式和风险因素来预防心血管病的社区干预项目。

北卡项目的预定期限是 5 年,从 1972 年开始,到 1977 年结束。1972 年 1 月,项目办在北卡地区和邻省进行了大规模的基线调查;同年 4 月,基线调查完成,随后实施了各种干预活动。1977 年,项目办对干预措施进行了总结性评估。评估结果表明,北卡出现了积极的变化。芬兰政府决定继续实施北卡项目,并向全国推广北卡经验。1997 年,北卡项目宣布结束,但干预活动仍在进行。

在项目实施的 25 年间,项目办在 1972 年、1977 年、1982 年、1992 年和 1997 年开展了 6 次横断面人群调查,对主要风险因素状况进行评估。在项目结束后,项目人员在 2002 年和 2007 年对北卡地区的风险因素水平再次进行了横断面人群调查。上述调查结果表明,北卡项目是非常成功的(Puska,2009a)。

二 北卡项目的主要成就

北卡项目的成就主要体现在三个方面:一是慢性病死亡率的下降;二是风险因素的减少;三是健康行为的增加。事实上,北卡慢性病死亡率的大幅度下降,主要是因为项目干预导致的风险因素的减少和健康行为的增加。

(一)慢性病死亡率的下降

北卡项目的首要目标是降低男性冠心病的死亡率。在 35 年间(1969/1971~2005 年),北卡男性人群(35~64 岁)的冠心病死亡率下降了 85%。在 20 世纪 70 年代,北卡男性冠心病死亡率的下降速度远远高于对库奥皮奥省（对照区）和芬兰全国。此后，芬兰其他地区的冠心病死亡率也开始出现大幅度下降，而北卡省在几年内都没有再下降。自 20 世纪 80 年代中期以来，整个芬兰的男性冠心病死亡率都在急剧下降，而北卡省则开始达到全国平均水平。

统计数据表明，这种下降趋势还涉及中风和癌症的死亡率以及全因死亡率。在 35 年间，男性的中风死亡率下降了 69%，癌症死亡率下降了 67%（其中，肺癌死亡率下降了 80%）。除女性癌症外，所有主要死因的死亡率都大幅度下降。例如，男性心血管病死亡率的下降幅度为 80%，而女性为 83%。正是由于主要死因死亡率的下降，男性和女性的全因死亡率分别下降了 63% 和 51%（Puska, Nissinen, & Vartiainen, 2009）（见表 1）。

表 1 北卡省/地区 1969~1971 年和 2006 年 35~64 岁
人口死亡率（1/10 万）及其变化

单位：%

死亡率	性别	1969~1971 年	2006 年	变化
全因	男性	1567	572	-63
	女性	526	256	-51
心血管病	男性	892	182	-80
	女性	278	46	-83
心脏病	男性	701	103	-85
	女性	126	13	-90
中风	男性	93	29	-69
	女性	68	12	-82
癌症	男性	288	96	-67
	女性	126	92	-27

（二）风险因素的减少

如前所述，高血清胆固醇、高血压和吸烟是影响北卡居民健康的主要风险因素。每隔五年的风险因素评估调查表明，从 1972

年到2007年，北卡男性的胆固醇水平下降了21%，女性的胆固醇水平则下降了23%；男性收缩压和舒张压水平分别下降了12mmHg和9mmHg，女性收缩压水平和舒张压水平分别下降了21mmHg和14mmHg；男性吸烟率下降了21%，女性吸烟率有所上升。2002年以前，女性吸烟率呈缓慢上升趋势，2002年之后有所下降（见表2）。

总体而言，北卡地区的主要风险因素水平都有大幅度下降，下降趋势最为明显的是项目初期的10年。此后，随着全国性活动的展开，整个芬兰的风险因素水平普遍降低（Vartiainen et al., 2009; Puska, 2008）。

表2 北卡地区35年间（1972~2007年）30~59岁人口主要风险因素的变化

年份	男性 吸烟率（%）	男性 血清胆固醇（mmol/l）	男性 血压（mmHg）	女性 吸烟率（%）	女性 血清胆固醇（mmol/l）	女性 血压（mmHg）
1972	52	6.92	149/92	10	6.81	153/92
1977	44	6.52	143/89	10	6.40	141/86
1982	36	6.30	145/87	15	6.11	141/85
1987	36	6.25	144/88	16	5.98	139/83
1992	32	5.88	142/85	17	5.56	135/80
1997	31	5.65	140/84	16	5.55	133/80
2002	33	5.74	137/83	22	5.47	132/78
2007	31	5.45	137/83	18	5.24	132/78

（三）健康行为的增加

北卡省1972~1977年对25~59岁的成年人群进行了半年一次的邮寄调查，以监测健康行为的趋势；从1978年起，开始通过每年一次的邮寄调查收集资料。调查结果表明，从1972年到2004

年，北卡成年人群的健康行为发生了可喜的变化，其中，最突出的变化是饮食习惯明显变好。与此同时，男性吸烟率不断下降，身体锻炼逐渐增加，血压和胆固醇监测日益受到重视。

北卡居民饮食习惯的变化主要表现在两大方面：一是黄油和高脂牛奶的消耗量急剧下降；二是植物油和新鲜蔬菜的消费量有所上升。例如，1972年春，86%的男性和82%的女性报告说，他们主要用黄油抹面包；在21世纪初，只有10%的男性和4%的女性用黄油抹面包，42%的男性和47%的女性用低脂酱（脂肪含量低于60%的人造黄油）抹面包。再如，1972年春，北卡省仅有2%的人群使用植物油烹饪食物；1973年至1978年，该比例约为6%；21世纪初，大约有40%的北卡人群使用植物油烹调食物（Helakorpi et al.，2009）。

三 北卡项目的干预措施

在项目开展的25年间，项目办组织和策划了大量的干预活动。在不同时期，项目活动的划分类别和实施重点有所不同。在项目规划时，干预措施涉及健康教育、预防服务、人员培训、环境改变和信息监测，其中，控烟、营养、高血压、心脏病、康复训练和风险因素筛查是最初制定的子项目。在项目实施时，干预措施通常按照媒体宣传、卫生服务、社区组织、环境和政策等活动类别进行分组。此时，控烟、低胆固醇饮食和降低血压是项目的干预重点。在项目后期，干预活动以特定子项目的形式付诸实施，其中，胆固醇项目、控烟项目、浆果/蔬菜项目、工作场所项目以及北卡青年项目是主要的子项目。总体而言，干预措施已经由以初级卫生保健（风险因素控制）为导向，逐步演变为以健康促进（社区动员）为主。

在下文中，我将概括介绍北卡项目的主要活动领域，并在此基础上呈现一些富有特色的子项目和干预范例。

(一) 主要活动领域

北卡项目的主要活动领域包括健康教育、预防服务、环境改变，以及信息监测和特殊干预（Muuttoranta et al., 2009）。

健康教育始终是北卡项目的一项优先工作。项目执行期间，项目办印刷了大量的宣传资料，新闻界对项目活动做了数以千计的报道。例如，北卡项目前五年，项目办印刷了27800份健康教育宣传单、22000份海报和3000份项目信息公告，制作了22600份墙报、80000份反吸烟标牌和74000份反吸烟标贴，当地报纸刊发了1500余篇项目报道。同时，自1978年以来，北卡项目与芬兰电视二台合作播出了有关戒烟（stop smoking）和健康秘诀（keys to health）的全国性大型电视系列节目。在电视节目播放期间，项目办还发放了大量的宣传资料。电视节目项目无疑是一个有力的干预方法，也是北卡项目从"试点项目"变为国家"示范项目"和"模范项目"的重要途径。

预防服务一直是北卡项目的活跃领域。在项目实施前，项目办首先对当地卫生中心的内科医生和公共卫生护士进行了培训，并与他们一起开发了各种预防活动和预防指南。在项目实施过程中，项目办要求他们帮助每位患者及来访者纠正健康风险因素，主要工作包括：(1) 询问并记录吸烟史，提出戒烟建议；(2) 询问饮食习惯及血清胆固醇和血压的测量情况，并提出建议；(3) 向心脏病患者提供建议。在北卡项目的前几年，卫生服务是活动的重点内容，其中高血压测量活动最为频繁。

环境改变是北卡项目的宏观目标和重要活动。如前所述，北卡项目希望通过整体环境的改变来实现生活方式的转变。首先，北卡项目鼓励工作场所、学校、家庭等地创立无烟区。早期的"禁止吸烟"（No Smoking）标语已经转变成更为正面的说法——"无烟场所"（Smoke-free）。目前，芬兰的绝大多数公共场所都已经是无烟区。其次，北卡项目与食品制造商和餐饮商开展经常性的合作，其根本目标是帮助人们能够买到健康的食品，而具体目标则是使人们减少饱和脂肪的摄入，并增加蔬菜、植物油和浆果的消费。

信息监测和特殊干预也是北卡项目的重要活动领域。信息监测是北卡项目的一项长期工作。该工作由国家公共卫生研究院负责，其基础是死亡率数据统计、疾病登记、风险因素调查和健康行为调查。在北卡项目中，健康教育和媒体活动的内容主要取决于监测结果。此外，在健康教育和促进工作中，项目办还采取了竞赛的方式，并取得了巨大成功。携手食品行业、媒体、学校、健身俱乐部和非政府组织，项目办组织了大量的竞赛活动，如村际降低胆固醇比赛和戒烟大比拼。

（二）富有特色的子项目和干预范例

项目负责人帕斯卡教授曾经撰文概括了北卡项目的主要子项目经验和创新性干预范例，其中工作场所项目（Worksite Programs）、民间领袖项目（Lay Leader Program）、浆果和蔬菜项目（Berry & Vegetable Project）以及村际降低胆固醇比赛（Cholesterol Lowering Competitions between Villages）都是具有代表性的子项目和干预范例（Puska，2009c）。

1. 工作场所项目

项目开展以来，许多工作场所主动联系项目办策划并开展多种活动，包括一般健康风险因素监测、健康知识宣传、联合活动（如体育竞赛、减肥小组）、食堂饭菜的改善（如提供更多的蔬菜和低脂肪食品），以及工作场所的禁烟规定。20世纪80年代，项目办开展了一个专门的工作场所项目。项目办从北卡省不同地区中选择了8个中等规模的工作场所参加北卡项目的电视节目，从每个场所邀请一名吸烟者作客电视节目演播室。在电视节目中，这些人尝试戒烟、改善饮食、增加锻炼，及参与其他健康促进活动。每个人都为工作场所的同事做出表率。同时，各种辅助活动也开展起来，如健康风险因素监测、健康知识宣传和食堂饭菜的改善。工作场所项目在许多重要工作场所，如面包店和报社，都取得了良好效果。

2. 民间领袖项目

北卡项目实施几年后，项目办讨论如何进一步影响北卡地区居民的生活方式。他们认识到，在人群和社区中，非正式的意见领袖常常影响着人们的态度和行为。基于此，他们启动了民间领袖项目。在北卡省的每个自治市，项目办通过对当地社区负责人和其他信息提供者的访谈，找出当地村庄的意见领袖，并向他们介绍北卡项目，邀请他们为项目出力。这个项目的核心思想是，让意见领袖在日常生活中全面关注健康生活方式和必要的环境改变，然后努力促成人们做出相应的改变，例如，与人讨论吸烟和饮食问题，宣传无烟会议和无烟机构，督促当地水果店主多提供低胆固醇食物，等等。从1979年到1995年，800多位意见领袖参加了项目办的培训会。该项目进展顺利，明显促进了北卡项目的成功。

3. 浆果和蔬菜项目

北卡地区以乳制品业为主，水果和蔬菜多数从国外进口。随着人们追求健康饮食理念，对水果和蔬菜的消耗日益增加，黄油和脂肪乳制品消费量锐减，乳制品农场主和乳制品企业遇到了经济困难。针对上述问题，社区和项目代表认为可以利用北卡的气候条件，大面积种植既营养又美味的浆果，如黑加仑、红加仑、草莓和野生浆果。1985年，在当地农户、浆果企业、商业部门和卫生机构的通力合作下，浆果项目正式启动。项目由农业部和商业部提供资金支持，连续五年开展创新活动，以促进当地浆果消费，推动浆果项目开展。这些创新活动不仅包括信息和教育，还包括促销、新产品开发和各类辅助活动。随后，当地浆果消费量逐渐上升，北卡省多个地区浆果种植数量大幅度增加，许多农民由生产乳制品改为生产浆果产品。

4. 村际降低胆固醇比赛

20世纪80年代末期，项目办筹划进一步开展降低胆固醇活动时发现，偏远乡村地区的胆固醇水平最高，因为这些地区盛行传统的饮食方式。基于此，项目办宣布在愿意参与项目的村庄之间开展一次改变饮食习惯、降低胆固醇的比赛。项目办本想组织几个村庄举办一次示范性比赛，但后来有40多个村庄想参加比赛。第一次比赛在七个村庄间展开。项目办首先测量了村民成年人的胆固醇水平，然后在村民中开展干预活动（促进饮食方式的变化，进而降低胆固醇水平）。两个多月后，项目办再次测量了这批人的胆固醇水平。获胜村庄的胆固醇水平平均下降11%，所有参加比赛村庄的胆固醇水平平均下降5%。为了让更多村庄参与该活动，半年以后，项目办举办了第二次比赛，比赛仍收到了良好效果。

四 北卡项目的国际经验

北卡项目的成功引起了普遍的国际关注，人们不断询问项目办北卡项目成功的原因。项目负责人帕斯卡教授及其同事对项目的成功之处进行了多次总结（Puska et al., 1985; Puska et al., 1998; Nissinen et al., 2001; Puska, 2002; Puska, 2009b; Puska et al., 2009; Puska, 2010）。北卡项目的成功当然离不开各级政府的重视与支持，也离不开项目主任的献身精神和领导能力。不过，在我看来，恰当的理论框架、有效的干预活动、广泛的社区参与、跨部门的沟通与合作，都是项目成功的关键所在。

（一）恰当的理论框架

北卡项目之所以能取得成功，一个根本原因就是使用了恰当的理论框架。在干预实践中，项目办同时使用了医学/流行病学和行为/社会科学的理论框架。项目办清楚地认识到，慢性病的社区干预项目需要以一种系统的方式加以精心构思、规划和实施；其内容取决于如何因地制宜地巧妙运用现有的医学/流行病学、行为/社会科学等诸领域的知识。在社区卫生干预项目中，如果说医学/流行病学框架有助于确定健康问题、风险因素和干预策略，那么行为/社会科学框架则有助于设计项目的具体活动和干预目标。

在项目启动阶段，世界卫生组织专家给予了许多建议和帮助，尤其是为项目提供了最重要的风险因素及其本质的相关信息。基于流行病学的考虑，北卡项目采取了以社区为基础的干预方法，即通过全方位的社区活动来改变人们的不良生活方式，进而降低普通人群而非高危个体的风险因素水平。项目办认识到，生活方式是以复杂的方式嵌入社会环境和自然环境的。如果没有社会环境和社会结构的改变，那么人们的生活方式也难以发生改变。因此，项目办在实施干预活动时使用和借鉴了一系列行为/社会科学的理论框架，其内容涉及行为改变、创新传播和社区动员。此外，在项目发展到国家层面后，社会政策问题也非常重要。显然，如果单纯使用医学/流行病学的框架，具体项目可能不会收到现有的干预效果，北卡项目也很难成为国家/国际级的示范项目。

（二）有效的干预活动

北卡项目的成功不仅得益于恰当的理论框架，还依赖于灵活有效的干预活动。项目开展的 25 年间，尽管核心经费并不是很多，但项目办还是以子项目的形式开展了无数干预活动。这些干预活动之所以能取得良好的干预效果，主要是因为项目办制定了明确的干预目标，采取了双向的干预方法，并及时向当地居民反馈监测信息。

如前所述，降低普通人群的主要风险因素是北卡项目的中期目标。因为胆固醇和血压都与饮食有关，所以改变饮食方式、降低吸烟率就成了项目的直接目标。例如，在饮食方面，项目办呼吁北卡居民用人造黄油代替天然黄油，选择低脂或无脂牛奶，购买瘦肉以及多吃蔬菜。此外，项目办还强调减少食盐的摄入量。

在干预方法上，项目办同时采用了"自下而上"和"自上而下"的方式。项目开始时采取了"自下而上"的方式，即北卡居民代表请求专家和政府采取措施降低冠心病死亡率。在干预实践中，项目办反复强调，"这是你们的项目"，"只有你们才能改变北卡"。与此同时，国际和国内专家用"自上而下"的方式确定了项目目标；项目办在设计理论框架、确定干预活动、开展项目评估等方面采纳了大量的专家建议。

项目办十分注重监测信息的反馈。随着北卡项目的推进，监测工作不断发展，并成为芬兰慢性病监测及其预防的基础。不过，项目办很快就意识到，监测信息不仅要服务于项目评估，还应该用于健康教育。实践表明，通过媒体向当地群众反馈监测结果，尤其是饮食习惯、风险因素及疾病率方面的积极变化，是一种最强有力的干预模式。媒体对监测反馈和变化趋势十分感兴趣。因此，监测信息经常被用于说服民众。许多人都回应说，他们愿意购买脱脂牛奶。项目办在与乳品行业讨论时也经常使用类似的信息。同时，项目办还利用人们对无烟政策的反应去推动控烟法案的修正。

（三）广泛的社区参与

广泛的社区参与是北卡项目取得成功的一个重要原因。尽管项目办制定了项目目标，培训了工作人员，策划了干预活动，并进行了结果评估，但绝大多数的实际工作都是由社区本身完成的。在项目实施过程中，普通村民、村庄领袖、学校教师、当地医生和公共卫生护士以及无数的社区组织都参与了进来。

首先，北卡项目的成功离不开北卡人民的广泛参与。项目办在启动项目活动时特别强调，人民群众是项目的主人。在项目组织和实施过程中，大量的当地群众参与进来。例如，在项目初期，当地医生和公共卫生护士登记了两万名高血压患者，并为他们提供了指导和治疗，同时举办了许多具体活动（如村际降低胆固醇比赛、张贴"无烟标示"),这些活动的人群覆盖面极广。项目的高知晓率及大量人群参与的事实也在数次评估调查中得到验证。

北卡人民不仅踊跃参加项目活动,还积极提供各种信息。例如,一位北卡妇女这样写道:"这个项目触动了我的心弦,因为我的丈夫就死于心脏病。五年前,他曾经犯过一次心脏病,随后又发作过两次,第三次发作夺去了他的生命。他吸烟很多,这损害了他的心脏,并导致了他的死亡。我希望这个项目可以帮助和教育更多的人,以免他们在大好年华时失去健康。"

其次,北卡项目的成功离不开当地卫生工作者的参与。北卡项目的干预范围十分广泛,项目办清楚地认识到,卫生服务应该成为干预的支柱。在当地健康中心,公共卫生护士和内科医生发挥着极其重要的作用。一方面,公共卫生护士与当地群众关系密切,一直从事重要的公共卫生工作,如在芬兰早期,他们从事抗击肺结核和预防儿童死亡的工作。他们的热情和奉献精神对项目的早期工作至关重要。另一方面,内科医生在当地具有一定权威,他们是医疗领域的专家。显然,他们的支持与合作也十分重要。可以理解,如果没有公共卫生护士和内科医生的参与,北卡项目根本不可能成功。

最后,正如我们即将看到的那样,北卡项目的成功离不开社区组织的参与。在北卡项目中,无论是官方的服务机构(如卫生服务机构、社会服务机构、当地学校、体育部门),还是民间的非政府组织(如芬兰心脏协会、家庭主妇协会、工会),抑或是私人部门(如食品行业和零售业),都参与了进来。社区组织的参与对北卡整体环境的改变具有重要推动作用。

(四) 跨部门的沟通与合作

跨部门的沟通与合作也是项目成功的一个关键因素。20世纪70年代,慢性病的社区预防是一个崭新思路。在干预实践中,项目办与社区机构紧密合作,利用各种机会与政府部门、非政府组织、大众传媒与食品行业进行沟通，探讨如何才能实现项目目标。

项目办与 MARTTA 家庭主妇协会进行了广泛合作，以推动北卡居民饮食方式的变化。该组织在乡村地区有很大影响力，尤其是在新烹饪方式推广方面。从 20 世纪 70 年代到 90 年代，项目办与该组织开展了一系列富有影响的专项合作，如 20 世纪 70 年代的"长寿聚会"（the Parties for Long Life）、80 年代的"心悦晚会"（the Happy Hearts' Evening）和 90 年代的减肥运动。每个项目都吸引了数千名家庭主妇及其家庭成员的踊跃参加。

项目办与媒体开展了富有成效的合作。项目刚开始时，很少有媒体报道健康新闻。于是，项目办鼓励媒体尽可能多报道项目活动。项目办与媒体工作人员的关系非常密切，其目标是满足媒体的报道需要。因为人们对健康和北卡项目很感兴趣，所以媒体也愿意进行报道。媒体报道无疑促进了项目的成功。正是由于媒体的宣传报道，北卡项目既引发了广泛关注，又振奋了人心。

此外，项目办还与食品行业开展了意义非凡的合作。20 世纪 70 年代，项目办与乳品厂和香肠厂一道进行低脂肪乳品和香肠的促销宣传，同时与超市及其分店进行合作。20 世纪 70 年代末期，双方合作的重点是减少食品的盐含量。20 世纪 80 年代末，考虑到居民的胆固醇水平仍然较高，项目办开始以降低胆固醇为重点，着力推动饮食习惯的改变。项目办与植物油厂进行密切合作，并成功研发出芬兰国产菜籽油。项目办与食品行业的合作促进了植物油（尤其是菜籽油）在烹调中的使用。项目办与大型面包店合作后，面包店的黄油几乎全部转为人造黄油。总之，项目办与食品行业的合作有效推动了北卡居民饮食习惯的改变。

五　北卡项目的重要启示

目前，慢性病已经成为中国的主要公共健康问题。最近 10 年，慢性病患病率呈快速上升趋势。每隔五年一次的全国卫生服务调查结果表明，中国的慢性病患病率（按例数计算）2003年为15.1%，2008年上升为20.0%，2013年又迅速上升为33.1%（卫生部统计信息中心，2009；徐玲、孟群，2014）。早在2009年，卫生部部长陈竺就在"糖尿病国际论坛"上指出，如果没有强有力的干预措施，在未来30年内，中国慢性病可能出现"井喷"（余易安，2009）。两年之后，英国《柳叶刀》杂志发表社论指出，"控制慢性病是中国主要的卫生挑战"（Editorial，2011）。在此背景下，中国的慢性病预防和控制不仅是一个学术问题，而且是一个重大的现实问题。

（一）社区干预是慢性病预防和控制的有效路径

要想有效应对慢性病的挑战，中国政府和卫生部门总体上应采取社区干预的思路。在项目规划阶段，政府和卫生部门需要采用医学/流行病学的理论框架去确定干预目标，并运用行为/社会科学框架去设计具体的干预活动；在项目实施阶段，有效的干预活动、广泛的社区参与和跨部门的沟通与合作是社区干预项目成功的基本要素；在项目总结阶段，要进行科学的评估，以便能在较大区域推广项目经验。

客观地说，慢性病的社区干预在中国并不是新鲜事物。事实上，卫生部在1997年和2007年先后实施了"慢性病社区综合防治示范点"建设工作和"慢性病（社区）综合干预项目"。总体而言，这些社区干预项目的范围和影响十分有限，并未在全国范围内形成应有的示范效应。同时，大多数慢性病的社区干预项目都存在以下两类问题：一是"试点时效果显著，推广时没有效果"；二是"试点地区项目开展期间有效，项目结束后缺乏持续性"（田娜等，2013）。这种现象的出现可能是因为项目设计不周、干预力度不够、社区参与不足，也可能是因为卫生部门和相关部门之间缺乏合作。最近的一项调研结果表明，即便是在慢性病防控开展较好的城市，跨部门合作也缺乏持续性，难以满足慢性病防控的需要（张艳春、秦江梅，2014）。这意味着，慢性病的社区干预项目要想取得满意的效果，不仅需要认真设计项目，还需要加大干预力度，并处理好跨部门合作问题。

（二）慢性病的社区干预效果离不开宏观公共政策的支持

尽管社区干预是慢性病预防和控制的有效路径，但有必要指出，慢性病的社区干预效果离不开宏观公共政策的支持。如果没有适宜的宏观公共政策，则难以形成慢性病防控的跨部门合作，难以改变慢性病流行的结构性因素，难以形成健康的生活环境，在这种情况下，个人和家庭也就很难选择健康的生活方式（孔灵芝，2013）。许多学者都认识到，一个人的健康状况不仅是个人生活方式的选择问题，也是复杂的社会结构问题。更明确地说，个人的健康问题有其社会根源。

我在冀南沙村的田野调查表明，饲料喂养和农药使用是威胁村民健康的重要因素，因为二者都涉及食品安全；人口老龄化是不容忽视的因素，因为老年人比年轻人更容易患上各种慢性病；贫困是影响健康的重要因素，因为穷人更容易放弃治疗。此外，环境污染和破坏也增加了村民的健康风险（郇建立，2014）。因此，我们需要有效的农业政策、人口政策、福利政策和环境政策去干预上述风险因素。进一步来说，要想有效遏制慢性病，中国政府需要实施"将健康融入所有政策"（Health in All Policies，HiAP），通过卫生部门之外的其他部门（如农业、环境、食品、民政、人力资源与社会保障等部门）来改善居民健康，并形成跨部门门的合作机制（Puska，2007）。中国曾经用比其他国家更短的时间有效控制了传染病，今天，她同样有机会用较短的时间去遏制慢性病带来的严重的健康损失和经济损失。如果这样，中国将成为应对慢性病挑战的全球楷模。

参考文献

郇建立，2014，《中国乡村慢性病的社会根源：基于冀南沙村的田野考察》，《北方民族大学学报》（哲学社会科学版）第 6 期。

郇建立，2017，《慢性病的社区干预：芬兰北卡项目的经验启示》，《中国卫生政策研究》第 6 期。

孔灵芝，2013，《关于当前我国慢性病防治工作的思考》，《中国卫生政策研究》第 1 期。

田娜、付朝伟、徐望红，2013，《芬兰慢性病防控成功案例分析及启示》，《中国初级卫生保健》第 2 期。

卫生部统计信息中心，2009，《2008 中国卫生服务调查研究》，北京：中国协和医科大学出版社。

徐玲、孟群，2014，《第五次国家卫生服务调查之二：卫生服务需要、需求和利用》，《中国卫生信息管理杂志》第 3 期。

余易安，2019，《陈竺：未来 30 年慢病将"井喷"》，《健康时报》11 月 5 日，第 1 版。

张艳春、秦江梅，2014，《将健康融入所有政策视角下慢性病防控的挑战与对策：基于我国健康城市的典型调查》，《中国卫生政策研究》第 1 期。

Editorial. 2011. "China's Major Health Challenge: Control of Chronic Diseases." *Lancet* 378 (9790): 457.

Helakorpi, S., Uutela, A., & Puska, P. 2009. "Chapter 7 Health Behavior and Related Trends." in *The North Karelia Project: From North Karelia to National Action*, pp. 85 – 101, edited by Puska, P., Vartiainen, E., Laatikainen, T., et al. Helsinki: Helsinki University Printing House.

Muuttoranta, A., Korpelainen, V., & Puska, P. 2009. "Chapter 5 The Intervention Practice." in *The North Karelia Project: From North Karelia to National Action*, pp. 57 – 63, edited by Puska, P., Vartiainen, E., Laatikainen, T., et al. Helsinki: Helsinki University Printing House.

Puska, P. 2002. "Successful Prevention of Non-communicable Diseases: 25 Year Experiences with North Karelia Project in Finland." *Public Health Medicine* 4 (1): 5 – 7.

Puska, P. 2007. "Editorial: Health in all Policies." *European Journal of Public Health* 17: 328.

Puska, P. 2008. "The North Karelia Project: 30 Years Successfully Preventing Chronic Diseases." *Diabetes Voice* 53: 26 – 29.

Puska, P. 2009a. "Chapter 2 Main Outline of the North Karelia Project." in *The North Karelia Project: From North Karelia to National Action*, pp. 19 – 25, edited by Puska, P., Vartiainen, E., Laatikainen, T., et al. Helsinki: Helsinki University Printing House.

Puska, P. 2009b. "Chapter 3 General Principles and Intervention Strategies." in *The North Karelia Project: From North Karelia to National Action*, pp. 27 – 48, edited by Puska, P., Vartiainen, E., Laatikainen, T., et al. Helsinki: Helsinki University Printing House.

Puska, P. 2009c. "Chapter 15 Experience with Major Subprogrammes and Examples of Innovative Interventions." in *The North Karelia Project: From North Karelia to National Action*, pp. 57 – 63, edited by Puska, P., Vartiainen, E., Laatikainen, T., et al. Helsinki: Helsinki University Printing House.

Puska, P. 2009d. "Chapter 22. General Discussion, Recommendations and Conclusions." in *The North Karelia Project: From North Karelia to National Action*, pp. 279 – 298, edited by Puska P, Vartiainen E, Laatikainen T, et al (editors). Helsinki: Helsinki University Printing House.

Puska, P. 2010. "From Framingham to North Karelia: From Descriptive Epidemiology to Public Health Action." *Progress in Cardiovascular Diseases* 53: 15 – 20.

Puska, P., Nissinen, A., Tuomilehto, J., et al. 1985. "The Community-based Strategy to Prevent Coronary Heart Disease: Conclusions From the Ten Years of the North Karelia Project." *Annual Review of Public Health* 6: 147 – 193.

Puska, P., Nissinen, A., & Vartiainen, E. 2009. "Chapter 20 International Experiences with Community based CVD Prevention Programmes and their Evaluation." in *The North Karelia Project: From North Karelia to National Action*, pp. 243 – 266, edited by Puska, P., Vartiainen, E., Laatikainen, T., et al. Helsinki: Helsinki University Printing House.

Puska, P., Torppa, P., & Salomaa, V. 2009. "Chapter 10 Mortality Trends." in *The North Karelia Project: From North Karelia to National Action*, pp. 125 –

134, edited by Puska, P. , Vartiainen, E. , Laatikainen, T. , et al. Helsinki: Helsinki University Printing House.

Puska, P. , Vartiainen, E. , Tuomilehto, J. , & Nissinen, A. 1998. "Community-based Prevention of Cardiovascular Diseases: 25-year Experience of the North Karelia Project in Finland. " *Journal of the Saudi Heart Association* 10: 128 – 131.

Nissinen, A. , Berrios, X. , & Puska, P. 2001. "Community-based Noncommunicable Disease Interventions: Lessons from Developed Countries for Developing Ones. " *Bulletin of World Health Organization* 79: 963 – 70.

Vartiainen, E. , Laatikainen, T. , Jousilahti, P. , et al. 2009. "Chapter 6 Thirty-five-year Trends in Coronary Risk Factors in North Karelia and Other Areas in Finland. " in *The North Karelia Project: From North Karelia to National Action*, pp. 67 – 83, edited by Puska, P. , Vartiainen, E. , Laatikainen, T. , et al. Helsinki: Helsinki University Printing House.

后 记

本书源于我的博士论文《冀南村民患病经历研究》（清华大学社会学系，2010年12月）。其实，论文原题目是"带病生存：冀南村民患病经历研究"。在送审前夕，景军老师建议删除原题目中的"带病生存"，以免盲审环节出现闪失、影响答辩。同时，他也指出，日后博士论文出版时可使用"带病生存"。可谁会料到，我会在博士毕业10余年后再修改、出版博士论文呢！

博士毕业后，我在2011年成功申请了一项国家社会科学基金项目"农村慢性病人的社会适应与生存策略研究"（11CSH072），翌年9月我去美国加州大学旧金山分校健康与老年研究所访学，合作导师是医学人类学家莎伦·考夫曼（Sharon Kaufman）。在访学期间，受《广西民族大学学报》（哲学社会科学版）执行主编秦红增教授的委托，我组织策划了"老龄社会"专栏（2014年第1期）。我邀请清华大学社会学系裴晓梅教授、北京大学人口研究所穆光宗教授、中国人民大学老年学研究所姜向群教授撰写"老龄社会"专栏的相关文章，邀请中山大学人类学系余成普博士翻译考夫曼教授的论文《老龄社会的长寿制造：伦理情感与老年人医疗支出的关联》，同时我自己也完成了考夫曼教授的访谈录《老龄社会的人类学考察》。

在访学前后的5年（2009~2014年），我在《社会学研究》、《社会科学》、《思想战线》、《妇女研究论丛》、《广西民族大学学报》（哲学社会科学版）、《北方民族大学学报》（哲学社会科学版）等期刊发表了10余篇学术论文，其中，大部分都是慢性病社会学研究。在科研方面，我已经符合学校新版职称申报政策的教授申报条件（近五年有10篇学术论文、10个月以上的境外访学经历和1个国家级项目）。幸运的是，2014年7月，我顺利评上了教授。根据评审结果公示，当年学校共有15位申报者晋升为正高级职称（14位教授和1位研究员）。其中，4人为学校的拟引进人才。

评上教授后，我继续从事慢性病研究。一方面，我把研究重点转向了慢性病干预的国际经验。在"慢性病的社区干预"这一主题下，我梳理了芬兰北卡项目的经验与启示，以及美国斯坦福五城市项目的经验与教训；研究成果分别发表于《中国卫生政策研究》2016年第7期和《医学与社会》2020年第3期。另一方面，我也开始关注癌症病人的患病经历。我以于娟的抗癌日记为例，从大众流行病学的视角探讨乳腺癌的起源，并在此基础上讨论大众流行病学对公共健康教育的启发；研究成果也发表于《思想战线》2015年第5期和《广西民族大学学报》（哲学社会科学版）2017年第5期。

尽管《带病生存：沙村慢性病人患病经历研究》一书源于我的博士论文，但同时也包含了我对慢性病社会学的一些最新思考。在书稿中，我更加强调慢性病的社区干预和健康教育，既希望农村慢性病能得到有效控制，又希望农村慢性病人能更好地带病生存。同时，我增加了附录B"村民患病经历纪实（两则）"和附录C"北卡项目：慢病干预的芬兰经验"。为了更好地保持博士论文的原貌，我没有使用最新的访谈资料，也没有引用新近出版的著作和论文。访谈资料主要在2007年4月至2010年8月这段时间完成，绝大多数参考文献也都发表在2011年之前。因此，我倾向于把本书视为健康社会学或医学人类学领域的一份历史资料，而不是一本与时俱进的学术著作。

面对此书的出版，我的心情是复杂的。我对著书立说怀有恐惧，担心著作本身不能令人满意；同时，我也希望早日出版博士论文，为自己的博士生涯划上一个"句号"。

回顾博士期间的学习，我首先要衷心感谢景军老师的指导和帮助。尽管我在读博之前已有 5 年的工作经历，但我当时比较关注西方社会学理论，并不擅长人类学的田野工作。景老师把我领进了医学人类学的大门，并在博士论文的选题、框架和观点方面给予了力所能及的帮助。景老师思维活跃，总是有许多新颖的想法。我至今还记得他在办公室帮我构思博士论文框架时边说边写的场面。讨论结束后，他把记下的草稿交给我查阅。没有他的指导，我的博士论文不可能完成，当然本书也不可能出版！

清华大学社会学系张小军教授和郭于华教授、中国人民大学人类学研究所庄孔韶教授、北京师范大学社会学系刘夏蓓教授、中国农业大学社会学系赵旭东教授以及我的同事时立荣教授参加了我的博士论文答辩，其中，郭老师、庄老师和赵老师还是我博士论文的评议人。真心感谢各位老师富有见地的评论和建议。在清华大学读书期间，裴晓梅教授、沈原教授和孙凤教授的鼓励、关心和帮助让我终生难忘；我跟景门博士同学之间的交往是真诚而快乐的，何明洁、苏春艳、余晓燕、余成普、韩俊红和张玉萍是其中的代表。

在清华大学社会学系读书前/毕业后，我一直在北京科技大学文法学院社会学系（其前身是社会学与政治学系，简称"社政系"）工作。感谢社政系主任陆俊教授的知遇之恩。正是因为他，我 2000 年从上海来到了北京，担任文法学院社会工作专业"黄埔一期"的班主任，并开设相关专业课程。感谢文法学院老院长许放教授对社会工作专业和我本人的关心和帮助。当然，我要感谢社会学系同事对我的信任和包容，他们是刘向英、章东辉、许斌、邢朝国、寇浩宁、蒋卓晔、李文静、张瑞凯、张宇迪、刘浩、郭戈、吴玉玲、郑观蕾。同时，我也要感谢我带过的所有社会学专业和社会工作专业的研究生，其中，袁富民、李文静、杜婷婷、阿库浪金、白乙涵硕士毕业后又读了博士。在与青年学子交流过程中，我获得了文化反哺，扩展了专业视野。

在写这篇后记时，我也想感谢上海大学社会学系的老师和同学。我要特别感谢我的硕士导师沈关宝教授。沈老师是费孝通先生的开山弟子，也是新中国培养的第一个社会学博士。尽管沈老师对我的毕业论文指导采取了"放羊式"的散养模式，但他帮我认真修改了一篇贫困文化与农村贫困的学术文章。这篇论文最终发表在《上海大学学报》（社会科学版）1999年第3期。同时，他也邀请我参与他主持的国家社科基金重点项目"长江三角洲城乡居民生活史研究"（96ASH016）。如果没有上述文章发表和科研经历，也许我找不到北京科技大学的教职。在上海三年（1997～2000年），庞树奇、李友梅、胡申申、仇立平、耿敬（耿博）、章友德（章博）、董国礼（董博）等学界师友给了我诸多帮助，同班同学刘伟、杨健、黄海燕、戴寅、袁洪蕾更让我在陌生城市感到温暖。

在介绍我的教育经历时，我曾这样说：我是在村里上小学，在乡里上初中，在县城上高中，在省城读大学，在"魔都"读硕士，然后去"帝都"工作，接着又读博士。一路走来，其中的辛苦不言而喻。然而，我也是幸运的。毕竟，在20世纪90年代的贫困农村，能考上大学的学生可谓少之又少。说来惭愧，我也是改革开放后村里的第一个大学生！父母没有文化，估计他们从来不会料到自己也能培养出大学生！

养育之恩，无以为报。我要把这本书献给我的父母，以及我的父老乡亲。每次回家调查，父母都会询问我的论文进展情况，尽力向我提供各种信息，尽量安排好我的生活，以便我能我全心全意地投入工作。如今他们进入了极乐世界，而我已无家可回！在调查期间，我的父老乡亲一次又一次地向我倾诉自己、家人或其他村民的患病经历。他们的无私接纳和真诚吐露使我能够顺利完成田野工作，而面对他们的病痛和困境，我却无能为力。如今大部分访谈对象都已告别人世，但他们的故事已变成了鲜活的文字。

　　本书最终能够顺利出版，离不开国家社会科学基金、玉润健康研究基金和北京科技大学文法学院的资助，更离不开社会科学文献出版社童根兴先生的牵线搭桥、赵娜女士的前期联络，以及孟宁宁女士的辛勤付出。作为责任编辑，宁宁做了大量的琐碎工作：她精心编辑文字，仔细核实数据，认真核对每条文献，并及时与我沟通出版事宜。她的敬业精神让我感动！

　　最后，我要感谢我的妻子周明秋。妻子是我考博和读博整个过程的见证者，也是博士论文写作过程的倾听者。考博时，我们还是二人世界，学习是家庭常态。儿子出生后，她承担起抚育和陪伴儿子的责任。有段时间，我的论文写作陷入停滞状态。其间，我经常跟她念叨。她并未过多插话，只是偶尔回应。神奇的是，就在我念叨时，我逐渐厘清了论文思路。那一刻我顿悟了，我体会到了"此时无声胜有声"的力量。博士毕业多年过去，儿子渐渐长大。欣慰的是，在我们的三人世界里，儿子也长成了一个沉稳好学的少年。所谓的希望，也许就是这样生长出来的吧。

郇建立
2023 年 5 月

图书在版编目(CIP)数据

带病生存：沙村慢性病人患病经历研究 / 郇建立著. -- 北京：社会科学文献出版社，2023.6
（玉润健康研究文库）
ISBN 978 - 7 - 5228 - 1452 - 0

Ⅰ.①带… Ⅱ.①郇… Ⅲ.①农村 - 慢性病 - 社会问题 - 研究 - 中国 Ⅳ.①D669.4

中国国家版本馆 CIP 数据核字（2023）第 124529 号

玉润健康研究文库
带病生存：沙村慢性病人患病经历研究

著　　者 / 郇建立

出 版 人 / 王利民
责任编辑 / 谢蕊芬　孟宁宁
责任印制 / 王京美

出　　版 / 社会科学文献出版社·群学出版分社（010）59367002
　　　　　地址：北京市北三环中路甲29号院华龙大厦　邮编：100029
　　　　　网址：www.ssap.com.cn
发　　行 / 社会科学文献出版社（010）59367028
印　　装 / 三河市尚艺印装有限公司

规　　格 / 开　本：787mm × 1092mm　1/16
　　　　　印　张：14.5　字　数：193 千字
版　　次 / 2023 年 6 月第 1 版　2023 年 6 月第 1 次印刷
书　　号 / ISBN 978 - 7 - 5228 - 1452 - 0
定　　价 / 89.00 元

读者服务电话：4008918866

版权所有 翻印必究